ALTER ego 3

GUIDE PÉDAGOGIQUE

Michel GUILLOUX
Édith TURBIDE

En collaboration avec Catherine DOLLEZ et Sylvie PONS

HACHETTE
Français langue étrangère
www.hachettefle.fr

Intervenants
Conception graphique et couverture : Amarante
Mise en page : Médiamax

Crédits photographiques
p. 147 (gauche) © Camargue-photos.de D.R. ; (droite) © Roland Gerth/zefa/Corbis

Pour découvrir nos nouveautés, consulter notre catalogue en ligne, contacter nos diffuseurs ou nous écrire, rendez-vous sur Internet : **www.hachettefle.fr**

ISBN 978-2-01-155514-4

© Hachette Livre 2007, 43, quai de Grenelle, F 75905 Paris Cedex 15.

Sommaire

Présentation de la méthode

PUBLIC

Alter Ego est une méthode de français sur quatre niveaux, destinée à des apprenants adultes ou grands adolescents.

Alter Ego 3 s'adresse à des apprenants ayant acquis un niveau A2 et voulant devenir des locuteurs autonomes. Il vise l'acquisition des compétences décrites dans les niveaux B1 et B2 (initiation) du *Cadre européen commun de référence* (CECR). Il convient donc à des classes de niveau avancé et a été conçu pour répondre aux besoins d'enseignement dans les centres de langue et les institutions scolaires ou universitaires. *Alter Ego 3* permet de se présenter au nouveau DELF B1, au CEFP2, au TEF, au TCF et au DL.

TEMPS D'EXPLOITATION

Chacun des 9 dossiers d'*Alter Ego 3* couvre 4 à 5 semaines d'enseignement, à raison de 3 heures de travail par semaine, pour un total de 120 heures. Dans des situations de cours intensifs, le temps d'exploitation peut être étendu à 15 ou 20 heures hebdomadaires, soit environ une semaine par dossier : de nombreuses activités permettent en effet un allongement du temps initial du parcours.

COMPOSANTS

Pour chaque niveau, l'ensemble pédagogique comprend :
- un livre de l'élève ;
- un cahier d'activités ;
- un guide pédagogique ;
- deux CD audio pour la classe.

• Le livre de l'élève *Alter Ego 3* avec CD encarté
Il comprend :
- un tableau des contenus ;
- 9 dossiers composés d'une double page d'ouverture, de six doubles pages de contenus pédagogiques et d'une double page d'évaluation formative ;
- un abécédaire culturel ;
- une carte de la France et des pays francophones ;
- un précis grammatical ;
- la transcription des enregistrements.

• Les CD audio pour la classe
Les CD contiennent l'ensemble des enregistrements des dossiers du livre de l'élève (documents déclencheurs, micro-trottoirs, activités prosodiques, bilans...) ainsi que les enregistrements des compréhensions orales des tests du guide pédagogique.

• Le cahier d'activités
En complément du livre de l'élève, il permet un travail en autonomie grâce :
- aux exercices de réemploi pour vérifier et renforcer les acquis en lexique, grammaire, communication (actes de parole) ;
- aux activités de compréhension et de production ;
- au portfolio permettant à l'apprenant de suivre de façon active et réfléchie son parcours d'apprentissage et de s'autoévaluer ;
- aux corrigés inclus à la fin du cahier d'activités.

• Le guide pédagogique
Il comprend :
- une introduction avec la présentation de la méthode, de ses composants et de ses principes méthodologiques ;
- un accompagnement à l'utilisation du livre de l'élève (objectifs détaillés et scénario de chaque dossier, précisions sur la démarche et l'animation de classe, corrigés et points info) ;
- 3 TESTS (évaluation sommative) avec corrigés et transcriptions.

Principes **méthodologiques**

Alter Ego 3 s'adresse à un public de grands adolescents ou d'adultes et vise l'acquisition des compétences du niveau B1, défini par le CECR.

La méthode repose sur une **approche communicative** de l'enseignement. Elle place l'apprenant en situation et lui fournit les instruments nécessaires pour échanger de manière **autonome**, tant dans la classe que dans le milieu francophone où il peut se trouver immergé. Il est constamment impliqué dans son apprentissage grâce à une **démarche résolument actionnelle**. Dans la logique du DELF B1, mais également pour apprendre la langue et la culture dans tous leurs aspects, *Alter Ego 3* s'articule autour de deux axes : théorique et pragmatique. Ainsi *Alter Ego 3* accorde toute sa place à la dimension critique de la langue française : les médias, extraits d'œuvres littéraires, essais abondent pour apprendre à *parler de* quelque chose. Mais dans *Alter Ego 3*, on considère qu'il faut encore apprendre à *parler pour agir* même à un niveau avancé. C'est pourquoi, dans la rubrique *La vie au quotidien,* de nombreux objectifs fonctionnels sont repris pour être enrichis par rapport aux apprentissages de niveau A comme pour demander son chemin, réclamer, etc., le *Cadre européen commun de référence* invitant à un apprentissage en spirale se poursuivant niveau après niveau.

Les dossiers s'organisent donc autour d'une progression fonctionnelle, lexicale et civilisationnelle, et les activités font intervenir les quatre compétences (signalées par les pictos ⊚ lire, ⓓ écouter, ⊜ parler, ⊘ écrire) dans des situations authentiques. Les contenus grammaticaux sont mis au service de cette progression dans une approche principalement **inductive**. L'apprenant découvre d'abord la règle par lui-même puis il se l'approprie à l'aide d'activités de réemploi. *Alter Ego 3* fait donc constamment appel à ses capacités d'observation et de réflexion.

Quant à la phonétique, elle apparaît dans chaque dossier sous forme d'exercices ludiques de prosodie.

Les **9 dossiers** de la méthode s'organisent de la façon suivante :
• une double page de présentation qui annonce les apprentissages, les découvertes culturelles et le projet ;
• six doubles pages contenant les activités d'enseignement/apprentissage :
– une thématique universelle plaçant l'apprenant au centre du problème (les titres des dossiers résument cette approche à eux seuls : *Je séduis, J'achète, J'apprends...*) ;
– cette même thématique contextualisée dans la société française et le monde francophone d'aujourd'hui et permettant à l'apprenant de développer ses savoir-faire et ses savoir-être *(La vie au quotidien)* ;
– des angles de réflexion variés (politiques, philosophiques, économiques...), pour élargir la vision des choses et exercer l'esprit critique de l'apprenant, afin de le rendre toujours plus autonome et lui permettre d'interagir librement en situation réelle *(Points de vue sur...)* ;
– des outils fonctionnels, grammaticaux et lexicaux pour permettre à l'élève d'apprendre à apprendre et de soutenir une communication écrite ou orale sur de grands thèmes communs à toutes les cultures (deux doubles pages *Outils pour...*) ; outils auxquels s'ajoutent de nombreux exercices de systématisation *(S'exercer)* ;
– des jeux culturels *(Paroles en scène)* et des projets faisant appel aux capacités créatrices de l'apprenant afin de le guider plus en avant sur la voie de l'autonomie *(À vos créations !)* ;
• enfin une évaluation formative permettant à l'apprenant d'apprécier le chemin parcouru et le préparant s'il le souhaite à l'examen B1 du DELF *(Bilan).*

Les objectifs sociolangagiers sont soigneusement exposés en tête de chaque dossier à l'intérieur de ce guide et tous les objectifs des activités sont clairement définis, à l'intérieur d'un scénario donné.

⁑ Des thématiques universelles *(JE...)*
Le point de départ de chaque dossier est un texte littéraire (extrait de conte ou de roman, poème, chanson, scène de théâtre) ou une œuvre d'art, plaçant l'interculturel et le vécu des apprenants au centre de l'apprentissage et débouchant systématiquement sur une réflexion du type *moi et...* (*moi et l'image, moi et la consommation, moi et la mémoire...*). L'apprenant ne découvre pas seulement des faits de société dans une culture étrangère, il se situe par rapport à ces faits et projette ses savoirs dans une perspective sociolangagière de questionnement : se demander *qui est l'autre, ce qu'il veut, ce qu'il voit*, revient à se demander *qui je suis, comment je suis perçu, ce que je veux*. C'est une fois seulement que ces questions sont posées qu'il peut y avoir un échange véritable, et que le niveau seuil des interactions sociales peut être atteint. Dans cette perspective actionnelle de l'ego, ce n'est pas un hasard si le premier dossier d'*Alter Ego 3* est consacré à *l'image de soi*. Le *moi je* devient alors bien autre chose qu'une conception égocentrique du monde : il est le tremplin sur lequel s'appuie l'approfondissement de l'apprentissage.

Comme dans les deux premiers niveaux, la gestion de la classe s'organise donc autour de l'apprenant mais l'élève apprend davantage à lire entre les lignes, à décoder par lui-même les implicites culturels et les savoirs et les savoir-être de la langue d'accueil et à les réemployer dans une relation d'égalité avec *l'autre*. Il **s'implique** dans l'examen des thèmes abordés en ne parlant pas seulement de la *séduction* ou de la *consommation*, pour prendre des exemples, mais plutôt de la façon dont l'autre séduit et consomme, ainsi que de ses propres stratégies pour consommer et séduire. La construction des compétences de communication se fait dans ce va-et-vient permanent sur des thématiques d'une portée universelle, dans une **progression** qui mène de la séduction égocentrée du dossier 1 au voyage de découverte des cultures étrangères du dossier 9.

L'exploitation orale et ludique des thématiques *(Ego Questionnaire, Ego Quiz, Ego Test...)* est là pour favoriser la comparaison et la confrontation des opinions en binômes et/ou en grand groupe, ainsi que l'échange des savoirs. Non seulement l'apprenant développe ses facultés de réflexion et d'observation, mais la « *libre circulation des personnes et des idées* » devient une réalité concrète à l'intérieur de la classe. **L'autonomie linguistique** peut se développer grâce à cette interaction sociale, certes artificielle puisque toujours guidée par l'enseignant, « in vitro », mais idéale pour préparer l'apprenant à affronter une réalité sociolinguistique étrangère réelle « in vivo ». Qu'on échange pour convaincre ou être convaincu, on s'engage dans un groupe à une place qui détermine notre rapport à l'autre et à la langue.

▓ Des thématiques contemporaines *(LA VIE AU QUOTIDIEN)*

Une fois que le thème a été examiné dans ses aspects universels, il reste à le contextualiser dans une époque : la nôtre. Autant que dans l'étape précédente, les documents écrits et/ou oraux sont là pour compléter les savoirs de l'élève et lui fournir les instruments nécessaires à l'échange et à la production personnelle ; mais ils apparaissent à présent sur des supports exclusivement contemporains : sites Internet, couvertures de magazines, interviews radiophoniques, formulaires, tracts, affiches, etc. qui lui fourniront les paramètres socioculturels nécessaires. Savoir parler, c'est être capable de se repérer dans le parcours d'obstacles des normes sociales et des façons de faire, façon de se présenter, d'écrire une lettre de réclamation, de s'inscrire dans une université, de rédiger un rapport de stage... Aussi bien à l'oral qu'à l'écrit, en binômes qu'en grand groupe, on part de l'information brute pour arriver au décodage de cette information et à une mise en pratique des savoirs. Les connaissances empiriques de l'apprenant relatives à la vie quotidienne se voient ainsi soumises à un réexamen individuel et collectif, qui entraînent l'acquisition de nouveaux savoir-apprendre. D'où la rubrique **Stratégies pour...**, qui accompagne ces doubles pages et où sont mises en évidence les structures du discours qui viennent d'être observées « *en action* ». De nouvelles activités accompagnent l'apprenant dans la reformulation et le mènent à **l'autonomie**.

Le passage de la langue maternelle à la langue d'accueil est stimulé dans toutes ces activités par **l'interaction**, la mise en parallèle des cultures et la confrontation des savoir-faire et des savoir-être. Là encore, le travail en binômes est essentiel, puisqu'il permet aux apprenants de s'approprier le plus grand temps de parole possible à l'intérieur de la classe. La communication ne se fait plus seulement du professeur vers le groupe ou de l'apprenant vers le professeur, elle se fait surtout dans une **perspective actionnelle**, d'un individu à l'autre.

▓ Des regards critiques *(POINTS DE VUE SUR...)*

Cette double page constitue, après *La vie au quotidien*, le deuxième grand axe du manuel. Le principe d'une civilisation active suppose une fonction critique à l'intérieur de cette civilisation. Le *regard sur...* ne vient pas seulement de l'autre, il vient de soi. Discerner ce regard, apprendre à le reprendre à son compte ou à le critiquer, est à la base du niveau seuil de communication et conduit à l'appropriation de la langue en motivant l'apprenant dans une approche communicative, en l'impliquant une fois de plus dans l'apprentissage. Les documents déclencheurs, tous authentiques, viennent de la presse écrite ou de la radio. Ils sont là pour aider l'apprenant à identifier les repères culturels qui sous-tendent le discours et pour l'inciter à établir des comparaisons avec sa culture d'origine. Dans ce repérage, le rôle du professeur est essentiel. Si les thèmes abordés continuent de renvoyer à des constantes universelles, il n'en reste pas moins que la façon de les aborder et de les concevoir (us et coutumes nationales, presse française, ainsi que les personnalités mises en lumière à travers eux (hommes et femmes politiques, grands intellectuels, artistes) sont cette fois propres à la culture d'accueil et réclament donc de la part de l'enseignant un travail d'information auprès du groupe, travail facilité par l'*Abécédaire culturel* situé à la fin du manuel et les *Points Info* répartis dans les dossiers ainsi que dans ce guide. Cet élément didactique amène le groupe à s'interroger sur sa propre culture, d'abord dans un processus de repérage et d'identification des composantes socioculturelles fortes, puis dans un travail de synthèse et de reformulation. Les exercices de compréhension écrite ou orale sont donc suivis par dès activités de réflexion, elles-mêmes écrites et orales. L'apprenant est invité à rédiger un texte *à la manière de*, à s'exprimer sur les habitudes et comportements de son pays, à participer à un débat critique autour d'un spectacle, et, d'une façon générale, à échanger sur le thème, car il ne s'agit de rien d'autre ici que d'une *culture active* donnant la parole à tous.

Les *Rendez-vous alterculturels* proposés dans cette double page portent la marque de cet esprit d'ouverture et de pluralité. On ne voit plus seulement *comment cela se passe* dans les pays francophones, on découvre des points de vue différents sur cette manière d'être et de faire, on apprend à argumenter, étayer ses opinions, défendre son point de vue.

⅋⅋⅋ L'acquisition des habiletés et savoir-faire *(OUTILS POUR...)*

Alter Ego 3 propose une méthodologie basée sur la conceptualisation des formes lexicales et grammaticales. L'apprenant découvre par lui-même la règle, avant de la systématiser par des exercices. On remarquera que les deux doubles pages *Outils pour...* suivent les doubles pages *La Vie au quotidien* et *Points de vue sur...* Les compétences linguistiques, les habiletés langagières sont en effet les supports indispensables des connaissances déclaratives ; leur emplacement dans les dossiers est là pour le souligner. Pour un apprentissage en contexte, le point de départ de ces découvertes est un document écrit ou sonore, sur lequel l'apprenant est invité dans un premier temps à faire un travail de compréhension. S'interroger sur *ce que dit l'autre* conduit naturellement à se demander *comment il le dit*. La thématique générale est conservée mais ce sont à présent les phénomènes morphologiques et syntaxiques relevant de cette problématique qui sont mis en avant. En réfléchissant sur les manières de dire, l'apprenant émet des hypothèses sur le fonctionnement de la langue et découvre les règles par induction : il apprend à apprendre.

Les exercices *(S'EXERCER)* permettront aux apprenants d'appliquer les règles qu'ils auront eux-mêmes contribué à mettre en place. Leurs solutions figurent dans ce guide.

Les *Outils pour...* mettent l'accent d'un côté sur des objectifs fonctionnels *(donner des conseils, exprimer des sentiments, caractériser des personnes et des comportements, faire des éloges et des reproches,...)* et de l'autre sur des règles de grammaire *(les emplois du subjonctif présent et passé, la concordance des temps, l'accord du participe passé...)*. C'est dans ce va-et-vient entre la chose à dire et la manière correcte de le dire pour être compris que l'apprenant acquiert l'autonomie linguistique.

Les recherches méthodologiques entreprises dans le cadre du CECR ont toutes montré l'importance de la récurrence dans un travail de conceptualisation grammaticale visant la maîtrise du discours propre au niveau « seuil ». C'est pourquoi un certain nombre de points abordés dans les niveau A1 et A2 sont repris dans *Alter Ego 3*.

⅋⅋⅋ L'enrichissement des connaissances à l'aide de jeux culturels *(PAROLES EN SCÈNES, À VOS CRÉATIONS)*

Après la phonétique, science du son pur, étudiée dans les deux premiers niveaux, *Alter Ego 3* donne à l'apprenant les moyens de traduire en langue standard les sons que la langue familière déforme, grâce à un ensemble d'exercices de prosodie. La rubrique *Sur tous les tons*, en tête de la page *Paroles en scène*, offre un éventail d'activités de ce genre extrêmement ludiques, comme le jeu des allitérations ou le repérage des omissions, mais aussi tout un travail sur l'intonation : quelle voix prendre pour donner un conseil, faire un reproche, comment scander un slogan avec enthousiasme ou colère, comment distinguer l'interrogation de l'étonnement, etc., et enfin la théâtralisation du discours et l'apprentissage des parlers propres à telles catégories socioprofessionnelles : le camelot, l'agent de police, le guide... Ces activités font appel à des techniques de classe basées sur le jeu, le mouvement et la gestuelle, et préparent naturellement à de véritables *mises en scène* d'extraits de film ou de pièces de théâtre. Les œuvres littéraires représentées dans cette page présentent le double avantage de familiariser la classe avec des éléments de la culture francophone et de la libérer des contraintes de l'hyper-correction caractéristiques des deux premiers niveaux. En B1, l'apprenant doit être capable de distinguer les intonations possibles d'une même phrase, et de saisir une formulation comme *ch'ais pas* aussi bien que comme *je ne sais pas*. Sa capacité à relever le défi d'une communication authentique est à ce prix. Ce guide offre au professeur plusieurs pistes d'exploitation de documents sonores supplémentaires pour consolider cet apprentissage. Mais là ne s'arrête pas la pratique de l'oral dans *Paroles en scène* : elle se poursuit avec d'autres activités amusantes et originales, comme le jeu du pantin, le jeu du chewing-gum, le jeu de l'énigme, le jeu du flash d'informations insolites, etc., destinées à améliorer toutes les compétences langagières des apprenants.

Cet acquis de nouvelles compétences ne serait pas complet sans la pédagogie du projet mise en œuvre dans *À vos créations*. L'apprenant ne se contente plus d'imiter et de reformuler, il doit réinvestir les savoirs et savoir-faire acquis au cours du dossier en synthétisant et en produisant à son tour un travail original, dans lequel la forme, et même l'esthétisme, joue un rôle presque aussi important que le contenu. Le *faire-savoir* ne se sépare pas du *savoir-faire*, ni le *bien montrer* du *bien dire*. Qu'il s'agisse de créer un *jeu de l'Oie* ou la *page d'un site Internet*, il faut réussir à attirer l'œil et à convaincre. Dans ce but, *Alter Ego 3* met à la disposition des apprenants des consignes détaillées, ainsi qu'une importante rubrique d'Autoévaluation, à partir de laquelle la classe pourra procéder à un travail critique d'appréciation des productions obtenues. En effet, ces activités créatives, qui imposent à l'apprenant un important investissement dans le processus d'apprentissage, doivent aboutir à une évaluation conversationnelle en grand groupe. Le guide offre un supplément d'information sur les techniques pouvant aider à l'organisation de ces créations en classe.

Le professeur notera que les activités réunies dans cette double page ne doivent pas être traitées à la suite mais au contraire doivent venir compléter les étapes des doubles pages précédentes. Des indications dans le guide suggèrent des moments favorables où les insérer dans le dossier.

L'évaluation formative *(BILAN)*

Le riche parcours qui s'accomplit tout au long de chaque dossier doit se traduire dans l'esprit de l'apprenant par une évaluation des acquis. Un contrat a été rempli, reste à faire « l'état des lieux ». Les activités proposées dans ces *Bilans* font intervenir les quatre compétences, sans jamais perdre de vue la thématique générale de chaque dossier, ni les objectifs linguistiques spécifiques. Elles intéresseront aussi bien les apprenants qui préparent le DELF B1 que les autres. Il s'agit en effet autant d'un examen que d'une auto-évaluation. Des grilles d'évaluation placées dans ce guide complètent la notation du manuel. On trouvera également de nombreux exemples de productions écrites, qui pourront servir de modèles.

Structure d'un dossier

Chaque dossier est composé de 8 doubles pages indépendantes :

Une double page d'ouverture : le contrat d'apprentissage annonce les objectifs socioculturels et les savoir-faire pour chaque dossier, ainsi que le projet et le bilan.

DOSSIER 1

B1

Introduction

〽 **Une première double page d'introduction au thème contenant :**

➡ Une œuvre de fiction appartenant au patrimoine littéraire.

➡ Différentes activités orales et écrites à partir de cette œuvre.

➡ Un questionnaire pour favoriser le réemploi du vocabulaire et des actes de parole et animer la discussion.

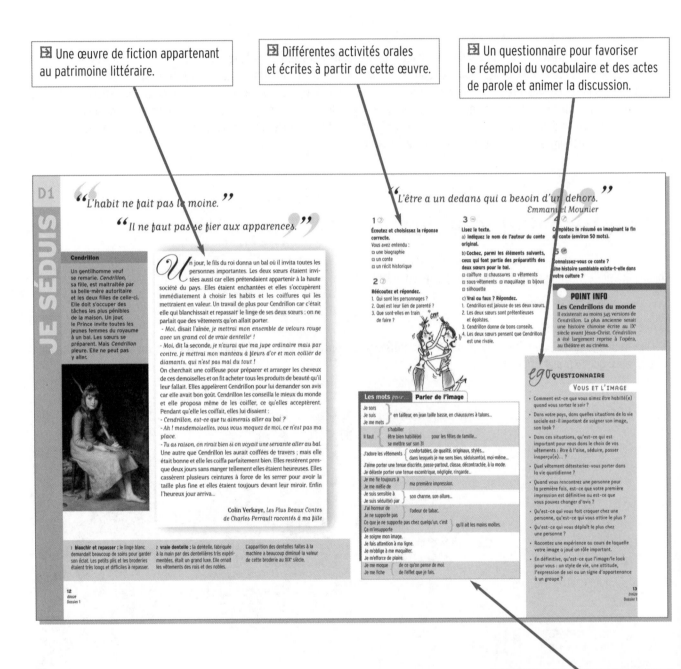

➡ Une rubrique *Les mots pour...* qui apporte les éléments lexicaux et communicatifs et facilite l'expression.

🎵 Une double page intitulée *LA VIE AU QUOTIDIEN* contenant :

➡ Des documents écrits et oraux sur un aspect pratique du thème dans le monde d'aujourd'hui *(parler pour)*.

➡ Différentes activités d'exploitation (compréhension écrite et orale, jeux de rôle, discussion, production écrite et orale).

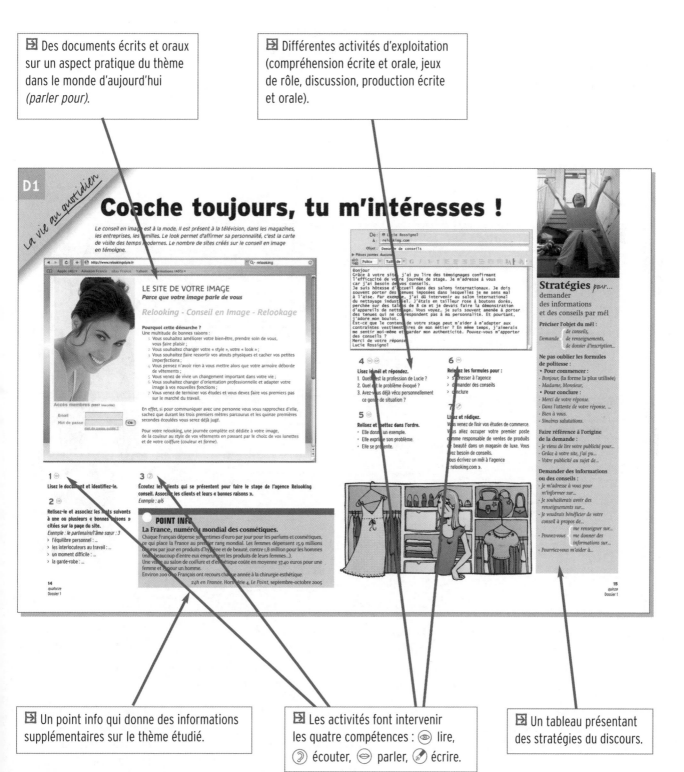

➡ Un point info qui donne des informations supplémentaires sur le thème étudié.

➡ Les activités font intervenir les quatre compétences : 👁 lire, 🎧 écouter, 💬 parler, ✏ écrire.

➡ Un tableau présentant des stratégies du discours.

Introduction

✍ Une double page *POINTS DE VUE SUR...* contenant :

▶ Des documents déclencheurs authentiques *(parler de)* : articles de presse, extraits d'émissions radiophoniques, témoignages...

▶ Des activités de compréhension et de production écrite et orale.

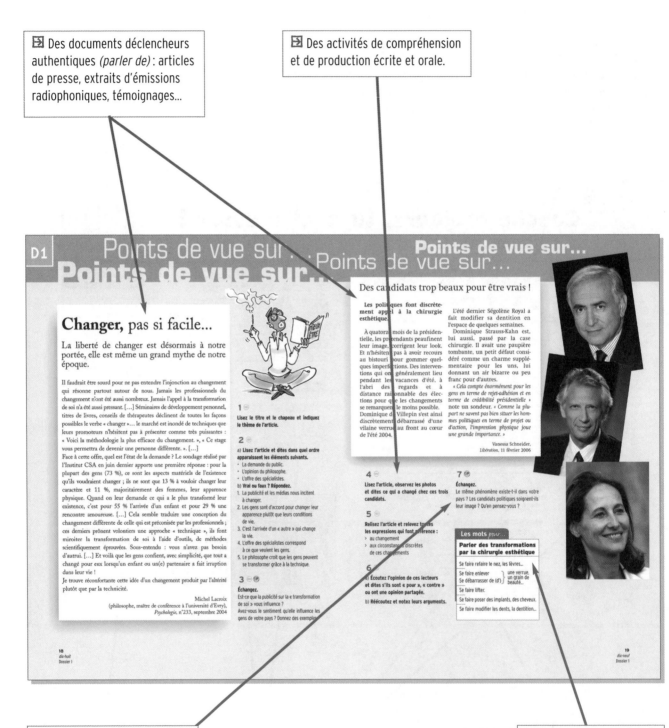

▶ ✨ Des activités favorisant les échanges interculturels.

▶ Une rubrique *Les mots pour...* qui apporte les éléments lexicaux et communicatifs et facilite l'expression.

%% **Deux doubles pages *OUTILS POUR...* contenant :**

→ L'annonce des objectifs fonctionnels abordés.

→ Des documents déclencheurs.

→ Des rubriques *Point Langue* permettent la conceptualisation et l'assimilation des contenus communicatifs et linguistiques.

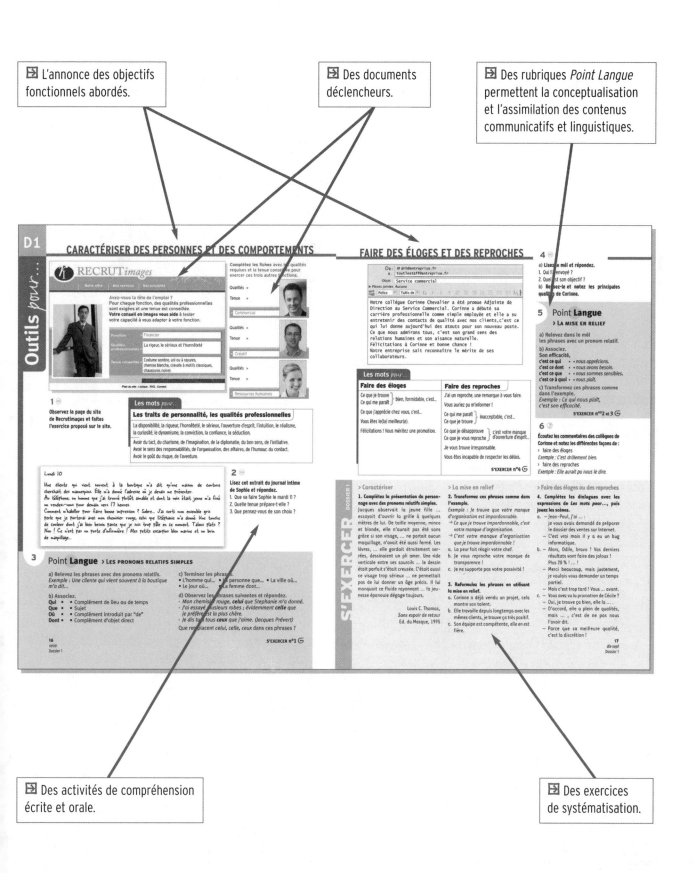

→ Des activités de compréhension écrite et orale.

→ Des exercices de systématisation.

Introduction

⁂ Une double page *PAROLES EN SCÈNE* et *À VOS CRÉATIONS* ! contenant :

– un exercice ludique d'expression orale et de travail sur la prosodie ;

– un extrait d'œuvre littéraire, théâtrale, cinématographique à mettre en scène ;

– des jeux de réemploi ;

– un projet laissant une grande part à la création et permettant le réinvestissement des acquis du dossier.

⁂ Enfin une double page *BILAN* contenant :

– une activité de compréhension écrite ;

– une activité de compréhension orale ;

– une activité d'expression écrite ;

– une activité d'expression orale.

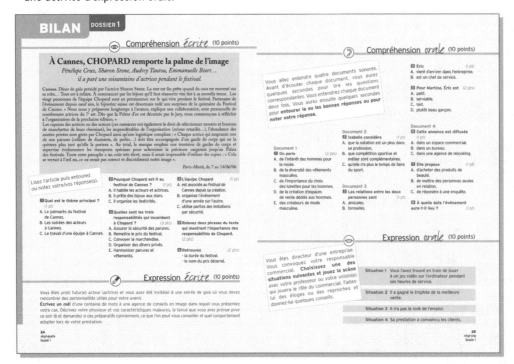

Accompagnement à l'utilisation du livre de l'élève

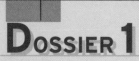

DOSSIER 1

CONTENUS SOCIOCULTURELS – THÉMATIQUES
Le miroir déformant des apparences
Importance du look en amour et au travail

OBJECTIFS SOCIOLANGAGIERS

OBJECTIFS COMMUNICATIFS & SAVOIR-FAIRE	
Être capable de...	
Je séduis	– comprendre un conte et des proverbes – écrire un résumé – parler de l'apparence
La vie au quotidien	– déchiffrer la page de présentation d'un site Internet – structurer une correspondance par mél – demander des informations et des conseils par mél
Points de vue sur...	– comprendre l'opinion d'un philosophe – comprendre l'opinion d'un journaliste politique
Outils pour...	– caractériser des personnes et des comportements – faire des éloges et des reproches – donner des conseils – exprimer des sentiments
Paroles en scène	– lire un extrait d'une pièce de théâtre – jouer une scène de théâtre – improviser une scène
À vos créations	– réaliser la page de conseils d'une brochure
Bilan	

OBJECTIFS LINGUISTIQUES	
GRAMMATICAUX	– la mise en relief et les pronoms relatifs simples – le subjonctif présent et passé – infinitif ou subjonctif ?
LEXICAUX	– le vocabulaire de l'image – la chirurgie esthétique – les formules de la demande et du conseil – l'expression du sentiment
PROSODIQUES	– l'intonation dans l'expression de sentiments

SCÉNARIO DU DOSSIER

Dans la première double page, les apprenants écouteront et liront un conte. Ils seront amenés à réfléchir sur l'importance de l'apparence physique. On les invitera à chercher des contes et des proverbes existant dans leur pays et illustrant le thème. Enfin ils échangeront en petits groupes sur leur expérience personnelle dans le jeu des apparences.

Dans LA VIE AU QUOTIDIEN, ils liront des informations sur le conseil en image qui leur permettront de préciser et de nuancer leur opinion. *Comment changer son image ?* est l'une des questions qu'ils se poseront. Ils écouteront et liront plusieurs témoignages sur le thème, et demanderont des informations et des conseils par mél.

Dans OUTILS POUR, ils apprendront à caractériser des personnes et des comportements dans le cadre professionnel, ainsi qu'à faire des éloges et des reproches à des collègues. Ce sera l'occasion de revoir les pronoms relatifs simples et la mise en relief.

➤➤➤

Dans **POINTS DE VUE SUR,** les apprenants liront l'opinion d'un philosophe sur le pouvoir de l'image et ses implications dans notre société. Ils verront quel effet ce pouvoir exerce sur les hommes et les femmes politiques français. Puis ils découvriront le vocabulaire de base de la chirurgie esthétique et échangeront sur le thème en prenant l'exemple de leur propre pays.

Dans **OUTILS POUR,** ils liront un texte sur la difficulté de travailler ensemble et apprendront à donner des conseils, ainsi qu'à exprimer des sentiments. Ce sera l'occasion d'aborder la discrimination de l'infinitif et du subjonctif présent et passé.

Dans **PAROLES EN SCÈNE,** les apprenants liront un texte d'un dramaturge français contemporain et seront amenés à exercer leurs talents d'acteurs et d'actrices en apprenant à mettre le ton juste dans l'expression de leurs sentiments.

Dans **À VOS CRÉATIONS,** ils créeront la page de conseils d'une brochure du « savoir-être » et s'exerceront à la critique en évaluant leurs productions.

Dans **BILAN,** les apprenants mobiliseront les acquis de ce dossier à travers quatre activités écrites et orales, sous la forme d'un test de type DELF B1.

JE SÉDUIS ▪ pp. 12 et 13

1 ▸ OBJECTIF **:** Identifier un conte oralement

Livres fermés, faire écouter l'enregistrement. Puis lire la question aux apprenants et leur demander de justifier leur réponse *(Sur quel ton parle le narrateur ? Comme un acteur ? Comme un chef d'entreprise ? Qu'est-ce que sa voix vous évoque ? Un discours politique ? Une soirée au coin du feu ?... À quel public est destiné ce genre de lecture ? Des adultes ? Des enfants ?...).* Si un ou plusieurs apprenants trouvent le titre du conte dès cette première écoute, ne pas confirmer leur(s) hypothèse(s). Entretenir le suspense.

▸ CORRIGÉ **:** Un conte

■ **POUR ALLER PLUS LOIN :** Faire ressortir les principaux genres littéraires courts : le conte, la légende, la fable, la nouvelle (voir Abécédaire culturel p. 162 du manuel) et faire dire en quelques mots en quoi ces genres se distinguent. Par exemple : dans la légende, il y a une base historique et le merveilleux occupe une grande place ; dans le conte, les personnages sont entièrement imaginaires ; dans la fable, le récit est allégorique et se conclut par une moralité ; mais la nouvelle est ancrée dans la réalité.

2 ▸ OBJECTIF **:** Approfondir la compréhension orale du conte

Livres toujours fermés ou texte caché, lire aux apprenants les trois questions. Leur faire réécouter l'enregistrement. Faire répondre aux questions. Confirmer ou infirmer la ou les hypothèses de la première écoute. Puis montrer l'illustration de la page 12 du manuel et faire préciser le portrait de l'héroïne à l'aide de questions complémentaires *(Savez-vous comment s'appelle l'héroïne ? Pouvez-vous la décrire ? Pourquoi ne porte-t-elle pas de chaussures ? Que tient-elle dans ses mains ?).*

Faire raconter le début de l'histoire de Cendrillon par les apprenants. Un apprenant commence : « C'est l'histoire d'une jeune fille qui a perdu sa mère. Son père se remarie avec une femme qui a deux filles. » Un deuxième apprenant continue : « Cendrillon est maltraitée par ses deux sœurs... », etc. Confirmer ce récit à plusieurs en faisant lire par un apprenant le résumé du manuel.

▸ CORRIGÉ **: 1.** le fils du roi et trois jeunes filles – **2.** les trois jeunes filles sont sœurs – **3.** les deux aînées se préparent pour assister à un bal et Cendrillon les aide

■ **POUR ALLER PLUS LOIN :** Proposer aux apprenants de décomposer le mot *Cendrillon. Quelle est la racine de ce mot ? (Cendre.) Avec quoi rime-t-il ? (Brouillon, souillon.)* Faire relever la similitude dans d'autres langues. Par exemple, en tchèque, *Popelka* vient de *popel,* la cendre ; en espagnol, *Cenicienta* vient de *ceniza,* qui signifie également « cendre » ; en anglais de même, *cinder* a donné *Cinderella,* etc. *Pourquoi les cendres ? (Parce qu'à l'époque où le conte fut écrit, nettoyer les cendres de l'âtre constituait l'un des travaux les plus salissants du ménage.)* Demander aux apprenants comment Cendrillon se traduit dans leur langue maternelle.

3 ▸ OBJECTIF **:** Approfondir la compréhension du conte à l'écrit

À ce stade de l'apprentissage, laisser de côté les trois citations placées en exergue. On y reviendra à l'occasion de l'**EGO QUESTIONNAIRE.**
a) Faire repérer de quel type de document il s'agit. *Qui est Colin Verkaye ? (Un écrivain qui a adapté, à l'intention de sa fille, les plus beaux contes de Charles Perrault.) À quel type de lecteurs s'adresse ce document ? (Des enfants.)*
Réponse : Charles Perrault

POINT INFO

Avocat de formation, **Charles Perrault** (1628-1703) se voit chargé par Colbert, en 1663, de la politique artistique et littéraire de Louis XIV. Entré à l'Académie française en 1671, il devient le chef de file des partisans des Modernes dans la querelle des Anciens et des Modernes. Il a touché à presque tous les genres littéraires mais il est resté célèbre surtout pour ses *Contes de ma mère L'Oye* (1695) et ses *Contes* (1697).

b) Faire lire le texte par un ou plusieurs apprenants en leur demandant de le « jouer », comme dans l'enregistrement. Il est essentiel de faire comprendre qu'une bonne intonation favorise l'intérêt de l'auditoire et la compréhension du texte.
Faire lire les différentes réponses proposées. Faire trouver celles qui figurent dans le texte.

➡ **CORRIGÉ** : coiffure, vêtements, sous-vêtements, bijoux, silhouette

c) Placer les apprenants en binômes et leur faire répondre aux questions. Faire vérifier les réponses en grand groupe.

➡ **CORRIGÉ** : **1.** faux – **2.** vrai – **3.** vrai – **4.** faux

■ **POUR ALLER PLUS LOIN** : Faire observer l'emploi du passé simple. À ce stade de l'apprentissage, il n'est pas nécessaire de s'attarder sur ce temps. Cependant, on pourra en souligner l'importance dans les textes de fiction. On fera également observer que dans cet extrait du conte, tous les verbes au passé simple sont en *-er*, et qu'alors la construction ne pose pas de réelles difficultés. Le passé simple sera abordé en détail dans le dossier 9.

4 ➡ OBJECTIF : Résumer un conte

Faire lire ou relire le résumé du conte. Faire observer qu'un seul temps est utilisé : le présent. Faire également observer la brièveté des phrases. Faire écrire la fin du résumé.
Cette activité se prépare individuellement ou en binômes, à la maison sous forme de devoir ou en classe. Faire lire une ou plusieurs productions en grand groupe ; on pourrait ensuite les confronter à la fin du conte original.

Fin du conte de Perrault : « Quand les deux sœurs revinrent du bal, Cendrillon leur demanda si elles s'étaient encore bien diverties, et si la belle dame y avait été ; elles lui dirent que oui, mais qu'elle s'était enfuie lorsque minuit avait sonné, et si promptement qu'elle avait laissé tomber une de ses petites pantoufles de vair, la plus jolie du monde ; que le fils du roi l'avait ramassée, et qu'il n'avait fait que la regarder tout le reste du bal, et qu'assurément il était fort amoureux de la belle personne à qui appartenait la petite pantoufle. Elles dirent vrai ; car, peu de jours après, le fils du roi fit publier à son de trompe qu'il épouserait celle dont le pied serait bien juste à la pantoufle. [...] Le gentilhomme qui faisait l'essai de la pantoufle, ayant regardé attentivement Cendrillon, et la trouvant fort belle, dit [...] qu'il avait ordre de l'essayer à toutes les filles. Il fit asseoir Cendrillon et, approchant la pantoufle de son petit pied, il vit qu'elle y entrait sans peine [...]. On la mena chez le jeune prince, parée comme elle était : il la trouva encore plus belle que jamais et, peu de jours après, il l'épousa. Cendrillon, qui était aussi bonne que belle, fit loger ses deux sœurs au palais et les maria, dès le jour même, à deux grands seigneurs de la cour. »

5 ➡ OBJECTIF : Réemployer les acquis en échangeant sur le thème

Avant d'effectuer l'activité, faire observer aux apprenants les deux proverbes et la citation inscrits en tête des pages 12 et 13. Leur faire faire une réflexion rapide sur ces proverbes, en évitant d'empiéter sur la discussion qui va suivre. Les inviter à reformuler le proverbe, *l'habit ne fait pas le moine*, en changeant *l'habit* par un autre vêtement et *le moine* par une autre profession (Par exemple : *le short ne fait pas le boxeur, la robe ne fait pas la princesse*, etc.). Pour la phrase d'Emmanuel Mounier, faire trouver ce que représentent le « dedans » et le « dehors ». (Par exemple : *le dedans, c'est l'âme, l'expérience, la richesse intérieure de l'individu ; le dehors, c'est le costume, l'uniforme, le visage*.) Puis demander aux apprenants en quoi *Cendrillon* nous montre qu'« il ne faut pas se fier aux apparences », et prolonger la discussion avec les deux questions de l'activité.
Enrichir la discussion à l'aide du **Point Info**. Les Français ont tendance à s'approprier *Cendrillon*, qui est donc, en réalité, d'origine chinoise. Mais l'universalité de l'histoire montre à quel point l'angoisse d'être jugé sur des apparences défavorables touche les hommes et les femmes de tous les continents.
Enfin, proposer aux apprenants d'échanger à propos de l'importance, vraie ou supposée, du look. Faire lire en grand groupe les questions de l'**EGO QUESTIONNAIRE** et s'assurer que le lexique est compris de tous. Ensuite faire lire le cadre *Les mots pour parler de l'image*, et vérifier la compréhension du lexique. (On pourra classer d'un côté les formulations positives, de l'autre les négatives.) Enfin, former des groupes de trois ou quatre personnes, de profils différents si possible (âge, sexe, personnalité...) et leur proposer d'échanger sur le thème. Il est essentiel que les apprenants réemploient les idées précédemment exprimées ainsi que le vocabulaire de l'appréciation. Prévoir un retour en grand groupe, pour constater les points communs et les disparités.

La vie au quotidien `pp. 14 et 15`

1 ➜ OBJECTIF : Comprendre un site Internet

À ce stade, il est encore trop tôt pour expliquer le jeu de mots du titre de la double page « *Coache toujours, tu m'intéresses !* ». On peut le laisser de côté pour la suite ou faire des hypothèses.

Faire identifier le document. *Qu'est-ce que c'est ? (La page de présentation d'un site Internet.) À qui s'adresse ce site ? (À une clientèle soucieuse de son image.) Que propose-t-il ? (De « relooker » ses clients.)* Puis faire observer le modèle en photo sur le site et amener les apprenants à l'évaluer en termes d'image. *(Quelle peut être sa nationalité ? Quel peut être son âge ? De quel milieu socioculturel peut-elle venir ? Quel genre d'emploi pourrait-elle occuper ?)* Faire lire le sous-titre (« Parce que votre image parle de vous ») et amener les apprenants à faire des hypothèses sur son sens. Faire observer les mots « relooking » et « relookage » sur la bande en dessous, et les faire définir. (*Les deux mots ont le même sens, mais l'agence s'appelle* Relooking conseil *et elle fait du* relookage. On notera la possibilité d'un jeu de mots sur relook-âge.)

2 ➜ OBJECTIF : Approfondir la compréhension du site

Vérifier la compréhension des énoncés puis procéder selon la consigne. Cette activité peut donner lieu à un débat en binômes ou en grand groupe, chaque apprenant ayant une opinion sur la question.

➜ CORRIGÉ : l'équilibre personnel : 1 – les interlocuteurs au travail : 6 et 7 – un moment difficile : 5 – la garde-robe : 2 et 4

3 ➜ OBJECTIF : Associer une opinion à une personne

Pour mieux sensibiliser les apprenants à la problématique, leur faire lire le **Point Info** en grand groupe avant de commencer l'activité. *Tout le monde sait que la France occupe une place importante dans l'industrie des cosmétiques. Mais qu'est-ce que cela nous révèle sur la société française ? Y est-on plus sensible qu'ailleurs à l'image ? En France, l'habit fait-il le moine ?* Possibilité d'un débat sur la question, et nécessité d'un certain recul par rapport aux opinions stéréotypées qui risquent d'être formulées (la Française coquette, le Français tiré à quatre épingles).

Puis procéder à une première écoute de compréhension globale. Faire lire ensuite la consigne et expliquer qu'il y a 7 témoignages, classés de a à g, qu'il va falloir associer aux 7 points énumérés sur le site de la première activité. Ensuite refaire écouter le premier témoignage, qui illustre donc le sixième point du site. Procéder au reste de l'écoute et corriger en grand groupe.

➜ CORRIGÉ : a6 – b5 – c7 – d3 – e1 – f2 – g4

4 ➜ OBJECTIF : Lire un mél, répondre à des questions de compréhension écrite et parler de sa propre expérience

Avant de faire lire le mél, faire identifier les interlocuteurs. *Qui écrit ? (Lucie Rossignol.) À qui ? (Relooking conseil.) Pourquoi ? (Demander des conseils.)* Puis faire lire le mél et inviter les apprenants à répondre en binômes. La troisième question peut donner lieu à un échange d'expériences personnelles, en binômes ou en grand groupe, sous forme de conversation libre.

➜ CORRIGÉ : **1.** hôtesse d'accueil dans des salons internationaux – **2.** ses tenues de travail ne correspondent pas toujours à sa personnalité – **3.** réponse individuelle

5 et 6 ➜ OBJECTIF : Apprendre à rédiger un mél personnel de demande de conseils

Ces deux activités inciteront les apprenants à repérer les parties logiques d'une correspondance par mél. Leur faire observer le caractère relativement familier des formules de politesse employées ici (« Bonjour », « Merci de votre réponse »). Il ne s'agit pas d'une correspondance professionnelle, la jeune fille écrit en tant que cliente.

➜ CORRIGÉ 5 : elle se présente – elle exprime son problème – elle donne un exemple

➜ CORRIGÉ 6 : s'adresser à l'agence : Bonjour – demander des conseils : Pouvez-vous m'apporter des conseils ? – conclure : Merci de votre réponse

Ensuite faire lire le tableau *Stratégies pour demander des informations et des conseils par mél*. Faire chercher les expressions qui viennent d'être lues et faire lire les nouvelles en vue de l'activité suivante.

7 ➡ OBJECTIF : **Réemployer les acquis en s'exprimant oralement et par écrit sur le thème**

On peut maintenant échanger sur le titre. Procéder à l'aide de questions sur le mot *coache. Connaissez-vous un équivalent français ? (Entraîner.) Entraîner qui ? (Des sportifs.) S'agit-il ici de sportifs ?* Puis donner aux apprenants l'expression « cause toujours, tu m'intéresses ! ». Faire observer que son caractère ironique disparaît avec le jeu de mots : dans *« coache toujours, tu m'intéresses »*, l'interlocuteur est vraiment intéressé et même demandeur. Cette activité peut donner lieu à un débat sur la place du *coach* dans la société en général et dans le monde du travail en particulier.

Ensuite faire lire l'énoncé de la situation. S'assurer de sa compréhension en la faisant reformuler oralement par les apprenants. Avant de commencer la rédaction du mél, leur proposer de donner un visage à la jeune fille ou au jeune homme (son nom, son âge, son physique, sa situation familiale, etc.). Faire préciser aussi l'environnement dans lequel il/elle voudrait travailler (*De quel magasin de luxe s'agit-il ? Dans quelle ville se trouve-t-il ? Quels articles de luxe y trouve-t-on ?* etc.). Ce travail peut se faire en grand groupe et doit être très ludique, cela facilitera la rédaction du mél. Imposer une longueur limite (environ 150 mots).

Exemple de production :

De : Marie-Claire Loiseau	**À** : relooking.com

Objet : Demande de conseils

Bonjour,
Une de mes amies, Lucie Rossignol, m'a dit le plus grand bien de votre agence, et je m'adresse donc aujourd'hui à vous pour vous demander à mon tour des conseils.
Trois mois après avoir passé un master d'économie à la faculté de Nancy, j'ai décroché un premier poste dans le magasin Chanel, sur la célèbre place Stanislas. Responsable de ventes de produits de beauté, je serai amenée à côtoyer chaque jour la jet-set nancéenne. Vous comprenez bien que mes tenues d'étudiante ne seront pas à la hauteur de l'enjeu.
Je souhaiterais paraître aussi chic que mes clientes, sans dépenser autant d'argent, et sans avoir l'air de jouer la comédie. Mais comment faire ? Je viens d'un milieu modeste, j'ignore comment on s'habille et se comporte dans la bonne société. Croyez-vous que je puisse réussir ? Pourriez-vous m'aider à trouver mon image idéale ?
Merci de votre réponse.
Marie-Claire Loiseau

Outils *pour...* pp. 16 et 17

CARACTÉRISER DES PERSONNES ET DES COMPORTEMENTS

1 ➡ OBJECTIF : **Répondre à un site de recrutement**

Avant d'effectuer l'activité, proposer aux apprenants de réfléchir sur l'expression *« avoir la tête de l'emploi »*. Les amener à dire qu'ici, on juge l'autre sur son apparence, contrairement aux expressions vues précédemment (*« L'habit ne fait pas le moine », « Il ne faut pas se fier aux apparences »*). Puis leur faire lire la page du site. S'assurer de la compréhension du lexique en demandant aux apprenants si l'homme sur la photo *« a la tête de l'emploi »*. Placer ensuite les apprenants en binômes et leur demander de faire l'exercice en s'aidant du vocabulaire proposé dans *Les mots pour les traits de personnalité et les qualités professionnelles*. Inciter les apprenants à travailler avec un dictionnaire. Vérifier la compréhension de ce vocabulaire à l'aide d'une mise en commun. Cette activité peut donner lieu à un débat en grand groupe.

➡ RÉPONSES POSSIBLES : le commercial, qualités : le sens des affaires, le charisme, le tact / tenue : chemise bleue, cravate originale, un costume mais pas noir
le créatif, qualités : l'ouverture d'esprit, l'intuition, la curiosité / tenue : entièrement libre
ressources humaines, qualités : avoir le sens du contact et de l'organisation, avoir de la diplomatie / tenue : tailleur de couleur vive, pas de décolleté trop suggestif, un bijou très discret

■ **POUR ALLER PLUS LOIN :** Pour favoriser la compréhension et l'assimilation du vocabulaire, proposer aux apprenants un jeu des contraires sous forme de devinettes. Par exemple : *Je ne suis pas honnête, j'ai le goût du risque et de l'aventure, quel métier est-ce que je ne peux pas faire ? (Caissier.) – Je n'ai aucun tact, je manque totalement de séduction et je n'ai pas le sens du contact, quel métier est-ce que je ne peux pas faire ? (Diplomate.)* Les apprenants peuvent préparer les questions en binômes et les lire ensuite en grand groupe.

2 ▣ OBJECTIF : Comprendre un extrait de journal intime

Avant d'effectuer l'activité, demander aux apprenants de quel type de document il s'agit. *(S'agit-il d'un mél, d'une lettre personnelle, d'un extrait de journal intime ? Comment pouvons-nous le savoir ? Que nous apprend l'écriture ?)* Puis les inviter à lire le texte et à répondre aux questions en binômes. Cette activité se prête à un échange oral plus qu'à une rédaction. Faire comparer les réponses en grand groupe.

▣ CORRIGÉ : **1.** elle va présenter sa candidature pour un travail de mannequin – **2.** une tenue sobre avec une touche de couleur – **3.** réponse libre

3

Point **Langue**   › LES PRONOMS RELATIFS SIMPLES

Avant de faire les exercices, inviter les apprenants à réfléchir sur la notion de pronom relatif. Relatif à quoi ? Relatif à un nom ou à un pronom. Faire distinguer les pronoms relatifs des conjonctions, par exemple en s'aidant de la première phrase du journal intime de l'activité précédente « *une cliente qui vient souvent à la boutique m'a dit que...* ». Puis faire relire l'extrait du journal intime de Sophie et faire répondre aux questions oralement.

▣ **Corrigé : a)** l'adresse **où** je devais me présenter / un homme **que** j'ai trouvé plutôt aimable et **dont** la voix était jeune – mon ensemble gris perle **que** je porterai avec mon chemisier rouge, celui **que** Stéphanie m'a donné / une touche de couleur **dont** j'ai bien besoin...
b) qui : sujet / que : complément d'objet direct / où : complément de lieu ou de temps / dont : complément introduit par « de »
c) Réponses possibles : L'homme qui sort de la maison ressemble à mon père. Le jour où tu es née, il neigeait. La personne que vous cherchez n'est pas ici en ce moment. La femme dont vous m'avez raconté l'histoire hier, vient de me téléphoner. La ville où a eu lieu la catastrophe n'existe plus.
d) celui = mon chemisier rouge / celle = la robe / ceux = les gens

S'EXERCER n° 1 ➜ Corrigé ▶ p. 22

FAIRE DES ÉLOGES ET DES REPROCHES

4 ▣ OBJECTIF : Comprendre un mél

a) Demander aux apprenants de lire le mél et de répondre aux questions en binômes. Puis vérifier les réponses en grand groupe.

▣ CORRIGÉ : **1.** l'entreprise où travaille Corinne Chevalier – **2.** informer le personnel de la promotion d'une collègue

b) Même déroulement que pour la question précédente.

▣ CORRIGÉ : elle est ambitieuse, elle a le sens du contact et des relations humaines, et elle est à l'aise en public

5

Point **Langue**   › LA MISE EN RELIEF

Cette construction permet de mettre l'accent sur un ou plusieurs mots choisis dans la phrase. Elle est donc particulièrement utile pour faire des éloges ou des reproches. Faire relire le mél de l'activité précédente et faire répondre aux questions oralement.

▣ **Corrigé : a)** c'est ce qui lui donne aujourd'hui des atouts... / ... ce que nous admirons tous, c'est son grand sens...
b) c'est ce qui nous plaît / c'est ce dont nous avons besoin / c'est ce que nous apprécions / c'est ce à quoi nous sommes sensibles
c) Ce que nous apprécions, c'est son efficacité / Ce dont nous avons besoin, c'est de son efficacité / Ce à quoi nous sommes sensibles, c'est à son efficacité.

S'EXERCER n°s 2 et 3 ➜ Corrigé ▶ p. 22

6 ➡ OBJECTIFS : Comprendre et réemployer les expressions de l'éloge et du reproche

Avant de procéder à l'écoute, demander aux apprenants, sous forme de remue-méninges, de donner quelques expressions de l'éloge et du reproche qu'ils connaissent déjà. Procéder ensuite à l'écoute et demander de classer les expressions entendues. Corriger en grand groupe. Récapituler les expressions à l'aide du tableau *Les mots pour faire des éloges et des reproches*.

➡ CORRIGÉ : → faire des éloges : elle est très compétente − c'est la meilleure dans son service − c'est elle qui faisait tout le travail − C'est une fille que je respecte beaucoup (...) franchise
→ faire des reproches : ce que je trouve discutable, c'est qu'il n'y ait pas eu... − je désapprouve la procédure ; on devrait toujours... − je vous trouve fumiste, vous êtes incapable de faire un travail sérieux − ce que je te reproche, c'est que tu ne m'apprécies pas

S'EXERCER n° 4 ➡ Corrigé ▶ p. 22

S'EXERCER – CORRIGÉ

1. qui − qui − qu' − dont − qui − que
2. a. Ce qui fait réagir votre chef, c'est la peur. / C'est la peur qui fait réagir votre chef. − **b.** Ce que je vous reproche, c'est votre manque de transparence ! / C'est votre manque de transparence que je vous reproche. − **c.** Ce que je ne supporte pas, c'est votre passivité ! / C'est votre passivité que je ne supporte pas.
3. a. Ce qui montre le talent de Corinne, c'est qu'elle a déjà vendu un projet. − **b.** Ce que je trouve très positif, c'est qu'elle travaille depuis longtemps avec les mêmes clients. − **c.** Ce dont elle est fière, c'est de la compétence de son équipe.
4. a. une remarque à vous faire. − **b.** vous méritez une promotion / vous auriez pu m'informer avant. − **c.** la méritait / ce que je trouve inacceptable

À cette étape, on peut inviter les apprenants à faire l'activité **Sur tous les tons**, p. 22 du manuel. Elle offrirait à point nommé un exemple ludique de caractérisation des personnes et des comportements (voir la préparation, p. 25 de ce guide).

Points de vue sur... pp. 18 et 19

1 ➡ OBJECTIF : Comprendre l'opinion d'un philosophe

Avant de faire lire l'article, faire observer le dessin et demander aux apprenants de le décrire. *Comment l'homme se tient-il ? (Il est assis en tailleur.) Que tient-il dans la main gauche ? (Un livre.) Dans la main droite ? (Un bâton d'encens.) De quel genre de livre peut-il s'agir ? (Un livre sur le mieux-être.) Que porte-t-il sur le visage ? (Un masque purifiant.)* Puis demander aux apprenants de quel type de document il s'agit. *(Qui est l'auteur de l'article ? Où cet article est-il paru ? Quand ?)* Enfin demander aux apprenants de répondre à la question.

➡ CORRIGÉ : *« l'injonction au changement qui résonne partout autour de nous »*

2 Puis faire lire l'article individuellement et demander aux apprenants de répondre aux questions en binômes en justifiant leurs réponses. Comparer ensuite en grand groupe. À ce stade de l'apprentissage, une compréhension globale est plus importante qu'une analyse exhaustive du vocabulaire.

➡ CORRIGÉ : **a)** l'offre des spécialistes / la demande du public / l'opinion du philosophe
b) 1. vrai (première phrase) − **2.** faux (11 % à vouloir changer leur apparence physique, contre 73 % pour changer les aspects matériels de leur existence) − **3.** vrai (« pour 55 % l'arrivée d'un enfant et pour 29 % une rencontre amoureuse ») − **4.** faux (« cela semble traduire une conception du changement différente de celle qui est préconisée par les spécialistes... ») − **5.** faux (dernière phrase)

3 ➡ OBJECTIF : Réemployer les acquis en échangeant sur le thème en petits groupes

Proposer aux apprenants d'échanger à propos de cette *« injonction au changement qui résonne partout autour de nous »*. Former des groupes de trois ou quatre personnes, de profils différents si possible (âge, sexe, personnalité...). Prévoir un retour en grand groupe, pour constater les points communs et les disparités.

➡ OBJECTIF : Comprendre l'opinion d'un journaliste dans un quotidien national

Avant de faire lire l'article, faire observer les photos des personnalités politiques et demander aux apprenants de les identifier, puis de les décrire. Pour le cas où ils ne les connaîtraient pas, leur faire imaginer quelle fonction ils pourraient occuper, puis leur donner les noms et fonctions de chacun. Cette activité doit amener à un réemploi du vocabulaire de la double page précédente (caractériser des personnes et des comportements). Puis faire lire l'article et demander aux apprenants ce que ces personnalités ont changé dans leur image, pour que leur « dehors » soit en accord avec leur « dedans » ou avec l'image qu'ils veulent donner.

➡ CORRIGÉ : Ségolène Royal a fait rectifier sa dentition / Dominique Strauss-Kahn s'est fait relever une paupière / Dominique de Villepin s'est fait retirer une verrue

■ POUR ALLER PLUS LOIN : Montrer aux apprenants des photos de personnalités célèbres en France ou à l'étranger, ou bien de complets inconnus (ou même une photo du prof), et leur demander de faire des propositions de « relooking ». Cette activité permettrait un réemploi du vocabulaire de la chirurgie esthétique proposé dans *Les mots pour parler des transformations par la chirurgie esthétique* (p. 19 du livre de l'élève).

5 ➡ OBJECTIF : Approfondir la compréhension de l'article

Demander aux apprenants de relire l'article en relevant les expressions demandées. Ce travail peut se faire individuellement ou en binômes. Les apprenants comparent ensuite leurs réponses en grand groupe.

➡ CORRIGÉ : → au changement : peaufiner son image, corriger son look, avoir recours au bistouri, gommer quelques imperfections, se débarrasser de, faire modifier, passer par la case chirurgie

→ aux circonstances discrètes de ces changements : à l'abri des regards et à distance raisonnable des élections, discrètement

6 ➡ OBJECTIF : Comprendre des opinions

Faire écouter une première fois l'enregistrement et vérifier la compréhension globale à l'aide de questions simples. Puis procéder à une réécoute et demander aux apprenants de classer les opinions, en pour et en contre. Enfin procéder à une troisième écoute pour faire noter les arguments des personnes interrogées. Les notes prises par les apprenants leur serviront pour l'activité orale suivante.

➡ CORRIGÉ : a) 1. pour – **2.** contre – **3.** pour – **4.** contre – **5.** pour

b) 1. ça ne se remarque pas beaucoup / plus personne ne peut échapper aux exigences du code – **2.** on ne lisse pas son visage sans lisser son discours – **3.** ce ne sont que de petits détails de leur physique / autant les voir sous leur meilleur jour / je ne voudrais pas d'un représentant national laid ou mal habillé – **4.** pas plus d'originalité dans les visages que dans les discours – **5.** on vote pour une image, alors autant que cette image soit avenante.

7 ➡ OBJECTIF : Réemployer les acquis en échangeant sur le thème

Proposer aux apprenants de réfléchir sur *« l'injonction au changement »*, selon l'expression de Michel Lacroix. Leur faire comparer la situation en France et dans leur pays sur l'importance de l'image en politique en les invitant à réutiliser les expressions vues dans l'écoute précédente. La réflexion peut se faire en binômes ou en petits groupes. Les apprenants prennent ensuite la parole devant la classe. Cette activité peut prendre la forme d'un débat.

Outils *pour...* pp. 20 et 21

DONNER DES CONSEILS

1 ➡ OBJECTIF : Définir des sentiments

Demander aux apprenants d'imaginer le contenu de l'article d'après le titre et le nom du magazine (Réponse possible : *ce n'est pas facile de travailler ensemble quand on a des caractères qui se complètent mal*). Puis faire lire le texte et répondre à la question en grand groupe.

À cette étape, on peut inviter les apprenants à faire l'activité **Le Jeu du Pantin**, p. 22 du manuel (voir la préparation, p. 25 de ce guide).

2 ➔ OBJECTIF : Identifier l'expression du conseil

Demander aux apprenants de chercher dans le texte des expressions pour donner des conseils. Faire ressortir les conditionnels *(vous pourriez, à votre place je me méfierais...)*, le subjonctif présent *(qu'il comprenne)* et les infinitifs *(il faut vous protéger, il faudrait lui montrer...)*. Ces constructions devraient déjà être connues. Vérifier les acquis à l'aide des exercices :

S'EXERCER n°s 1 et 2 **Corrigé ▶ p. 25**

EXPRIMER DES SENTIMENTS

3 ➔ OBJECTIF : Approfondir oralement et par écrit le vocabulaire de l'expression des sentiments

Placer les apprenants en binômes, leur faire observer les photos et leur proposer de définir les sentiments du bébé. Plusieurs réponses étant possibles, prévoir un retour en grand groupe.

■ **POUR ALLER PLUS LOIN :** Inviter les apprenants à chercher des mots de la même famille. Par exemple : joyeux / la joie / se réjouir – triste / la tristesse / s'attrister...

4 et 5 ➔ OBJECTIF : Comprendre oralement le vocabulaire de l'expression des sentiments

Livres fermés, procéder à une première écoute de compréhension globale et demander aux apprenants ce qu'ils viennent d'entendre. *(Les témoignages de trois personnes qui ont fait des rencontres sur le site de Meetic.)* Faire lire la consigne de l'activité, procéder à une deuxième écoute et faire répondre aux questions. Vérifier les réponses en grand groupe.
Puis faire observer les six dessins de l'activité 5, qui correspondent aux sept sentiments de l'activité 4 (un seul dessin pour le regret et la déception). Faire lire les expressions des sentiments accompagnant ces dessins et vérifier la compréhension du vocabulaire. (On pourrait revenir ici sur la conjugaison des verbes *craindre, effrayer, décevoir* et *mourir*. Attention aussi au verbe *supporter*, que les apprenants confondent régulièrement avec *soutenir*.) Puis procéder à une dernière écoute. Demander aux apprenants de noter les modes qui suivent ces expressions de sentiments en vue du **Point Langue**. Vérifier les réponses en grand groupe.

➔ **CORRIGÉ 4 :** Hélène : joie, surprise, regret – Jacques : peur et surprise – Sébastien : dégoût, déception

➔ **CORRIGÉ 5 :** la joie : je suis tellement heureuse de + infinitif – la surprise : je trouve incroyable que + subjonctif, j'ai été surpris que + subjonctif – le regret, la déception : je regrette de + infinitif, j'ai été très déçu que + subjonctif, la peur : je craignais – le dégoût : j'ai horreur de + infinitif

6

Point **Langue** ❯ **INFINITIF OU SUBJONCTIF ?**

Ce point langue reprend une des questions de grammaire vues dans l'activité 2, la discrimination des emplois de l'infinitif et du subjonctif dans l'expression des sentiments, et l'enrichit par la découverte de l'infinitif et du subjonctif passés. Il prolonge également l'activité 5.

➔ **Corrigé : a)** On emploie *que* + subjonctif quand les sujets sont différents / On emploie *de* + infinitif quand c'est le même sujet.
b) Réponses possibles : Je suis ravi(e) que nous ayons pu nous entendre. Je trouve incroyable de ne pas avoir encore reçu sa réponse. Je suis désolé(e) que l'affaire ne se soit pas faite. Je crains qu'ils n'acceptent jamais ce compromis.
c) – Infinitif passé = infinitif présent de l'auxiliaire + participe passé
– Subjonctif passé = subjonctif présent de l'auxiliaire + participe passé
– Parce que l'événement est accompli.

S'EXERCER n°s 3 et 4 **Corrigé ▶ p. 25**

7 ➔ OBJECTIF : Réemployer les acquis en décrivant ses sentiments dans un mél

Faire lire la consigne et en vérifier la compréhension. Placer les apprenants en binômes. Pour qu'ils se sentent plus libres de s'exprimer, leur proposer de s'inventer un personnage (un sportif, une grand-mère, une coiffeuse...). La rédaction du mél en sera facilitée. Insister pour qu'ils réemploient les verbes de sentiment vus dans cette double page et imposer une longueur limite (environ 200 mots).

Exemple de production :

De : Marie-Claire Loiseau	À : Lucie Rossignol

Objet : Mes amours sur Meetic

Chère Lucie,

C'est horrible, je suis poursuivie par un maniaque, j'en ai perdu le sommeil et j'ai peur de devenir folle. Mais laisse-moi tout te raconter du début.

Depuis que je travaille chez Chanel, je cherche un homme à la hauteur de mes ambitions et c'est ainsi que j'ai découvert sur Meetic Louis-Robert, un banquier anglais. Tu me diras, un banquier anglais qui s'appelle Louis-Robert, ça aurait dû éveiller mes soupçons. Mais non, tu me connais, toujours confiante... et toujours déçue ! Bref, nous échangeons des méls. Il me plaît, je lui plais... Enfin le grand soir arrive – et qui vois-je venir, une rose jaune dans la main gauche ? André... Mais si, tu sais bien, celui qui me tourne autour depuis le lycée ! Je lui dis que j'ai rendez-vous, il me répond que c'est avec lui. Le cauchemar... Je déteste qu'on me tourne autour, ça me rappelle les animaux de la ferme, chez grand-mère !

Ma chérie, je suis sûre qu'il n'est pas dangereux mais j'ai bien peur de ne pas pouvoir me débarrasser de lui avant longtemps. Qu'est-ce qu'ils vont penser de moi chez Chanel ?

Viens me voir le plus tôt possible. J'ai besoin de conseils.

Marie-Claire

1. soyez motivé / de mûrir / pourriez / fassiez preuve / estimerais

2. Réponses libres

3. a. Je suis ravie que ma nouvelle coiffure lui plaise. – **b.** J'ai envie d'aller la chercher en voiture. – **c.** J'ai horreur qu'elle mette du parfum ! – **d.** Je suis surprise qu'il veuille sortir avec moi ! – **e.** Je suis content de la voir ce soir.

4. a. Je suis furieuse de ne pas avoir noté son adresse ! – **b.** Je trouve sympa qu'il m'ait invitée à passer un week-end à Rome ! – **c.** Je regrette qu'il ne soit pas venu à la gym. – **d.** Ça m'a gênée de ne pas l'avoir reconnu tout de suite.

Paroles en scène... `p. 22`

Sur tous les tons

1 ➡ OBJECTIF : **Distinguer à l'oral différentes intonations dans l'expression de sentiments**

a) Avant de procéder à l'écoute, faire produire en grand groupe une phrase d'exemple pour chacun des sentiments de l'activité. (Exemple : *Ordre – « Viens ici ! » Suggestion – « Vous pourriez essayer de lui parler, non ? » Conseil – « Tu devrais arrêter de fumer » Reproche – « Vous n'auriez pas dû leur dire cela ! » Éloge – « Travail excellent, rien à dire, bravo ! »*.) Puis, livres fermés, faire écouter l'enregistrement et demander aux apprenants à quel sentiment correspond chacune des phrases entendues. Faire réécouter autant de fois que nécessaire pour bien faire sentir les nuances.

➡ CORRIGÉ : **1.** suggestion – **2.** conseil – **3.** ordre – **4.** ordre – **5.** suggestion – **6.** reproche – **7.** suggestion – **8.** ordre – **9.** reproche – **10.** suggestion – **11.** suggestion – **12.** éloge

b) Demander ensuite aux étudiants de lire à leur tour les phrases avec l'intonation correcte. On pourra demander aux apprenants de déclamer les phrases devant la classe, comme dans un cours de théâtre, les auditeurs étant les juges. Ce travail préparera à l'activité suivante.

Mise en scène

2 ➡ OBJECTIFS : **Lire et jouer une scène de théâtre**

Dans un premier temps, faire lire le texte à voix basse et faire identifier la situation *(scène de jalousie de Paul)*. Demander ensuite à deux apprenants de lire la scène à haute voix pour s'assurer de sa compréhension. Ensuite faire jouer la scène et aider les apprenants à trouver le ton juste. Cette activité peut prendre la forme d'un concours dans une école de théâtre, comme dans l'activité précédente. Poursuivre la « représentation » avec le **JEU DU PANTIN** : ce jeu de communication non-verbale fait appel au talent de mimes des apprenants. Faire lire la consigne, puis le professeur propose à la classe un exemple qu'il jouera lui-même.

3 ➔ OBJECTIF : Jouer une scène de ménage

Placer les apprenants en binômes et leur proposer d'interpréter un couple. Leur laisser le temps de définir leurs personnages (âge, sexe, look...). Puis procéder au jeu de rôle, de préférence sous forme d'improvisation. Imposer un temps limite pour jouer la scène (une minute doit suffire) et insister sur l'importance de l'intonation ainsi que des gestes. Ce jeu demandant de l'aisance, faire passer les volontaires en premier.

À vos créations ! p. 23

➔ OBJECTIF : Créer la page de conseils d'une brochure

Cette activité permet une mise en œuvre de plusieurs compétences : lexicales (création d'un mot valise pour le nom de l'agence, comme dans les doubles pages précédentes (RECRUTimages, Meetic) ; réemploi du vocabulaire pour caractériser des personnes et des comportements) ; communicatives (les apprenants devront se mettre d'accord en petits groupes sur un projet) ; artistiques (création de la page centrale d'une brochure) ; grammaticales (expression du conseil et du souhait). Elle demande donc une bonne organisation.

Livres fermés, demander aux apprenants d'imaginer une définition pour le terme *« savoir-être »*. *(Ce sont les bonnes manières, l'aisance en public, tout ce qui fait qu'on projette de soi une image plaisante.)* Puis demander dans quelles circonstances ce savoir-être peut être particulièrement utile. *(À une réception, dans un jeu d'équipe, lors d'un entretien, auprès de l'être aimé...)* Expliquer ensuite aux apprenants qu'ils vont faire un travail de conseiller en image et leur faire lire les consignes de l'activité, ainsi que les points de l'**Autoévaluation**. Puis les placer en petits groupes de trois ou quatre personnes, de profils différents si possible (âge, sexe, personnalité...) et leur proposer d'échanger sur le thème oralement puis par écrit, en insistant sur le réemploi du vocabulaire et de la grammaire vus dans les pages précédentes. Pour qu'il y ait plus de diversité dans les productions, répartir à égalité les deux situations (une rencontre amoureuse / un entretien d'embauche). Imposer un temps limite (trente minutes devraient suffire). Pour la correction, procéder à un échange des projets, les groupes s'évaluant deux par deux, ce qui leur donnera ensuite l'occasion de réemployer les expressions de l'éloge et du reproche vues à la page 17 du manuel.

Au cours suivant, après correction par le professeur, procéder à une exposition des différentes brochures et inviter les apprenants à voter pour la meilleure. (Interdiction de voter pour son propre groupe.) Le groupe gagnant reçoit un prix.

BILAN pp. 24 et 25

La partie écrite du bilan peut être donnée à faire à la maison sous forme de devoir, tandis que la partie orale peut être traitée en classe. On peut également envisager de présenter ce BILAN sous forme d'examen écrit puisqu'il s'agit d'une épreuve de type DELF, niveau B1. Dans tous les cas de figure, ces exercices doivent être présentés comme une récapitulation des acquis de ce premier dossier. Autant les apprenants peuvent avoir la sensation grisante de progresser rapidement aux niveaux A1 et A2, autant il leur semble souvent tourner en rond à partir du niveau intermédiaire. L'objectif de ces BILANS est donc de leur montrer qu'une progression existe toujours, qu'ils avancent dans l'apprentissage de la langue.

Compréhension écrite

Demander aux élèves de lire attentivement l'article et de répondre aux questions. Temps limite : 15 minutes. Interdire l'usage du dictionnaire, il s'agit d'une compréhension globale. À la fin de l'épreuve, revenir sur le texte et inviter les apprenants à signaler les difficultés rencontrées.

➔ CORRIGÉ : **1.** C − **2.** B − **3.** A, C, E − **4.** B − **5.** « Les vingt personnes de l'équipe Chopard sont en permanence sur le qui-vive pendant le festival », « Les caprices des actrices (...) logistique complexe ». − **6.** une quinzaine de jours / la palme de l'image

Expression écrite

Faire écrire les apprenants individuellement. Leur faire lire la consigne et leur donner comme limite de temps 20 minutes et comme nombre de mots à respecter : 100 mots (± 10 %). Pour l'évaluation, voir grille ci-après.

De : Antoine Dupont	À : Relooking.com

Objet : Demande de conseils

Bonjour,
J'ai 21 ans et à en juger par mes succès avec les filles, j'ai un physique très avantageux. Étudiant depuis deux ans l'art dramatique à Montpellier, je viens d'être invité au gala des Vestes Blanches. Je ne connais que des garçons de café qui s'habillent comme ça et j'ai peur qu'on me tende des verres vides plutôt que des contrats. Comment peut-on avoir l'air cool dans cette tenue ? Recommandez-vous la main dans la poche du pantalon ? Faut-il mettre un nœud papillon noir ou blanc ? Et les chaussures ? Ma carrière dépend de ces détails.
Merci de votre réponse.
Antoine Dupont

EXPRESSION ÉCRITE	10 points
Adéquation au sujet	**5 points**
Capacité à décrire (physique + tenue)	3
Capacité à expliquer un problème et demander des conseils	2
Lisibilité de la production	**1 point**
Cohérence et enchaînements	1
Compétence linguistique	**4 points**
Exactitude de la syntaxe	2,5
Richesse et adaptation du lexique	1,5

Compréhension orale

Livres fermés, lire les consignes de l'activité puis procéder à la première écoute. Demander ensuite aux apprenants de lire individuellement les questions concernant le premier document, puis procéder à l'écoute, et ainsi de suite pour les quatre documents.
Corriger en grand groupe, si besoin en réécoutant.

➡ CORRIGÉ : 1. A, C, D – **2.** A – **3.** A – **4.** A – **5.** B, D – **6.** A – **7.** B – **8.** le 14 février

Expression orale

Avant de commencer l'activité, prévenir les apprenants qu'ils vont devoir réutiliser les expressions de l'éloge, du reproche et du conseil au cours d'un jeu de rôle. Les laisser réviser si besoin. Faire lire la consigne, puis laisser deux ou trois minutes aux apprenants pour choisir une situation et se composer une nouvelle identité.
Le jeu de rôle peut se faire devant un jury d'apprenants chargés d'apprécier la spontanéité des acteurs et la correction de leur vocabulaire et de leur syntaxe. Pour l'évaluation, voir grille ci-dessous.

EXPRESSION ORALE	10 points
Capacité à communiquer dans la situation proposée	**4 points**
Capacité à faire un éloge ou un reproche	2
Capacité à donner des conseils	2
Capacité à interagir	**2 points**
Aisance et efficacité dans l'échange	2
Compétence linguistique	**4 points**
Correction syntaxique	2
Richesse du lexique	1
Correction phonétique	1

J'achète

DOSSIER 2

OBJECTIFS SOCIOLANGAGIERS

OBJECTIFS COMMUNICATIFS & SAVOIR-FAIRE	
Être capable de...	
J'achète	– comprendre un poème et des proverbes – débattre de la pauvreté et de la richesse – parler de la consommation
La vie au quotidien	– utiliser Internet en français – écrire un mél de réclamation
Points de vue sur...	– comprendre l'opinion de consommateurs – comprendre l'opinion d'une journaliste économique
Outils pour...	– caractériser des objets et des services – faire des comparaisons – négocier et discuter un prix – rapporter les paroles de quelqu'un
Paroles en scène	– lire et jouer un sketch – improviser une scène de marchandage
À vos créations	– réaliser une page d'un site pour mieux consommer
Bilan	

OBJECTIFS LINGUISTIQUES	
GRAMMATICAUX	– les comparatifs – les pronoms relatifs composés – le discours rapporté et la concordance des temps
LEXICAUX	– le vocabulaire de l'argent et de la consommation – l'expression de la réclamation
PROSODIQUES	– l'intonation dans l'expression du marchandage

SCÉNARIO DU DOSSIER

Dans la première double page, les apprenants seront amenés à découvrir et à comprendre un poème de Jacques Prévert, sur le fossé qui existe dans notre société entre l'abondance et la pauvreté. Puis ils réfléchiront sur des proverbes illustrant le thème de l'argent. Enfin ils échangeront en grand groupe sur leur expérience personnelle dans le domaine de la consommation.

Dans LA VIE AU QUOTIDIEN, ils découvriront une façon très moderne de faire ses courses : l'achat en ligne. Ils écouteront une conversation téléphonique sur le thème et réemploieront le vocabulaire d'Internet dans un jeu de rôle. Ce sera aussi l'occasion de lire puis d'écrire un mél de réclamation. Un micro-trottoir les informera des habitudes de consommation des Français et ils échangeront sur leurs propres habitudes dans ce domaine.

Dans OUTILS POUR, ils s'entraîneront à parler de leur consommation. Ils reviendront sur la comparaison et apprendront à caractériser des objets dans des phrases complexes. D'où un nouveau point de grammaire : les pronoms relatifs composés.

➤➤➤

Dans **POINTS DE VUE SUR,** les apprenants découvriront que les consommateurs qu'ils sont eux-mêmes ne sont peut-être pas aussi libres ni aussi imprévisibles qu'ils le croient. Puis ils parcourront quelques exemples amusants d'achats fantaisistes et liront un article sur le phénomène eBay, cette « immense brocante virtuelle ». Enfin, ils écouteront différents témoignages et échangeront sur le thème.

Dans **OUTILS POUR,** ils écouteront une négociation d'achat au téléphone et se transformeront en vendeurs et en acheteurs d'objets sur Internet. Cela leur donnera des histoires à raconter, et ils devront le faire en rapportant ce qu'on leur a dit et ce qu'ils ont répondu, bonne occasion pour revoir la concordance des temps.

Dans **PAROLES EN SCÈNE,** les apprenants écouteront un camelot vendre ses marchandises à des « p'tites dames » et essaieront de l'imiter. Puis ils joueront un sketch sur la difficulté de faire bon ménage avec son ordinateur. Enfin ils devront vendre des objets très bizarres...

Dans **À VOS CRÉATIONS,** ils créeront une page d'un site d'astuces destiné à aider les étudiants à consommer mieux et moins cher et s'exerceront à la critique en évaluant leurs productions.

Dans **BILAN,** ils mobiliseront les acquis de ce dossier à travers quatre activités écrites et orales, sous la forme d'un test de type DELF B1.

J'ACHÈTE pp. 28 et 29

1 → OBJECTIF : **Comprendre une lecture enregistrée**

Avant de faire écouter l'enregistrement du poème, leur montrer la photo de la page 28 du manuel (textes cachés) et la leur faire décrire. *Savez-vous qui est cet homme ? Pouvez-vous le décrire ? Où se trouve-t-il ? Vous semble-t-il heureux ? À quoi peut-il penser ? etc. (Il s'agit de Jacques Prévert (1900-1977), l'un des plus célèbres poètes et auteurs français.)*

■ **POUR ALLER PLUS LOIN :** La photo a été prise à Paris en 1955 par Robert Doisneau (1912-1994), l'un des photographes français les plus connus dans le monde. Sa photo sans doute la plus célèbre, *Le Baiser de l'hôtel de ville,* est une parfaite illustration de son style, tout en verve populaire et en humour. On trouvera plusieurs galeries des photos de Doisneau sur Internet.

Ensuite diviser la classe en quatre groupes et expliquer aux apprenants qu'ils vont écouter un enregistrement d'un poème de Jacques Prévert et que chaque groupe devra se concentrer sur un domaine différent (les images, les bruits, les odeurs, les émotions). Après l'écoute (livres fermés), laisser quelques minutes aux apprenants de chaque groupe pour mettre en commun ce qu'ils ont découvert. Puis confronter les réponses en grand groupe.

→ CORRIGÉ : **Images : un magasin, un bistrot, la tête d'un homme qui a faim...**
Bruits : le petit bruit d'un œuf dur cassé sur un comptoir d'étain...
Odeurs : l'odeur du café, des croissants chauds, du rhum, du sang...
Émotions : la peur, la frustration, la haine...

■ **POUR ALLER PLUS LOIN :** Apporter en classe différentes photos de Robert Doisneau. Placer les apprenants en binômes puis distribuer une photo à chaque binôme. La leur faire décrire à l'écrit *(Qui ? Où ? Quoi ?...) – (10 minutes au maximum).* Insister sur l'utilisation dans leur description des pronoms relatifs simples qui ont été travaillés dans le dossier 1. Dans la suite du Dossier (Outils pour..., p. 33), les apprenants seront amenés à découvrir les pronoms relatifs composés, il est donc essentiel que les pronoms relatifs simples soient parfaitement maîtrisés. Puis ramasser les différentes photos, les placer au tableau et faire lire à chaque binôme sa production écrite. Les autres binômes devront deviner de quelle photo il s'agit. (Instaurer un côté ludique à cette activité permet de rendre les apprenants attentifs aux productions des autres groupes.)

2 → OBJECTIF : **Approfondir la compréhension orale du poème**

Livres toujours fermés, faire réécouter le poème. Puis lire la question de l'activité aux apprenants et leur demander de justifier leur réponse.

Réponse possible : J'imagine un ouvrier pauvre avant la guerre. Il est grand, maigre, il vient d'un pays étranger ou d'une région française ruinée par une crise économique, et il est allé chercher du travail à la capitale pour nourrir sa famille. Il est mal rasé. Il est encore propre mais on devine que d'ici un jour ou deux il commencera à ressembler à un clochard. Il se promène dans les rues de Paris la faim au ventre, et chaque fois qu'il passe devant un café ou un restaurant avec des gens attablés, il a l'impression qu'il va devenir fou. Et il se rappelle les temps plus heureux où il pouvait s'offrir un œuf dur le matin au petit déjeuner.

3 ➔ OBJECTIF : Approfondir la compréhension du poème à l'écrit

À ce stade de l'apprentissage, laisser de côté les trois proverbes illustrant la thématique. On y reviendra à la fin de cette première double page.

a) et **b)** Faire lire le poème par un ou plusieurs apprenants en insistant bien sur l'importance de l'intonation. Pour faciliter l'exercice, leur demander d'abord en grand groupe de trouver ce qu'on pourrait appeler le « refrain » du poème. (« *Il est terrible* [...] *quand il remue dans la mémoire de l'homme qui a faim.* ») Placer ensuite les apprenants en binômes et leur demander de faire les questions *a* et *b*. Vérifier les réponses en grand groupe.

➔ CORRIGÉ : **a)** la vitrine : « *elle est terrible aussi la tête de l'homme* [...] *que de barricades pour six malheureuses sardines...* »
le bistrot : « *un peu plus loin le bistrot* [...] *café-crime arrosé sang !...* »
le fait divers : « *Un homme très estimé dans son quartier* [...] *et vingt-cinq centimes pour le pourboire du garçon* »
b) 1. Un homme qui n'a pas mangé depuis trois jours a égorgé un passant pour lui voler une somme dérisoire.
2. Réponse possible : Ce qui est frappant dans ce fait divers, outre le fait qu'il est sans doute imaginaire, c'est que la somme est dérisoire alors que l'enjeu ne l'est pas, puisque c'est de survie qu'il est question. Il suffirait d'un rien pour sauver cet homme d'un crime affreux.

4 ➔ OBJECTIF : Approfondir la compréhension écrite

Quoique très narratif et facile à comprendre globalement, le poème doit être encore travaillé pour être bien apprécié. Garder les binômes et demander aux apprenants de répondre aux questions **a**, **b**, **c**. Vérifier les réponses en grand groupe.

➔ CORRIGÉ : **a)** la pauvreté de l'homme : « *cela fait trois jours qu'il n'a pas mangé / et il a beau se répéter depuis trois jours / Ça ne peut pas durer / ça dure* »
l'abondance de produit : « *et derrière ces vitres / ces pâtés ces bouteilles ces conserves / poissons morts protégés par les boîtes* »
b) – le malaise de l'homme pauvre : « *une tête couleur de poussière* », « *l'homme titube et dans l'intérieur de sa tête un brouillard de mot* »
– la frustration : « *il est terrible le petit bruit de l'œuf* », « *il grince des dents doucement car le monde se paye sa tête et il ne peut rien contre ce monde* », « *que de barricades pour six malheureuses sardines* »
– le meurtre : « *café-crime arrosé de sang* », « *égorgé en plein jour* », « *l'assassin* »
c) Réponse possible : La grasse matinée, c'est quand on n'a pas à se lever le matin pour aller au travail. La première interprétation possible de ce titre est sarcastique. Un proverbe dit : « Qui dort dîne » (c'est-à-dire, pendant le sommeil, on oublie sa faim), et sans doute vaut-il donc mieux rester au lit à faire la « grasse matinée » et à essayer d'oublier sa faim que de se promener dans la ville avec des envies de meurtre. Autre interprétation possible : il s'agit d'une antiphrase (procédé ironique consistant à dire le contraire de ce qu'on veut réellement faire entendre), un trait d'humour noir tout à fait dans l'esprit très pointu de Prévert : cette matinée n'a rien de gras, elle est au contraire tout ce qu'il y a de plus maigre. Enfin on peut imaginer aussi que cette matinée est réellement grasse, en ce qu'elle inspire au héros une orgie de haine et de violence : tout ce sang qui coule et tout ce brouillard qui s'accumule dans la tête de l'homme pauvre ont quelque chose de gras comme dans un cauchemar.

TROIS CITATIONS

Après ces exercices, faire travailler les apprenants sur le thème de l'*argent* et sur les trois proverbes illustrant cette thématique.
Faire faire d'abord un remue-méninges à partir du mot « argent », écrire au tableau au fur et à mesure toutes les propositions. (Réponses possibles : *payer, consommer, acheter, magasin, tirelire, euros, cher, riche, pauvre...*) Puis lire le proverbe, « L'argent ne fait pas le bonheur », et diviser la classe en deux groupes, l'un des groupes étant d'accord, l'autre ne l'étant pas, et chacun essayant de justifier ses arguments par des exemples concrets (par exemple : *un homme très riche et très malade ne sera pas très heureux ; ou au contraire : un homme très pauvre ne sera jamais heureux non plus*). Pour la phrase, « On veut le beurre et l'argent du beurre », demander aux apprenants ce que symbolise le beurre *(Le luxe, le superflu, comme dans l'expression populaire : « mettre du beurre dans ses épinards »)* et ce que signifie la phrase *(Cela signifie qu'on veut le plaisir sans en payer le prix, qu'on veut tout sans rien donner en échange)*. La troisième phrase, « L'être est plus important que l'avoir », rejoint un peu celle qui figurait en tête du dossier 1, « il ne faut pas se fier aux apparences ». Cela signifie qu'on ne doit pas juger un homme sur ce qu'il possède *(l'avoir)* mais sur ce qu'il est réellement *(l'être)*.

■ **POUR ALLER PLUS LOIN :** Demander aux apprenants s'ils connaissent d'autres proverbes avec le mot « argent ». (En français ou dans leur langue maternelle.) Enfin écrire au tableau quelques expressions contenant le mot « argent » où manque un mot-clé et le faire deviner. *(Activité ludique à faire à l'oral où le plus important n'est pas de trouver le mot réel, mais de faire rapidement des propositions amusantes et/ou cohérentes.)* (Par exemple : « L'agent n'a pas d'(?) (> odeur) », « Plaie d'argent n'est pas (?) (> mortelle) »,

« Le silence est d'or, mais la (?) (> parole) est d'argent. », …) Pour finir, placer les étudiants en binômes et leur demander d'inventer un proverbe contenant le mot « argent ». Faire lire les différentes propositions.

ALTER EGO *VOUS ET LA CONSOMMATION*

Ensuite proposer aux apprenants d'échanger à propos de leur consommation. Faire lire le cadre *Les mots pour parler de la consommation* et vérifier la compréhension du lexique. Puis faire faire aux apprenants un « Trouvez quelqu'un qui… » sur ce thème en utilisant les 11 phrases du cadre *Vous et la consommation*. Les apprenants reçoivent un papier avec 2 de ces phrases (si le nombre des apprenants est élevé, les inviter à imaginer une ou deux phrases supplémentaires), puis les apprenants circulent dans la classe et s'interrogent jusqu'à ce qu'ils trouvent « 2 personnes qui… ». Enfin faire un retour en grand groupe. Demander : « *Qu'avez-vous appris sur… (Prénom d'un apprenant) ?* » et faire développer les réponses. Dans la suite du dossier, les apprenants seront de nouveau amenés à discuter de leur expérience personnelle dans le domaine de la consommation, il est donc recommandé de ne pas passer trop de temps sur cette activité d'échange.

La vie au quotidien — pp. 30 et 31

1 ➔ OBJECTIF : Comprendre un site Internet d'achat en ligne

a) Dans un premier temps, demander aux apprenants d'observer et d'identifier le document. *(Il s'agit de la page d'accueil d'un site d'achats en ligne. Les illustrations indiquent les différents rayons de ce supermarché virtuel.)*

b) Ensuite, livres fermés, inviter les apprenants à énumérer quelques-uns des avantages des achats en ligne, sans préciser de quel genre d'achat il s'agit et sans lancer le débat, qui interviendra ensuite. Écrire ces avantages au tableau, puis placer les apprenants en petits groupes et les faire répondre à l'oral. Demander aux apprenants quels sont, d'après eux, les aspects négatifs de ce type de consommation. Enfin expliquer le titre de la leçon, *60 millions de consommateurs*. *(C'est le titre d'un magazine français destiné à informer et à protéger les consommateurs.)*

➔ CORRIGÉ : **1.** Achatop offre le plus grand choix d'épicerie, de produits frais et bio, il livre à domicile et le paiement est sécurisé.

2. production libre

2 ➔ OBJECTIF : Comprendre à l'oral la marche à suivre pour faire ses courses en ligne

Avant de faire l'activité, étudier le vocabulaire réuni dans *Les mots pour utiliser Internet*. L'idéal serait de disposer d'un ordinateur en classe et d'expliquer le vocabulaire nouveau par la pratique. Mais le même travail peut se faire avec un ordinateur imaginaire et des questions simples. *(Qu'est-ce que vous faites pour commencer ? J'allume l'ordinateur. Comment allez-vous sur Internet ? En cliquant sur l'icône. Comment ouvre-t-on son courrier ? En entrant son mot de passe, etc.)* Ensuite procéder au nombre d'écoutes nécessaire pour répondre aux deux questions. Les apprenants répondent individuellement et confrontent leurs réponses en binômes, la vérification finale se fera en grand groupe.

➔ CORRIGÉ : **a)** Coralie. Pour que Delphine lui explique comment faire ses courses en ligne.

b) aller sur le site Achatop / cliquer sur « Inscription » / entrer ses coordonnées / choisir un nom d'utilisateur et un mot de passe / aller dans un rayon / cliquer sur un produit et sur « Ajouter dans mon panier » / cliquer sur « Acheter » / choisir un créneau horaire / mettre dans ses favoris

3 ➔ OBJECTIF : Réutiliser le vocabulaire de l'informatique dans un jeu de rôle

Dans un premier temps, on peut demander aux apprenants de prendre une nouvelle identité. Par exemple, un grand-père / une grand-mère qui ne connaît pas grand-chose aux ordinateurs et son petit-fils / sa petite-fille qui lui explique. Faire jouer la scène puis faire passer quelques binômes devant la classe.

Demander ensuite aux apprenants de faire le jeu de rôle indiqué dans le manuel.

4 ➔ OBJECTIFS : Lire un mél de réclamation et répondre à des questions de compréhension écrite

Avant de faire lire le mél, faire identifier les interlocuteurs. *Qui écrit ? (Coralie Baudouin.) À qui ? (Achatop.) Pourquoi ? (Pour demander un remboursement.)* Puis faire lire la lettre et inviter les apprenants à répondre en binômes. Confronter les réponses en grand groupe.

➔ CORRIGÉ : **a)** demande de remboursement

b) passage où elle s'adresse au site : Bonjour → courses / passage où elle présente le problème : À la livraison → vide / passage où elle demande réparation : Étant donné que → à l'avance

5 ⊡ OBJECTIF : Apprendre à rédiger un mél de réclamation

Avant de procéder à l'activité, faire observer les formules de politesse employées par Coralie (« *Bonjour* », « *Je vous prierais de bien vouloir...* », « *Je vous en remercie à l'avance* »). Faire observer également l'expression de la cause « *étant donné que* ». Puis compléter ce vocabulaire à l'aide du tableau *Stratégies pour écrire un mél de réclamation*. Vérifier sa compréhension. Ensuite faire décrire à l'oral les deux objets présentés page 31, à l'aide de questions simples (*À quoi servent ces deux objets ? Comment marchent-ils ? Sont-ils réels ou imaginaires ? À qui sont-ils destinés ?*).

Ensuite faire lire l'énoncé de la situation pour s'assurer de sa compréhension et placer les apprenants en deux groupes (le premier groupe rédigera un mél de réclamation concernant le premier objet, le deuxième rédigera un mél concernant le second objet). Imposer une longueur limite (environ 100 mots). Faire lire quelques productions en grand groupe.

Exemple de production :

De : Jean-Luc Poussin	**À** : Achatop.com

Objet : Demande de remboursement

Bonjour
Le 8 septembre dernier, j'ai utilisé vos services pour commander un réveil "Bonne humeur". Cet objet m'avait semblé très astucieux et particulièrement adapté pour ma femme qui a des réveils très difficiles. J'avais donc décidé de le lui offrir pour son anniversaire.
Or, après l'avoir testé, j'ai constaté son état défectueux : le café était froid, le pain brûlé et la sonnerie stridente ! De quoi rendre les réveils de ma femme plus difficiles encore. Hors de question que je lui offre ça !
Par conséquent, je vous renvoie l'appareil dont je demande le remboursement.
Je vous en remercie à l'avance.
Jean-Luc Poussin

6 ⊡ OBJECTIF : Comprendre des opinions de consommateurs

Procéder à une première écoute de compréhension globale (livres fermés). Poser la question *a* à l'oral. Puis faire lire le tableau *b* avant de faire réécouter l'enregistrement. Laisser quelques minutes aux apprenants pour compléter le tableau en binômes. Corriger en grand groupe.

⊡ CORRIGÉ : **a)** cinq

b)

Type de consommateur	font attention aux prix	ne font pas attention aux prix
1. Les chasseurs de prix	X	
2. Les solos		X
3. Les experts	X	
4. Les écolos		X
5. Les indifférents		X

7 ⊡ OBJECTIF : Approfondir la compréhension orale

Laisser aux apprenants le temps de lire les énoncés et procéder à une nouvelle écoute.

⊡ CORRIGÉ : **a) 1.** les experts – **2.** les indifférents – **3.** les écolos – **4.** les chasseurs de bas prix – **5.** les solos
b) faire attention aux prix : privilégier les bas prix, profiter des offres promotionnelles, chercher à limiter ses dépenses, ne pas forcément regarder les prix / ne pas faire attention aux prix : être indifférent aux prix, ne pas hésiter à dépenser un peu plus

8 ⊡ OBJECTIF : Réemployer les acquis en s'exprimant oralement sur le thème

Former des groupes de trois ou quatre personnes, de profils différents si possible (âge, sexe, personnalité, ...) et leur demander de discuter de leur expérience personnelle dans le domaine de la consommation, sous forme de conversation libre, en reprenant la classification de l'activité précédente et en sachant qu'une personne peut changer de catégorie au cours de sa vie, en fonction de sa situation familiale ou économique. Prévoir une brève mise en commun pour constater les points communs et les disparités.

Outils *pour...* `pp. 32 et 33`

PARLER DE SA CONSOMMATION

➜ OBJECTIF : Comprendre un micro-trottoir sur les habitudes d'achat des Français

Livres fermés, annoncer aux apprenants qu'ils vont écouter un micro-trottoir sur le thème de la consommation et procéder à l'écoute, puis poser les deux questions en grand groupe.

➜ CORRIGÉ : **1.** les habitudes d'achat des Français – **2.** 100 millions de consommateurs

➜ OBJECTIF : Approfondir la compréhension orale

Présenter le tableau à remplir et procéder à l'écoute. Les apprenants répondent individuellement, puis ils confrontent leurs réponses en grand groupe.

➜ CORRIGÉ :

Personne	1	2	3
Quel achat ?	Un costume	Un sac de voyage	Des serviettes de bain
Où ?	Un grand magasin	Une petite boutique de produits dégriffés	Sur Internet
Pourquoi ?	Beaucoup plus de choix	Sûre de la qualité	Plus rapide, moins cher

Point **Langue** › **FAIRE DES COMPARAISONS**

À ce stade de l'apprentissage, la comparaison est déjà connue des apprenants. Cependant, certaines confusions sont encore commises dans les différentes constructions. Un tableau récapitulatif est donc nécessaire. Il est temps aussi d'apprendre à nuancer les comparaisons à l'aide du vocabulaire adéquat. Faire lire et commenter les questions en grand groupe. Puis systématiser à l'aide des S'EXERCER nᵒˢ 1 et 2.

➜ Corrigé : a)

	+	–	=	
	plus	**moins**	**aussi**	+ adjectif ou adverbe
	plus de	moins de	**autant de**	+ nom
Verbe +	plus	moins	**autant**	

Attention ! bien → **mieux**

b) de plus en plus ou **de moins en moins.**

S'EXERCER nᵒˢ **1 et 2** **Corrigé** ▸ **p. 34**

■ **POUR ALLER PLUS LOIN :** Apporter en classe des photos de différents modèles d'objets découpées dans des catalogues (vente par correspondance) ou dans des publicités : voitures, ustensiles de ménage, fournitures scolaires... Placer les apprenants en binômes, donner à chacun un jeu de photos pour un même objet (Ex. : différents modèles de téléphones portables) et leur faire comparer ces objets.

➜ OBJECTIF : Parler de sa consommation

Faire lire les questions en grand groupe. Pour que la classe soit plus dynamique, faire circuler les apprenants et leur demander de se poser les questions comme s'ils étaient des journalistes de *100 millions de consommateurs*. Confronter les expériences en grand groupe, en demandant aux apprenants ce qui les a surpris dans ce qu'ils ont entendu.

CARACTÉRISER

➜ OBJECTIF : Caractériser des objets

Demander aux apprenants de lire individuellement les trois publicités *a, b, c*, puis leur faire repérer les cinq objets ou services numérotés de 1 à 5. Vérifier la compréhension du vocabulaire puis placer les apprenants en binômes et leur demander d'associer ces publicités à ces objets ou services. Vérifier les réponses en grand groupe.

■ **POUR ALLER PLUS LOIN :** Réemployer ce vocabulaire sous forme de jeu de rôle : une agence de publicité par téléphone vous appelle pour vous vanter les mérites d'un de ces trois produits *(a, b, c)*. Vous demandez des précisions, votre correspondant(e) vous interroge sur vos habitudes de consommation et enfin vous prenez une décision concernant ce produit.

6

Point **Langue**   › **Les pronoms relatifs composés**

Ce point langue prolonge la leçon sur les pronoms relatifs commencée dans le dossier 1 (Point Langue 3, p. 16). On fera remarquer aux apprenants qu'il existe un seul pronom relatif composé – *lequel* – qui se transforme en genre et en nombre et qui se contracte avec les prépositions *à* ou *de*. *Lequel* est obligatoirement précédé d'une préposition (simple ou composée). Il ne faut donc pas confondre *duquel* et *dont*. Enfin *lequel* peut devenir *qui* quand on parle d'une personne.

➜ **Corrigé : a)**

avec par pour sans	lequel **laquelle** lesquels lesquelles
à grâce à	**auquel** à laquelle auxquels auxquelles
de près de à côté de à cause de	duquel de laquelle desquels desquelles

b) desquels, desquelles

S'EXERCER n°s 3, 4 et 5 Corrigé
► p. 34

S'EXERCER – CORRIGÉ

1. meilleur / plus / plus / de plus en plus / autant / plus / meilleure / moins

2. Réponses possibles : Sur AchatNet, les frais de livraison sont moins élevés que sur Cybercourses. Cybercourses livre plus vite qu'AchatNet. La gamme de produits sur Cybercourses est plus étendue que sur Achatnet. Achatnet exige une commande minimale supérieure à celle de Cybercourses.

3. C'est un nouveau mode d'achat avec lequel je perds moins de temps. / J'utilise quotidiennement quelques sites sans lesquels je ne pourrais plus vivre. / Les livraisons dans lesquelles il y a des erreurs sont rares. / Les produits auxquels je suis habitué sont toujours d'égale fraîcheur. / La seule chose à laquelle il faudrait remédier, c'est le manque de choix.

4. a. C'est une clientèle fidèle <u>pour qui</u> / <u>pour laquelle</u> Internet est souvent le seul mode d'achat. – **b.** Ce sont des clients <u>à qui</u> / <u>auxquels</u> le paiement en ligne ne fait pas peur. – **c.** Ce sont des consommateurs <u>avec qui</u> / <u>avec lesquels</u> nous avons de nombreux contacts.

5. Réponse possible : Avec *Coursenligne*, choisissez la liberté ! Le monde dans lequel nous vivons ne nous permet plus de passer des heures dans les magasins. Pourquoi gâcher le repos auquel vous avez droit dans des files d'attente ? Notre site existe depuis plus de cinq ans. Cinq ans qui vous garantissent tout le sérieux que vous êtes en droit d'espérer ! *Coursenligne*, courses en paix !

Points de vue sur... pp. 34 et 35

1 ➜ OBJECTIF : Comprendre l'opinion de consommateurs

Placer les apprenants en binômes et leur demander de lire rapidement les quatre opinions. Puis leur demander de présenter à l'oral en quelques mots ces opinions à la classe. Leur faire ensuite répondre aux questions par écrit, toujours en binômes, et confronter les réponses en grand groupe.

➜ CORRIGÉ : **a) 1.** Pierre **2.** Perrine **3.** Elizabeth **4.** Christophe

       b) En tant que psychanaliste, Pierre est habitué à ne jamais condamner ; il cherche avant tout à comprendre et à faire la part des choses. Perrine répète sa leçon sans essayer de voir au-delà : pour elle, il n'y a plus d'hommes ni de citoyens, mais simplement des consommateurs. Elizabeth réagit déjà comme une vieille dame passive et ne semble pas s'être aperçue que les grands-mères d'aujourd'hui sont beaucoup plus dynamiques ! Quant à Christophe, c'est un musicien, un artiste, il est habitué à penser par lui-même, et il fait ses courses comme il fait ses gammes : le plus vite possible.

☒ OBJECTIF : Échanger sur le thème en petits groupes

Proposer aux apprenants d'échanger à propos des différentes opinions de l'activité précédente, pour déterminer celle dont ils se sentent le plus proches. Former des groupes de trois ou quatre personnes, de profils différents si possible (âge, sexe, personnalité...). Prévoir une brève mise en commun pour constater les points communs et les disparités.

Faire lire le **POINT INFO** pour enrichir l'échange. Les apprenants connaissent peut-être d'autres exemples extraordinaires. Leur en faire imaginer en petits groupes et faire présenter les productions à la classe sous forme de vente aux enchères. (Exemple : *Nous vendons trois pavés sur lesquels les pieds de Madonna se sont posés quand elle a visité notre ville, qui achète ?*)

☒ OBJECTIF : Comprendre un article sur eBay

Faire lire l'article et faire répondre aux questions individuellement. Confronter les réponses en grand groupe. S'assurer que tous les apprenants comprennent bien de quel genre de site il s'agit en laissant les mieux informés en parler à la classe.

> **☒ CORRIGÉ : a) 1.** vrai – **2.** faux – **3.** vrai – **4.** faux
>
> **b)** « en dix ans seulement [...] en passe de révolutionner nos comportements d'achat » / « Contrairement au mode d'achat traditionnel », « l'une des particularités notables de ces nouveaux "cyberconsommateurs" » / « des centaines d'individus différents, qui parfois n'auraient aucune raison de se croiser dans la "vraie vie", sont amenés à dialoguer... »

☒ OBJECTIF : Échanger sur le thème

Amener le débat en lisant à la classe les questions de l'activité. Écrire au tableau, au fur et à mesure, les opinions pour et contre qui seront émises sous forme de remue-méninges et lancer la discussion à partir de là *(Et toi, est-ce que tu es d'accord avec l'opinion selon laquelle... ? Penses-tu toi aussi que... ? Qui partage l'avis de... ? Oui, mais ne crois-tu pas que... ?).*

☒ OBJECTIF : Comprendre un micro-trottoir

Faire écouter une première fois l'enregistrement et demander aux apprenants quelle est la question posée. Puis procéder à une réécoute et demander aux apprenants de repérer le type d'achat, la fréquence d'utilisation et les réserves émises (lire la question avant la réécoute). Procéder à autant d'écoutes que nécessaire.

> **☒ CORRIGÉ : 1.** « Avez-vous l'habitude d'acheter sur Internet ? » – **2.** maquillage / réservations d'hôtel / DVD – une fois par mois au minimum / deux ou deux-trois fois par an – lèche-vitrine très agréable quand même / il faut faire très attention aux codes bancaires / rien ne remplace la chaleur des vendeurs

RENDEZ-VOUS ALTERCULTUREL

Livres fermés, procéder à une première écoute de compréhension globale. Vérifier cette compréhension à l'aide de quelques questions simples. *Dans quel pays étranger Léa a-t-elle séjourné ? (En Suède.) Qu'est-ce qu'une bourse d'étude ? (C'est une allocation versée aux étudiants par le gouvernement.) Qu'est-ce qu'un prêt ? (C'est une somme d'argent versée par une institution financière, généralement une banque, et remboursée dans un temps donné avec un bénéfice.)* Puis faire lire les questions de l'activité et faire répondre en grand groupe. Cette activité pourra donner lieu à un échange d'expériences sur le thème.

Outils *pour...* `pp. 36 et 37`

NÉGOCIER ET DISCUTER UN PRIX

1 ☒ OBJECTIF : Comprendre une négociation à l'oral

et 2

Livres fermés, procéder à une première écoute et demander aux apprenants d'identifier la situation à l'aide de questions simples. *De quoi ces deux personnes parlent-elles ? (D'un objet vendu sur eBay.) Qui sont-elles ? (Le vendeur et une acheteuse potentielle.) Quel problème ont-elles ? (Ayant fait une erreur en tapant sa surenchère, la femme cherche à négocier le prix.)* Puis faire lire la deuxième question et procéder à une deuxième écoute. Les apprenants répondent individuellement. Confronter les réponses en grand groupe.

> **☒ CORRIGÉ : 2.** Nom de l'objet : tête **de femme d'une statuette égyptienne** – Hauteur : **15 cm** – Date : début du xxᵉ **siècle** – Matière : **bois d'ébène** – État : **Parfait** – Prix négocié : **150 euros** – Frais de livraison : **10 euros**

3 ▸ OBJECTIF : Repérer le vocabulaire de la négociation

Procéder à une nouvelle écoute et demander aux apprenants de repérer dans l'enregistrement les expressions nécessaires à la négociation d'un prix. Confronter les réponses en grand groupe en demandant aux apprenants de préciser à chaque fois s'il s'agit d'un refus ou d'une recherche de compromis. Enfin enrichir ce vocabulaire à l'aide du tableau *Les mots pour négocier*.

▸ **CORRIGÉ :** Je ne peux pas mettre 250 euros (refus) / Je n'ai pas les moyens (refus) / C'est trop cher (refus) / Je peux vous faire un prix (recherche de compromis) / Au lieu de 250 euros, je peux vous la faire à 150 (recherche de compromis) / C'est mon dernier prix (recherche de compromis)

S'EXERCER n° 1  **Corrigé** ▸ **p. 37**

4 ▸ OBJECTIF : Échanger sur le thème dans un jeu de rôle

Placer les apprenants en binômes et leur proposer de choisir l'un des objets présentés dans la rubrique *Produits d'occasion*. Leur demander ensuite d'établir une « fiche technique » de cet objet : sa description détaillée (taille, couleur, marque...), ses fonctions, son âge, son histoire, sa valeur. Chaque apprenant doit remplir cette fiche sur une feuille individuelle. Puis séparer les binômes et en former de nouveaux et demander aux apprenants de lire les 10 conseils pour bien négocier. Vérifier la compréhension du vocabulaire et faire jouer la scène. Puis changer d'objet et inverser les rôles, le vendeur devenant l'acheteur et l'acheteur le vendeur. Enfin en grand groupe, demander aux apprenants qui a réussi à convaincre l'autre et pourquoi.

À ce stade, on peut faire le **Jeu du chewing-gum**, p. 38 du manuel (voir la préparation de cette activité, p. 37 de ce guide).

RAPPORTER LES PAROLES DE QUELQU'UN

5 ▸ OBJECTIF : Comprendre à l'oral des opinions sur un site de vente en ligne

a) Procéder à une première écoute et poser au groupe les deux premières questions pour s'assurer de la compréhension globale. *Qui parle ? (Une jeune fille qui achète sur un site de vente aux enchères et un homme qui n'a jamais rien acheté de cette façon.) De quoi parlent-ils ? (De la nécessité de se méfier quand on passe une commande sur un tel site.)* Avant de procéder à la deuxième écoute, préciser que la jeune fille s'appelle Émilie et l'homme Marc. Puis faire réécouter la conversation et faire répondre à la question 2 en grand groupe, en demandant aux apprenants de justifier leurs réponses. *(Marc est méfiant parce qu'une collègue lui a raconté qu'elle s'était fait arnaquer sur ce site.)*

b) Procéder à une nouvelle écoute et demander aux apprenants de relever les expressions de la méfiance. Confronter les réponses en grand groupe. Enfin enrichir ce vocabulaire avec les mots de la mise en garde récapitulés dans *Les mots pour mettre en garde*.

▸ **CORRIGÉ :** s'en méfier / être très méfiant / ne pas trop faire confiance / tu devrais te méfier / je ferai attention

6

Point **Langue** ▸ **LE DISCOURS RAPPORTÉ ET LA CONCORDANCE DES TEMPS**

Le discours rapporté passe pour un exercice de grammaire théorique, alors qu'il s'agit d'une construction très fréquente dans la langue parlée : sans cesse on rapporte les paroles des autres. Procéder à une nouvelle écoute et faire répondre aux questions en grand groupe. Systématiser à l'aide des S'EXERCER nᵒˢ 2, 3 et 4.

▸ **Corrigé : a)** une collègue m'a raconté que / c'est elle qui m'a recommandé de / elle lui avait juré que / ils lui ont assuré que / je lui ai dit de / ma copine Fabienne m'a expliqué que

b)

Propos d'origine	Propos rapportés avec un verbe introducteur au passé
... est ... → présent	**... était ... → imparfait**
Je me suis fait arnaquer. → passé composé	**... elle s'était fait arnaquer. → plus-que-parfait**
Je paierai. → futur	**... paierais. → conditionnel présent**
... étonnerait ... → conditionnel présent	... étonnerait ... → conditionnel présent
J'aurais dû ... → conditionnel passé	... elle aurait dû ... → conditionnel passé
Porte plainte ! → impératif	**... porter plainte. → infinitif présent**

c) « Les boucles d'oreilles sont bien de l'or ? » / « Où les avez-vous achetées ? » / « Combien avez-vous payé ? » / « Que pensez-vous faire contre le vendeur ? »

S'EXERCER nᵒˢ 2, 3 et 4 **Corrigé** ▸ **p. 37**

1. pouvez me faire un prix / marchander / les moyens / trop cher / je vous le fais / baisse

2. a. Émilie a demandé à Fabienne si elle serait remboursée si l'achat ne lui plaisait pas. – **b.** Elle a voulu aussi savoir combien d'achats Fabienne avait déjà faits sur Internet. – **c.** Elle lui a demandé si elle avait déjà eu un litige. – **d.** Elle lui a demandé ensuite si elle pourrait l'aider à faire son premier achat. – **e.** Elle ne savait pas si le paiement sur Internet était sécurisé. – **f.** Elle a demandé ce qu'il y avait à vendre en ce moment sur eBay.

3. Fabienne a dit à Émilie qu'elle devait lire attentivement l'annonce, de ne surtout pas acheter si elle était incohérente, que l'achat était définitif et qu'elle ne pourrait donc pas être remboursée, qu'il y avait des systèmes de paiement qui évitaient d'avoir des problèmes, que si elle voulait elle lui enverrait les adresses par mél, et que finalement les escroqueries étaient rares.

4. a) **a.** conseillé **b.** affirmé **c.** expliqué **d.** promis **e.** prévenu – **b)** **b.** On m'a dit : « Le prix a été contrôlé ! » **c.** Transformation impossible. **d.** Il m'a dit : « Je vais t'aider ! » **e.** Il m'a dit : « Les escroqueries sont fréquentes ! »

Paroles en scène... p. 38

Sur tous les tons

➔ OBJECTIF : Écouter et imiter le ton d'un camelot

Avant de commencer l'activité, faire un tour d'horizon en grand groupe des métiers où le sens du commerce, le goût du négoce sont rois. *(Camelot, vendeur de voitures, représentant de commerce, courtier en assurances, démarcheur, antiquaire, homme / femme politique...)* Faire réfléchir les apprenants sur les qualités nécessaires à ces métiers. *(Aisance à l'oral, audace, imagination, humour, psychologie...)* Retenir, ou introduire, le camelot, et mettre ce personnage haut en couleur en situation à l'aide de questions simples. *Où travaille-t-il ? (Sur un marché.) Que vend-il ? (Des objets sans grande valeur, des vêtements, des gadgets.) À qui ? (Généralement à des badauds assez crédules.)* Puis procéder à l'écoute, livres fermés, et vérifier la compréhension globale. *Qui sont les stars ? (Les clientes.) Qu'est-ce qu'il vend ? (Des chemisiers.) À quel prix ? (20 francs les deux.)* Faire réécouter une deuxième fois avec le texte et demander ensuite aux apprenants d'imiter le camelot.

JEU DU CHEWING-GUM : Ce jeu doit se distinguer par sa fantaisie de l'activité 4, p. 36 puisque nous avons maintenant affaire à des commerciaux qui ont inventé un produit miracle qu'ils cherchent à commercialiser. Former des groupes de quatre personnes, de profils différents si possible (âge, sexe, personnalité...) et leur faire lire la consigne. S'assurer de sa compréhension. On peut augmenter le temps de préparation d'une dizaine de minutes pour permettre aux apprenants de réaliser un prospectus. Deux apprenants du groupe, « les inventeurs », préparent une argumentation pour vanter le produit et convaincre les investisseurs. Les deux autres apprenants, « les investisseurs », préparent des questions sur le produit. Faire jouer la scène groupe par groupe.

Mise en scène

➔ OBJECTIF : Lire et jouer un sketch comique

Préparer un exercice d'association *(associez les mots nouveaux aux définitions)* du vocabulaire informatique et familier contenu dans le texte *(reconfigurer, l'application, ramer, se planter, p'tit con, se braquer, engueuler...)*. Leur compréhension avant la lecture rendra plus accessible l'humour de la scène. Puis faire lire la scène en grand groupe. Prévoir trois lecteurs : un pour le rôle de la femme, un autre pour celui du vendeur, le troisième faisant la voix de l'ordinateur. Vérifier la compréhension du sketch puis le faire jouer en demandant d'exagérer les traits des personnages : la femme doit être complètement paniquée, le vendeur hyper occupé, et l'ordinateur doit parler comme un robot.

➔ OBJECTIF : Réemployer les acquis en jouant une scène de marchandage

Faire faire un « cadavre exquis » d'objets. Donner à chaque apprenant une feuille A4 pliée dans la largeur en trois parties égales. Demander aux apprenants de dessiner sur la partie du haut un élément d'un objet usuel (objectif d'un appareil photo, balai d'un aspirateur, capot de voiture, clavier d'ordinateur, etc.). Puis récupérer les feuilles, les redistribuer dans le désordre et demander aux apprenants de dessiner un élément d'un autre objet sur la partie médiane de la feuille, sans regarder le premier dessin mais en faisant en sorte que les deux se joignent par au moins un trait. Même opération pour le troisième tiers de la feuille. On obtient ainsi une collection d'objets impossibles (le capot d'une voiture sur un objectif qui aspire, etc.). Diviser la classe en clients et en vendeurs, attribuer un objet impossible à chaque vendeur, qui en déterminera le prix et les fonctions, et procéder à la scène de marchandage.

À vos créations ! `p. 39`

➔ OBJECTIF **:** Réaliser une page d'un site destiné à des étudiants qui veulent faire des économies

Livres fermés, annoncer aux apprenants l'objectif de l'activité et leur demander sous forme de remue-méninges d'énumérer quelques-uns des problèmes économiques que rencontrent les étudiants. (Par exemple : *trouver un logement pas trop cher et pas trop loin de la faculté. Manger des repas convenables avec un budget microscopique. Trouver l'argent pour rentrer dans sa famille le week-end, quand on n'étudie pas dans sa ville natale.*) Faire lire ensuite la consigne en attirant particulièrement l'attention des apprenants sur les points de l'**Autoévaluation**. Leur travail va leur permettre de réutiliser les connaissances acquises dans les étapes précédentes du dossier, aussi bien lexicales que grammaticales : par exemple le discours rapporté et les expressions de la mise en garde. Annoncer que la meilleure production recevra une récompense. On peut d'ailleurs déterminer un barème de correction en grand groupe : tant de points pour la présentation, l'originalité, la créativité, la pertinence des conseils donnés, la correction linguistique, etc. Puis placer les apprenants en petits groupes de trois ou quatre personnes, de profils différents si possible (âge, sexe, personnalité...). Prévoir 45 minutes environ pour cette activité, plus 15 minutes pour procéder à l'élection du meilleur site.

BILAN `pp. 40 et 41`

La partie écrite du BILAN peut être donnée à faire à la maison sous forme de devoir, tandis que la partie orale sera traitée en classe. On peut également présenter ce bilan sous forme d'examen écrit, à faire donc en classe, puisqu'il s'agit d'une épreuve de type DELF niveau B1.

Compréhension écrite

Cette activité peut se faire en une quinzaine de minutes. Interdire l'usage du dictionnaire. Pour la question 3, demander aux apprenants de reformuler les expressions du texte et de faire des phrases complètes. À la fin de l'épreuve, revenir sur le texte et inviter les apprenants à indiquer les difficultés qu'ils ont rencontrées.

➔ CORRIGÉ **: 1.** B – **2.** B, D, E, F, I – **3.** Les consommateurs préfèrent les produits de marque et il y en a plus dans les grands magasins. Les grands magasins offrent un plus grand confort d'achat et une plus grande efficacité. – **4.** « Les soldes de l'été 2006 manquent d'éclat. » / « la grand-messe des soldes s'essouffle »

Expression écrite

Faire écrire les apprenants individuellement. Leur faire lire la consigne et leur donner comme limite de temps 20 minutes et comme nombre de mots à respecter : 150 (± 10 %). Pour l'évaluation, voir grille ci-après.

Exemple de production :

De : Émile Dujour	**À :** Coursesrapides
Objet : Réclamation	

Bonjour,
Le 22 février dernier, j'ai acheté sur votre site un costume Christian Dior noisette à 69,99 euros, avec la cravate assortie en soie naturelle. Or non seulement le costume que j'ai reçu était bleu pétrole, mais en plus la cravate était jaune maïs ! Dès le 1er mars, je vous ai donc renvoyé cette horreur en vous demandant mon argent, conformément à votre publicité « Satisfait ou remboursé ». Nous sommes aujourd'hui le 1er avril et je n'ai toujours aucune nouvelle de vos services. J'exige que vous me rendiez mon argent dans les meilleurs délais ! Sinon, la prochaine fois que vous entendrez parler de moi, ce sera par avocat interposé !
À très bientôt, je l'espère.
Émile Dujour

EXPRESSION ÉCRITE	10 points
Adéquation au sujet	**5 points**
Capacité à exprimer son insatisfaction	2
Capacité à demander réparation	3
Lisibilité de la production	**1 point**
Cohérence et enchaînements	1
Compétence linguistique	**4 points**
Exactitude de la syntaxe	2,5
Richesse et adaptation du lexique	1,5

Compréhension orale

Faire lire la consigne ainsi que les questions puis procéder à une première écoute de compréhension globale. Fragmenter ensuite l'écoute pour permettre aux apprenants de répondre aux questions par document. Corriger en grand groupe, en procédant à une réécoute.

➔ CORRIGÉ : **1.** B − **2.** le plus petit téléphone mobile au monde − **3.** 9 euros au lieu de 39 − **4.** C et E − **5.** B − **6.** les achats en ligne ne cessent d'augmenter, ainsi que le marchandage − **7.** les produits culturels et les voyages

Expression orale

Lire la consigne, puis laisser deux ou trois minutes aux apprenants pour choisir une situation et rassembler leurs idées. Les autoriser à prendre des notes en vue du jeu de rôle. Puis placer les apprenants en binômes et leur faire jouer une situation devant le groupe, qui émettra ensuite une opinion sur ce qu'il vient de voir : capacité à convaincre, clarté des explications, correction linguistique. Pour l'évaluation, voir grille ci-dessous.

EXPRESSION ORALE	10 points
Capacité à communiquer dans la situation proposée	**4 points**
Capacité à donner des explications sur Internet	3
Capacité à s'assurer de la compréhension de l'autre	1
Capacité à interagir	**2 points**
Aisance et efficacité dans l'échange	2
Compétence linguistique	**4 points**
Correction syntaxique	2
Richesse du lexique	1
Correction phonétique	1

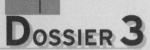

DOSSIER 3

J'**apprends**

CONTENUS SOCIOCULTURELS – THÉMATIQUES

Le travail de la mémoire
L'entrée dans la vie professionnelle

OBJECTIFS SOCIOLANGAGIERS

OBJECTIFS COMMUNICATIFS & SAVOIR-FAIRE	
Être capable de...	
J'apprends	– lire un texte littéraire autobiographique – exprimer des regrets et des reproches – parler de son enfance et de sa mémoire
La vie au quotidien	– comprendre des témoignages sur l'entrée dans la vie active – parler de ses études et de son expérience professionnelle – comprendre un formulaire d'inscription pour étudiants étrangers
Points de vue sur...	– comprendre une émission sur les jeunes et la lecture – lire des documents sur l'échange des savoirs – comprendre des témoignages et échanger sur le thème
Outils pour...	– parler au passé – concéder et s'opposer
Paroles en scène	– jouer une scène de théâtre – improviser sur le thème du troc – résoudre une énigme
À vos créations	– rédiger une lettre universelle à la jeunesse
Bilan	
OBJECTIFS LINGUISTIQUES	
GRAMMATICAUX	– le passé composé, l'imparfait et le plus-que-parfait – l'accord du participe passé – la concession et l'opposition
LEXICAUX	– le vocabulaire de la mémoire – l'expérience professionnelle – l'inscription à l'université – le français familier
PROSODIQUES	– l'allitération

SCÉNARIO DU DOSSIER

Dans la première double page, les apprenants seront amenés à réfléchir sur le phénomène de la mémoire à travers un texte autobiographique d'un grand écrivain français contemporain. *Quel héritage nous laissent nos parents ? Comment se transmet-il ?*, telle est l'une des questions auxquelles ils essaieront de répondre. Ils réfléchiront sur les familles mixtes et sur les années de formation d'un enfant élevé dans un pays étranger. Enfin ils feront un test sur la mémoire et ils échangeront en petits groupes sur le thème. **Dans LA VIE AU QUOTIDIEN,** ils écouteront des témoignages sur la naissance des vocations et échangeront sur le thème. Puis ils apprendront à déchiffrer une procédure d'inscription pour des étudiants étrangers désireux de poursuivre leurs études en France et informeront des jeunes dans cette situation sur les démarches à effectuer. **Dans OUTILS POUR,** ils apprendront à situer des actions dans le passé, à travers le témoignage écrit d'une jeune étudiante turque. Ce sera l'occasion de revoir le passé composé, l'imparfait et le plus-que-parfait, ainsi que l'accord du participe passé.

➤➤➤

Dans **POINTS DE VUE SUR**, les apprenants écouteront des jeunes parler de leur rapport à la lecture. Après avoir échangé sur le thème, ils découvriront d'autres moyens d'apprendre : le troc des savoirs et l'université populaire. Ils liront des articles sur le sujet et écouteront deux témoignages sur les différences culturelles d'un pays à l'autre.

Dans **OUTILS POUR**, ils liront des critiques de jeunes lycéens face au monde universitaire, ainsi que les solutions proposées par l'Université, ce qui les amènera à travailler l'expression de la concession. Puis ils liront un tract de jeunes étudiants protestant contre l'augmentation des frais d'inscription universitaire et écouteront des réactions sur ce thème. Ce sera l'occasion de découvrir l'expression de l'opposition.

Dans **PAROLES EN SCÈNE**, les apprenants s'amuseront d'abord à prononcer des allitérations, puis ils joueront une célèbre scène d'un grand dramaturge français du début du xxe siècle. Enfin ils improviseront une scène de troc et tenteront de résoudre une énigme.

Dans **À VOS CRÉATIONS**, ils écriront une lettre universelle à la jeunesse en petits groupes, puis ils liront cette lettre en public et évalueront mutuellement leurs productions.

Enfin dans BILAN, les apprenants mobiliseront les acquis de ce dossier à travers quatre activités écrites et orales, sous la forme d'un test de type DELF B1.

J'APPRENDS pp. 44 et 45

➡ OBJECTIFS : **Lire un texte autobiographique et entamer une réflexion sur l'enfance et l'apprentissage.**

Avant d'effectuer l'activité, présenter Le Clézio à l'aide de la notice biographique du livre de l'élève (p. 44). Lire ou faire lire cette notice par un apprenant puis faire faire des hypothèses sur l'identité de l'Africain *(Est-ce Le Clézio lui-même ? Un membre de sa famille ? Un personnage rencontré en Afrique ?)*. Engager ensuite une conversation rapide sur l'auteur *(Le connaissez-vous ? Avez-vous lu quelque chose de lui ?)*.

Demander ensuite aux apprenants de lire individuellement le texte à voix basse. Puis faire lire le texte à voix haute et corriger la prononciation. Éclairer les zones d'ombres en encourageant ceux qui ont compris tel ou tel mot à l'expliquer à leurs camarades, de manière à pratiquer un « échange des savoirs », une entraide. Puis placer les apprenants en binômes et leur faire répondre aux deux questions de l'activité. Vérifier les réponses en grand groupe et demander aux apprenants de les justifier. Confirmer ou infirmer la ou les hypothèse(s) formulée(s) au début *(L'Africain est le père de l'auteur. Mais cela pourrait être aussi Le Clézio lui-même, qui a vécu dans son enfance en Afrique et qui a été profondément marqué par ce continent – c'est une affaire d'interprétation personnelle.).*

Pour alimenter la discussion, le professeur peut dévoiler la dernière phrase du livre : « *Si mon père était devenu l'Africain, par la force de sa destinée, moi, je puis penser à ma mère africaine, celle qui m'a embrassé et nourri à l'instant où j'ai été conçu, à l'instant où je suis né.* » On notera cependant que le père de Le Clézio était réellement africain, puisqu'il est né à l'île Maurice, alors que Le Clézio est né en France et n'a découvert l'Afrique qu'à l'âge de huit ans.

➡ CORRIGÉ : **1.** Le Clézio et son père – **2.** éloignée (« ce même pays lui avait volé sa vie de famille et l'amour des siens » ; noter aussi, dans le dernier paragraphe, les regrets exprimés par le conditionnel passé « il aurait fallu... ») et réservée (« aller à l'autre bout du monde rencontrer un inconnu qu'on lui présente comme son père »)

■ POUR ALLER PLUS LOIN : Inviter ceux qui le souhaitent à faire des recherches sur Le Clézio, en bibliothèque ou sur Internet ou apporter en classe un exemplaire du roman. Paru au Mercure de France, dans la collection *Traits et Portraits*, il est illustré de photographies provenant des archives de l'auteur. Le premier paragraphe du texte se trouve à la page 94, la suite aux pages 92 et 93. Ces pages, jusqu'à la dernière, contiennent un vibrant plaidoyer pour l'indépendance politique et culturelle de l'Afrique. Elles pourraient donner lieu à d'intéressants débats en classe sur la mémoire européenne du continent noir.

➡ OBJECTIF : **Approfondir la compréhension du texte**

Placer les apprenants en binômes et les faire répondre aux deux questions. Leur demander de justifier leurs réponses.

➡ CORRIGÉ : **1.** le climat, la nature, les coutumes des habitants (toute la deuxième moitié du 2e §, depuis « *dans une nature où tout est à l'excès* » jusqu'à « *portent leurs enfants à treize ans* » + « *les fleurs vénéneuses, les secrets de la nature* », 3e §), les animaux (« *la chasse aux lézards ou la pêche aux écrevisses (...) les papillons rares* », 3e §) – **2.** la profession (« *ses collègues à l'hôpital* » [le père de Le Clézio était médecin militaire], 3e §), les goûts (« *le regarder réparer la voiture... et les fleurs qu'il aimait* », dernière phrase du 3e §), le caractère (« *la rigueur* », 1er §), le passé (« *l'écouter parler de son enfance à Maurice* », 3e §)

3 ➜ OBJECTIF : Exprimer des regrets et des reproches en parlant de l'enfance

a) Cette activité orale prolonge ce qui vient d'être vu sur le père et le continent perdus. Placer les apprenants en binômes et leur demander d'échanger sur la question. Confronter les réponses en grand groupe.

Réponses possibles : le premier paragraphe révèle un homme en paix avec l'image qu'il a conservée de son père : il comprend désormais certaines choses. Dans le deuxième paragraphe, il manifeste même une certaine sérénité : il est capable d'analyser ses regrets, ce qui signifie que les regrets sont toujours là mais que l'amertume s'est effacée. Mais la tonalité du troisième paragraphe laisse pressentir une blessure toujours douloureuse : « il aurait fallu grandir en écoutant un père raconter sa vie »... Ses regrets se résument en un seul : c'est celui d'être passé à côté de son père toute sa vie.

b) Faire lire la consigne en grand groupe puis placer les étudiants en binômes. Leur faire écrire individuellement trois regrets de Le Clézio (sur son enfance et sa relation avec son père) et leur faire confronter leurs propositions. On reprendra quelques-unes des phrases proposées en grand groupe.

Réponses possibles : Il aurait fallu naître en Afrique auprès de lui (il aurait fallu que je naisse en Afrique auprès de lui). Il aurait fallu se promener main dans la main avec mon père (il aurait fallu que je me promène main dans la main avec mon père). Il aurait fallu apprendre à se connaître (il aurait fallu que nous apprenions à nous connaître).

■ **POUR ALLER PLUS LOIN :** On pourra inviter les apprenants à compléter le texte de Le Clézio de quelques lignes en évoquant d'autres regrets possibles.

4 ➜ OBJECTIF : Échanger oralement sur le thème

Avant d'aborder l'activité, faire remarquer aux apprenants que la mère est quasiment absente de l'extrait. Une seule référence, dans le deuxième paragraphe, à « *l'aventure de sa vie avec une femme* ». Rappeler la dernière phrase du livre citée plus haut, sur la mère africaine porteuse et nourricière. Le Clézio a eu deux mères : sa mère blanche, française, et sa mère africaine, le continent où il est né une deuxième fois. Ensuite, faire relire le texte et faire récapituler les connaissances que Le Clézio a reçues – ou aurait pu recevoir – de son père anglais et africain, et faire imaginer celles qu'il a reçues – ou aurait pu recevoir – de sa mère française et de sa mère africaine (il serait évidemment préférable d'avoir lu le livre mais on peut aussi laisser libre champ à l'imagination). Cette activité amènera à un réemploi du conditionnel passé. Exemple : *De son père il a reçu ce qu'il appelle « la part la plus difficile de l'éducation [...] la rigueur » ; mais s'il l'avait mieux connu, il aurait pu recevoir de lui l'aide dont les jeunes garçons ont besoin pour mieux appréhender la rigueur ; il aurait appris à chasser, il aurait découvert les secrets de la nature, il aurait suivi son exemple... De sa mère française, il a reçu une langue ; de sa mère africaine, le goût du nomadisme et un certain sentiment de la nature...*
Ensuite poser la question de l'activité en grand groupe et échanger sur le thème. Il serait intéressant de comparer l'expérience des filles et des garçons à l'intérieur du groupe. *(Par qui ont-ils été le plus marqués ? Par leur père, par leur mère, par les deux ? En quoi ?)*

Enfin lire les deux phrases en exergue afin d'enrichir le débat. Approfondir le sens du proverbe en transformant la profession. (Par exemple : *C'est en chantant qu'on devient chanteur, c'est en skiant qu'on devient skieur...*) Qu'est-ce que cela veut dire ? (Que la connaissance s'acquiert par l'expérience.) Le professeur peut également ajouter l'expression « on apprend en faisant », le fameux « *learning by doing* » qui existe sans doute dans d'autres langues. Pour la citation de Gide, demander de qui vient l'expérience *(de nous-mêmes)* et de qui viennent les conseils *(de nos parents, de nos professeurs...)*.

5 ➜ OBJECTIF : Réemployer les acquis en échangeant sur le thème

Faire lire la question de l'activité et s'assurer que le lexique est compris de tous. Ensuite faire lire le cadre *Les mots pour parler d'apprentissage*, et vérifier la compréhension. Avant de donner la parole aux élèves, le professeur peut se prêter au jeu et raconter ce que quelqu'un lui a transmis afin de donner l'exemple.

Puis former des groupes de trois ou quatre personnes, de profils différents si possible (âge, sexe, personnalité...) et les inviter à échanger sur le thème, en parlant soit d'eux-mêmes, soit de quelqu'un qu'ils connaissent. Prévoir un retour en grand groupe, pour constater les points communs et les disparités.

Faire lire ensuite les questions de l'**Egotest** et s'assurer de leur compréhension. Puis demander aux apprenants d'y répondre individuellement. Enfin les placer en binômes et leur faire confronter leur expérience. Une fois encore, prévoir un retour en grand groupe, pour constater les points communs et les disparités.

La vie au quotidien pp. 46 et 47

1 ▸ OBJECTIF : Comprendre des témoignages sur un parcours professionnel

Écrire le titre de la leçon au tableau, *Des parcours de combattants*, et faire découvrir aux apprenants son sens premier : *qu'est-ce qu'un combattant et qu'est-ce qu'un parcours ? (Le combattant est un soldat ; le parcours du combattant : un endroit parsemé d'obstacles où les soldats s'entraînent.)* Puis leur faire imaginer le deuxième sens de l'expression en les mettant sur la piste de ce qui a été dit dans la double page précédente. *(Le parcours du combattant, ici, c'est la suite d'épreuves qu'il faut franchir pour « devenir forgeron », c'est-à-dire pour acquérir un métier.)*

Puis faire observer les trois photos et les faire commenter en grand groupe à l'aide de questions simples. *(Où sont-ils ? Quel âge peuvent-ils avoir ? Que font-ils ? Quels sont les deux types de métier représentés sur ces photos ? Quels obstacles ces personnes peuvent-elles rencontrer ?)* Demander en quoi ces photos peuvent illustrer un « parcours du combattant », et amorcer ainsi une discussion sur les problèmes rencontrés dans un parcours universitaire, dans la vie professionnelle, selon les métiers (intellectuels ou manuels). À noter que ces photos ne sont pas liées aux trois témoignages qu'on va entendre, elles servent seulement à amener la situation. Enfin faire lire la première question et procéder à l'écoute. Les apprenants répondront individuellement. Un retour en grand groupe permettra de vérifier les réponses.

▸ CORRIGÉ :

	Profession	Origine du choix
1	Architecte	En découvrant un livre de photos sur Le Corbusier.
2	Pâtissière	Petite, elle aimait aider sa mère au restaurant.
3	Directrice d'une entreprise de tourisme	L'envie de voyager / Le hasard : son mari l'a emmenée vivre au Canada.

2 et 3 ▸ OBJECTIF : Approfondir la compréhension orale

Faire lire les consignes et procéder au nombre d'écoutes nécessaire. Pour l'activité 3, fractionner l'écoute pour laisser aux apprenants le temps de prendre des notes. Puis placer les apprenants en binômes et leur faire confronter leurs réponses. Un retour en grand groupe permettra de vérifier la compréhension.

▸ CORRIGÉ 2 : des études universitaires : l'architecte / une formation courte : la directrice d'une entreprise de tourisme / une école professionnelle : la pâtissière

▸ CORRIGÉ 3 : **a)** l'architecte : lit un livre sur Le Corbusier à 15 ans, puis étudie l'architecture, puis la peinture, la philo et la musique, et enfin réalise son premier bâtiment, une école de musique / la pâtissière : aide sa mère en cuisine, fait un BEP de pâtisserie et entre dans une école de restauration / la directrice d'une entreprise de tourisme : passe une licence puis une maîtrise, travaille comme animatrice de jeunes, voyage à travers le monde, rencontre son futur mari dans un aéroport, s'installe au Canada, fait une formation d'un mois sur la création d'entreprise et fonde une entreprise de tourisme.
b) l'architecte a abandonné l'architecture pour étudier autre chose et est revenu à ses premières amours grâce à la musique / la pâtissière a dû lutter contre l'opinion de ses professeurs pour faire le métier qu'elle aimait / la directrice a découvert sa voie complètement par hasard, en rencontrant l'homme de sa vie dans un aéroport.
c) l'architecte : « j'ai été ébloui... j'ai eu un vrai coup de foudre... » / la pâtissière : « j'ai toujours su que je voulais... c'était merveilleux... c'est ma passion... à un certain niveau ça peut devenir artistique... j'arrive à réaliser des gâteaux incroyables » / la directrice : « une expérience unique ! »

■ **POUR ALLER PLUS LOIN :** Revenir sur le sous-titre de la double page (*Des parcours de combattants*), et demander en quoi les témoignages qu'on vient d'entendre illustrent cette expression. *(Chacune de ces trois personnes a dû lutter contre l'adversité pour trouver sa voie : l'architecte en touchant un peu à tout, la pâtissière en s'opposant à ses professeurs, la directrice en parcourant le monde.)* Puis placer les apprenants par groupes de trois et leur demander de jouer chacun une de ces trois personnes ; leur faire imaginer qu'elles se rencontrent, dans un aéroport, par exemple, et qu'elles échangent sur le thème. Cette activité orale les aidera à assimiler le vocabulaire.

4 ▸ OBJECTIF : Échanger oralement sur le thème

Avant d'aborder cette activité, attirer l'attention des apprenants sur les actes de paroles rassemblés dans la colonne *Stratégies pour présenter son parcours lors d'un entretien*. Placer ces phrases dans le contexte d'un entretien d'embauche ou d'une réunion entre anciens et nouveaux élèves d'un lycée. Vérifier la compréhension du vocabulaire. Puis faire lire la consigne et procéder à l'entretien en binômes, les apprenants se présentant à tour de rôle leur parcours.

■ **POUR ALLER PLUS LOIN :** Possibilité d'organiser cette activité sous la forme d'un jeu de rôle. Sélectionner et apporter en classe quelques offres d'emploi. Placer les apprenants en binômes, l'un jouera le candidat, l'autre le recruteur, lors d'un entretien d'embauche.

5 ➜ OBJECTIF : **Comprendre un formulaire d'inscription pour des étudiants étrangers**

Avant de faire lire la procédure d'inscription, faire échanger les apprenants en grand groupe sur leur expérience, ou leur désir d'expérience, dans le domaine des études à l'étranger. La discussion peut prendre la forme d'un débat libre. *(Pourquoi étudie-t-on à l'étranger ? Qu'est-ce que les universités étrangères peuvent apporter de plus que les universités du pays d'origine ? Les études à l'étranger ne favorisent-elles pas la « fuite des cerveaux » ? En quoi une inscription dans une université étrangère peut devenir un « parcours du combattant » ?)*
Demander ensuite aux apprenants de lire attentivement la procédure d'inscription à l'université. Les placer en binômes et leur faire répondre aux questions de l'activité. Confronter les réponses en grand groupe.

➜ CORRIGÉ : **1.** > du 15 novembre au 15 janvier > avant le 16 janvier − **2.** > les Services culturels de l'Ambassade française du pays de résidence > le Bureau des Enseignements et de la Vie Etudiante (DEVE) de l'université − **3.** > les diplômes originaux > carnet de santé ou certificat de vaccination, autorisation de sortie de devises, certificat de naissance traduit en français, passeport, attestation d'assurance maladie

6 ➜ OBJECTIF : **Comprendre une discussion sur le thème des études universitaires en France**

Livres fermés, faire écouter la discussion. Demander aux apprenants de quoi il est question. *(C'est une conversation téléphonique entre deux femmes qui veulent aider une étudiante étrangère à poursuivre ses études universitaires en France.)* Puis faire lire les questions de l'activité, s'assurer de leur compréhension et procéder à une deuxième écoute. Les apprenants répondront individuellement puis confronteront leurs réponses en binômes. Vérifier la compréhension en grand groupe.

➜ CORRIGÉ : **1.** vrai − **2.** faux − **3.** vrai − **4.** faux (il faut un visa et une carte de séjour − **5.** faux (la DEVE s'occupe des cartes de séjour, c'est l'ambassade qui délivre les visas)

7 ➜ OBJECTIF : **S'exprimer par écrit sur le thème**

Faire lire la consigne et s'assurer de sa compréhension en la faisant reformuler oralement par les apprenants. Placer les apprenants en binômes et les faire répondre par écrit.

➜ RÉPONSES : Éva : en allant dans les Services culturels de l'Ambassade de France à Sofia, où on lui remettra un formulaire de demande de pré-inscription / Ali : à la DEVE de Rouen, puisqu'il est désormais domicilié dans cette ville / Ilan : une commission de la fac décidera si les études correspondent ; il doit demander un dossier de validation d'études dans la fac française où il désire poursuivre son cursus ; il faut qu'il sache en outre que son niveau de français sera pris en compte

■ **POUR ALLER PLUS LOIN :** Visionner le début de *L'Auberge espagnole* (2002), où l'on voit le héros courir d'un bureau universitaire à l'autre pour rassembler les documents nécessaires à un stage Erasmus en Espagne. Le film est de Cédric Klapisch, dont les apprenants reparleront dans le Dossier 7, p. 118 du manuel.

Outils *pour...* pp. 48 et 49

PARLER DU PASSÉ

1 ➜ OBJECTIF : **Comprendre le témoignage écrit d'une étudiante étrangère souhaitant poursuivre ses études en France**

Présenter en quelques mots Dilek, une étudiante turque passionnée de fouilles archéologiques (expliquer le mot *fouilles* si nécessaire). Faire lire la lettre de Dilek en grand groupe. Vérifier à l'aide de questions simples la compréhension globale, puis inviter les apprenants à relire le texte individuellement et à répondre à la question. Vérifier les réponses en grand groupe.

➜ CORRIGÉ : **1.** visites fréquentes à Saraçhane **2.** travail comme guide **3.** fouilles sur le site d'Antalya et licence **4.** obtention d'un master **5.** demande d'entrée à l'université en France

2

Point **Langue** › ÉVOQUER LE PASSÉ

Ce Point Langue éclaire la valeur des trois principaux temps du passé : l'imparfait ou le contexte, l'habitude, la répétition ; le passé composé ou l'événement, la limite temporelle ; le plus-que-parfait ou l'antériorité. Le passé composé se détermine par rapport au présent et le plus-que-parfait par rapport au passé composé, tandis que l'imparfait éclaire les circonstances. Faire relire la lettre de Dilek et demander aux apprenants de situer les verbes sur une échelle du temps. Avant de faire faire les exercices, vérifier que la conjugaison de ces trois temps est bien connue.

▶ Corrigé : a) avant de commencer mes études : « j'avais déjà travaillé comme guide » (plus-que-parfait) / en licence : « j'ai participé à des fouilles » (passé composé) / en juin dernier : « j'ai obtenu un master » (passé composé) / cet été : « j'ai écrit et téléphoné » (passé composé)

b) quand j'étais adolescente → imparfait → une situation passée

j'ai fait un stage → passé composé → un fait qui a une durée limitée dans le passé

j'ai contacté plusieurs fois → passé composé → une succession de faits dans le passé

j'allais beaucoup → une habitude du passé

j'ai passé, j'ai arrêté, j'ai commencé → passé composé → une succession de faits dans le passé

j'avais déjà fait → plus-que-parfait → un fait terminé avant un autre fait au passé

je passais → imparfait → un fait en train de se dérouler

S'EXERCER nᵒˢ 1 et 2 **Corrigé ▶ p. 45**

3

Point **Langue** › L'ACCORD DU PARTICIPE PASSÉ

Ce point langue touche à la prononciation en plus de la grammaire, d'où son importance à l'oral aussi bien qu'à l'écrit. Demander aux apprenants de découvrir la règle à partir des exemples et faire faire les exercices (puis voir Précis Grammatical p. 175 du manuel).

▶ Corrigé : a) le participe passé s'accorde au complément d'objet direct placé devant l'auxiliaire avoir (« la carrière qu'elle a choisie ») ou avec le sujet de l'auxiliaire être (« elle a toujours été passionnée »).

b) Ils se sont rencontrés → rencontrer quelqu'un / Ils se sont parlé → parler à quelqu'un / elle s'est lavée → laver quelqu'un / elle s'est lavé les cheveux → laver ses cheveux (pas d'accord, le COD étant placé après l'auxiliaire).

S'EXERCER nᵒˢ 3 et 4 **Corrigé ▶ p. 45**

S'EXERCER – CORRIGÉ

1. a. un fait qui a une durée limitée dans le passé – **b.** un fait en train de se dérouler – **c.** une succession de faits dans le passé – **d.** une situation passée, puis un fait qui a une durée limitée dans le passé – **e.** un fait terminé avant un autre fait passé

2. a obtenu / a intégré / avait déjà fait / avait été / est entré / a étudié / n'ai pas eu / connaissais / savais

3. joué / vécu / eue / encouragés / choisi / amené / connue / préparée

4. rencontrés / échangé / aimés / séparés / écrit / retrouvés / reconnus / envoyé / effacées

Points de vue sur... `pp. 50 et 51`

1 **▶** OBJECTIF : Comprendre une émission radiophonique sur la lecture

Livres fermés, faire ressortir sous forme d'une préparation à un débat les pour et les contre de la lecture. Noter les arguments au tableau sans engager le débat, qui se fera plus loin. Puis faire lire la consigne et procéder au nombre d'écoutes nécessaire. Séparer l'amorce du journaliste (réponse à la question *a*) des témoignages des deux jeunes (réponses aux questions *b* et *c*). Les apprenants répondront individuellement et confronteront leurs réponses en binômes. Vérifier la compréhension en grand groupe.

▶ CORRIGÉ : **a)** thème de l'émission : le goût de la lecture chez les jeunes / nom et niveau scolaire des deux intervenants : Anissa, en seconde, et Thomas, en quatrième

b) › à 8 ans, avec une histoire du Roi Lion › son frère › c'est intéressant et on est transporté dans un autre monde

c) › des histoires vraies, des témoignages de *meufs* (de femmes) › parce qu'ils parlent de sujets intéressants et s'expriment bien

■ **POUR ALLER PLUS LOIN :** Les apprenants ne connaissant pas forcément le système universitaire français, les renvoyer à l'Abécédaire p. 160 du manuel.

2 ➔ OBJECTIF : Approfondir la compréhension orale

Faire lire la consigne, s'assurer de sa compréhension et procéder à l'écoute. Les apprenants répondront individuellement et confronteront leurs réponses.

➔ **CORRIGÉ : 1.** « certains aiment, d'autres sont beaucoup plus réticents », « des points de vue croisés sur le goût de la lecture » – **2.** la lecture est pour lui comme une *drogue* – **3.** « c'est pas mon truc », « j'ai du mal à finir un bouquin » (ou encore : « je mets grave du temps à les lire »)

■ **POUR ALLER PLUS LOIN :** Cet enregistrement offre un premier contact avec le français « jeune ». On y trouve toutes sortes de figures de style intéressantes. Il y a des omissions (« fallait pas lire », « c'était pas le cas », « y a des livres »...), des mots familiers (« un bouquin », « mon truc »), de l'argot (« barbant »), des barbarismes (« je mets grave du temps »), du verlan (« une meuf »). Le texte est suffisamment clair pour qu'on n'entre pas dans tous les détails mais il pourrait être amusant de présenter à la classe l'argot et le verlan. À l'aide de quelques exemples choisis, montrer que l'argot est une langue très imaginative dont les origines sont souvent obscures. Ainsi, *barbant* peut se dire également *rasoir* et peut se représenter d'un geste du dos de la main le long de la joue. Pour le verlan, l'une des difficultés à le traiter en classe de FLE vient de ce que les mots qui paraissent aujourd'hui branchés *(chébran)* sembleront demain complètement ringards. N'aborder à ce stade de l'apprentissage que quelques expressions qui survivent aux modes (zarbi = bizarre, relou = lourd, keuf = flic, teuf = fête, meuf = femme...). Mais on peut laisser les apprenants libres d'inventer leur propre verlan, l'anarchie étant la règle dans ce domaine, dans de petits dialogues fantaisistes. À noter que les apprenants seront amenés à inventer des slogans avec des mots de verlan dans le Dossier 5, p. 86. Quant au mot *grave* employé comme adverbe *(il aime grave le chocolat)* ou comme préposition *(grave du temps)*, dans le sens de *beaucoup*, *bien*, il reste très populaire chez les jeunes.

3 ➔ OBJECTIF : Échanger sur le thème en petits groupes

Faire observer le dessin à côté de la consigne *(« Flaubert, c'est trop génial ! »)*. Demander aux élèves de repérer ce qu'il contient de drôle, de décalé. *(L'humour vient de la mention d'un auteur classique avec une expression très actuelle et pas très correcte grammaticalement ; il fallait dire : « Flaubert, c'est génial ! ») Quelle conclusion peut-on en tirer en ce qui concerne la lecture ? (Ce dessin montre que le « parler jeune » n'est pas incompatible avec la lecture des classiques.)*

Placer les apprenants en petits groupes et leur demander d'échanger sur le thème. Confronter les expériences en grand groupe.

4 ➔ OBJECTIFS : Observer et lire des documents sur l'échange des savoirs, puis s'interroger sur le thème

Présenter aux apprenants le dessin *Le troquet des savoirs*. Leur demander de le décrire, puis écrire au tableau le titre de l'article de gauche *(Le troc des savoirs)* et faire ressortir le jeu de mots. *(Le troc = l'échange, troquer = échanger, le troquet = le café.* Faire repérer la quasi homophonie entre *troquer* [e] *et le troquet* [ɛ]. *Qu'est-ce qu'un troquet des savoirs ? C'est un café où l'on va échanger des savoirs, « consommer » des connaissances aussi bien que des boissons.)* Compléter la discussion à l'aide des deux photos du livre de l'élève en les faisant décrire et commenter. *(Sur la première photo, on voit un accordéoniste enseigner son art à une dame âgée, dans un café – à moins que ce ne soit l'inverse, la vieille dame est le professeur. La deuxième photo est une publicité pour des échanges philosophiques autour d'un repas, dans des cafés strasbourgeois.)* Puis faire lire les deux textes individuellement *(Le troc des savoirs et Université populaire)*. Pour exploiter ces textes, placer les apprenants en binômes et leur demander de préparer quelques questions qu'ils poseront ensuite à la classe. (Aucune importance si certaines de ces questions recoupent celles de l'activité 6. Ce travail va permettre aux apprenants d'aborder ces textes d'une façon autonome.)

■ **POUR ALLER PLUS LOIN :** Inviter les apprenants à consulter le site de l'Université populaire : http://perso.orange.fr/michel.onfray/UPcaen.html

5 ➔ OBJECTIF : Échanger sur le thème en répondant à des questions

Lire les questions à la classe et procéder à l'échange sous la forme d'une discussion libre en grand groupe. Chacun apporte son témoignage.

➔ OBJECTIF : Approfondir la compréhension des deux articles

Faire lire les questions pour s'assurer de leur compréhension. Puis placer les étudiants en binômes et leur demander de relire les articles en répondant. Cet exercice peut être fait sous forme de devoir à la maison. Vérifier la compréhension en grand groupe. Pour la première question, noter le jeu de mots avec la célèbre phrase de Descartes, *Je pense donc je suis*. La question 4 peut donner lieu à un débat en grand groupe ou à un échange en binômes.

➡ CORRIGÉ : **a) 1.** « Je suis donc je sais », « nous savons tous quelque chose. Ce savoir est une richesse que l'on peut trans-mettre. » – **2.** « sortir de son isolement, diversifier ses relations, créer des échanges culturels, ethniques et sociaux » – **3.** un contrat d'apprentissage est établi entre les offreurs et les demandeurs – **4.** réponse libre
b) 1. D'abord apparue à la fin du xixᵉ siècle, elle était destinée à la « classe ouvrière » ; sa nouvelle version a été créée en 2002 – **2.** « démocratiser la culture et dispenser gratuitement un savoir au plus grand nombre »

À cette étape, on peut inviter les apprenants à faire l'activité 3 p. 54 du manuel (**Apprends-moi à...**). Il s'agit en effet d'un réemploi du vocabulaire de l'échange des savoirs (voir la préparation, p. 49 de ce guide).

RENDEZ-VOUS ALTERCULTUREL

Procéder ensuite à l'écoute. S'assurer de la compréhension globale des deux témoignages, puis faire réécouter et faire répondre aux questions oralement, en grand groupe. Enrichir la discussion en évoquant l'*académisme* que se renvoient les deux personnes inter-rogées, bon exemple de malentendus interculturels pouvant survenir d'un pays à l'autre. Demander aux apprenants en quoi consiste l'académisme des Japonais pour Pascale *(Un apprentissage des langues étrangères basé sur une approche passive de la langue.)* et en quoi consiste l'académisme des Français pour Yoshio. *(La façon trop sérieuse avec laquelle les universitaires français abordent leur enseignement.)*

➡ CORRIGÉ : Pascale : **1.** L'enseignement des langues est beaucoup plus académique au Japon qu'en France. – **2.** Au Japon, on ne s'exprime pas pendant les cours de langue, on apprend de la grammaire. / Yoshio : Les frais de scolarité sont beaucoup plus élevés au Japon qu'en France. Au Japon, l'enseignement des professeurs est moins formel, moins académique qu'en France.

Outils *pour...* pp. 52 et 53

CONCÉDER

1 ➡ OBJECTIFS : Lire des critiques sur l'université et échanger sur le thème

Annoncer aux apprenants qu'ils vont lire des critiques de lycéens français sur l'Université. Leur demander de lire seulement la partie du texte écrite en gras, en face des prénoms. Les faire lire en grand groupe et leur demander d'identifier les problèmes soulevés, puis faire répondre à la question 2 sous forme de débat en petits groupes. Un retour en grand groupe permettra de confronter les expériences.

➡ CORRIGÉ : **1.** Léo : complexité du système, Élisa : des formations très éloignées du monde du travail, Franck : les étudiants sont livrés à eux-mêmes – **2.** réponse libre

2

Point **Langue** › CONCÉDER

On peut maintenant lire les réponses du journal. Annoncer aux apprenants que chacune des trois réponses propose un moyen de contourner les problèmes évoqués par les lycéens. Leur faire chercher ces moyens puis leur faire trouver les expressions de la concession. Le dictionnaire est recommandé pour expliquer ces expressions, si elles ne sont pas déjà connues. Le S'exercer 1 permettra de résoudre la question du mode à utiliser après les conjonctions.

➡ **Corrigé : a)** la fac forme des enseignants et des chercheurs → mais de plus en plus elle propose des diplômes professionnalisés / Les études sont théoriques → ce sont des professionnels qui enseignent / On éprouve un sentiment de solitude → on finit par s'adapter / Il n'y a personne pour vous rappeler à l'ordre → un grand nombre de facs ont mis en place le tutorat
b) mais / même si / malgré / bien que
c) cependant / quand même / a beau / j'ai eu beau faire
d) on ajoutera au tableau ci-dessous la préposition *malgré* (+ nom)

Locution verbale	Mots de liaison	Conjonctions
avoir beau + infinitif	pourtant cependant quand même	même si + indicatif bien que + subjonctif

S'EXERCER n° 1 Corrigé ▸ p. 48

3 ➡ OBJECTIF : Comprendre, interpréter et résumer un tract

Faire lire le tract une première fois pour en éclaircir le sens, puis une deuxième fois en disant aux apprenants qu'ils manifestent dans la rue. Ils devront donc employer un ton revendicatif. Cette mise en situation préparera aux jeux de la double page suivante.

Placer ensuite les apprenants en binômes et leur demander de répondre aux questions. Lire en grand groupe quelques productions.

Réponses possibles : Le tract s'oppose à la sélection par l'argent : les étudiants refusent une nouvelle augmentation des droits d'entrée à l'université, qui pénaliserait les moins riches. Le tract s'adresse au public et aux décideurs, pour les informer de la situation, mais aussi aux autres étudiants, pour les enrôler dans la manifestation qui aura lieu le jeudi suivant. Les objectifs : annoncer son opposition à cette augmentation, militer pour un plus grand soutien de l'État envers ses jeunes, appeler à une manifestation.

■ **POUR ALLER PLUS LOIN :** Proposer aux apprenants de rédiger un tract. En grand groupe, choisir plusieurs raisons pour des étudiants français (ou étrangers) de protester. Les écrire au tableau, puis placer les apprenants en petits groupes de 3 ou 4 et leur demander de choisir une de ces raisons puis de rédiger un tract sur le modèle du livre. La réalisation de ce document demandera une certaine recherche esthétique. On pourra ensuite procéder à un vote en grand groupe pour choisir la meilleure réalisation. Prévoir un barème : x points pour la présentation, x points pour l'intérêt suscité, x points pour la correction grammaticale, etc.

4 ➡ OBJECTIF : Comprendre des témoignages sur le thème

Livres fermés, annoncer aux apprenants qu'ils vont entendre des points de vue sur le thème. Procéder à une première écoute de compréhension globale et faire répondre à quelques questions générales. *(Combien de personnes se sont exprimées ? Sur quoi ?)* Puis lire la consigne au groupe et demander aux apprenants de répondre individuellement. Procéder à autant d'écoutes que nécessaire. Puis placer les apprenants en binômes et leur demander de confronter leurs réponses. Un retour en grand groupe permettra de vérifier la compréhension.

➡ CORRIGÉ : POUR : 1 (ce n'est pas le plus cher) – CONTRE : 2 (c'est injuste, on ferait mieux de supprimer les gaspillages), 3 (ça ne changera rien au déficit de l'Université), 4 (il vaudrait mieux sélectionner sur le mérite)

5

Point **Langue** › S'OPPOSER

Faire relire le tract et réécouter les points de vue et demander aux apprenants de trouver les expressions de l'opposition. Comme dans le Point Langue précédent, avoir recours au dictionnaire pour expliquer les nouvelles expressions. Les S'exercer n⁰ˢ 2 et 3 permettront de systématiser la règle.

➡ **Corrigé : a)** Ce n'est pas la solution. Au contraire, il faut les aider davantage (...). / Au lieu de plomber leur avenir, il faut les rendre plus libres (...). / Nous sommes contre l'augmentation. En revanche, nous militons pour un plus grand soutien (...).

b) je suis pour, contrairement à mes copains / au lieu de faire payer les étudiants, on ferait mieux de supprimer les gaspillages / l'Université sera toujours déficitaire contrairement à ce qu'on nous raconte.

c)

Prépositions	Mots de liaison	Conjonctions
contrairement à	par contre	alors que + indicatif
	en revanche	au lieu de + infinitif
	au contraire	contrairement à ce que + ind.

S'EXERCER n⁰ˢ 2 et 3 Corrigé ▶ p. 48

1. a. bien qu' – **b.** malgré – **c.** bien que – **d.** cependant – **e.** beau / beau / malgré

2. a. Alors que j'ai une bonne mémoire visuelle, ma sœur a une mémoire auditive. – **b.** Mon éducation m'a appris à accepter mes faiblesses, par contre elle ne m'a pas appris à les cacher. – **c.** En France, contrairement à l'Allemagne, l'apprentissage n'est pas valorisé. – **d.** En général, les garçons étudient en écoutant de la musique, tandis que les filles ont plus besoin de silence. – **e.** Alors qu'il adore l'école, son frère ne pense qu'à s'amuser.

3. contrairement à / au lieu de / alors que / par contre / contrairement à ce que

Paroles en scène... `p. 54`

Sur tous les tons

→ OBJECTIF : Prononcer des allitérations

Il serait souhaitable de revenir rapidement sur les difficultés phonétiques propres à chaque public d'apprenants. La difficulté de la phonétique française venant en général des voyelles plus que des consonnes, on pourra insister sur la discrimination des sons [y] et [u], ou des sons [ø], [œ] et [ə]. Pour un public hispanophone par exemple, on pourra revenir sur les sons [b] et [v], ou [z] et [s], etc. Puis placer les apprenants en petits groupes et leur demander de prononcer à tour de rôle et le plus vite possible (à voix basse pour ne pas gêner les autres groupes) chacune de ces allitérations. Le premier qui ne trébuche pas a gagné. La compétition pourra se faire par équipes, en grand groupe.

Mise en scène

→ OBJECTIF : Jouer une scène de théâtre

Avant de lire la scène, présenter en quelques mots Edmond Rostand (*cf.* **Point Info** ci-dessous) et interroger les apprenants sur *Cyrano de Bergerac*, dont ils auront sans doute entendu parler. Puis faire lire la scène en grand groupe pour vérifier le vocabulaire. Prévoir l'usage du dictionnaire pour les mots difficiles (*« roc, pic, cap, péninsule »*). Faire également remarquer le subjonctif imparfait (*« que je me l'amputasse »*), forme archaïque qui sert l'intention humoristique de l'auteur. Enfin faire relire la tirade de Cyrano avec l'intonation juste pour chacun des tons indiqués (agressif, amical, descriptif, tendre, dramatique). Une gestuelle appropriée aidera les apprenants à placer leur voix.

● POINT INFO

Edmond Rostand (1868-1918) est surtout connu pour *Cyrano de Bergerac* (1897), une pièce qui tint l'affiche vingt ans d'affilée. Elle démontrait à un public toujours traumatisé par la défaite contre la Prusse, en 1870, que le sens de l'humour et de l'honneur permettent de surmonter avec dignité les épreuves les plus difficiles. Deux autres pièces, *L'Aiglon* (1900) et *Chantecler* (1910), connurent en leur temps un immense succès. Edmond Rostand est reçu à l'Académie française en 1904. **Savinien de Cyrano de Bergerac** (1619-1655), auteur dramatique et philosophe, a laissé une œuvre imaginative et spirituelle, aujourd'hui ignorée du grand public. Il a inspiré Edmond Rostand pour le personnage principal de sa pièce de théâtre *Cyrano de Bergerac*.

→ OBJECTIF : Jouer une scène de troc

Placer les apprenants en binômes et leur annoncer qu'ils vont échanger des savoirs. Puis leur faire lire la consigne, s'assurer de sa compréhension, et demander à chacun de réfléchir à ce dont il/elle pourrait faire profiter ses camarades (les encourager à dévoiler leurs talents cachés !). Procéder ensuite au jeu de rôle de préférence sous forme d'improvisation devant le reste de la classe, laquelle délivrera une note selon un barème établi à l'avance (spontanéité, prononciation, grammaire, vocabulaire). Imposer un temps limite (deux minutes devraient suffire).

JEU DE L'ÉNIGME : Placer les apprenants en groupes de 5 et leur annoncer qu'ils vont avoir à résoudre une énigme. Faire lire la consigne puis inviter un membre de chaque groupe à sortir de la classe et révéler à ceux-là la solution. Celui qui connaît la solution ne pourra répondre aux questions de ses camarades que par oui ou non. Il faudra donc qu'ils lui posent des questions fermées. L'objectif est d'entraîner à la créativité, à la reformulation et à la synthèse. On pourra procéder en trois étapes :

Étape 1 : poser des questions : *qui ? où ?* pour avoir les premiers indices *(un homme dans un cirque)*.

Étape 2 : poser des questions sur la provenance du bois *(la jambe de bois)*.

Étape 3 : demander des détails sur l'homme et comment il est mort. Prévoir une petite récompense pour les gagnants.

Solution possible : l'homme est mort car il a fait un numéro de cirque basé sur ses deux handicaps : il était aveugle et unijambiste et avait une jambe de bois. Sa femme était jalouse de la jolie petite écuyère. Elle a décidé de supprimer son mari en sciant au 3/4 sa jambe de bois pendant son sommeil. Celui-ci ne s'en est pas aperçu puisqu'il était aveugle. Il a grimpé sur la plus haute plate-forme du chapiteau ; la jambe a cédé et il s'est tué.

À *vos créations !* `p. 55`

▶ OBJECTIF : Réaliser une lettre universelle à la jeunesse, dans le cadre d'un concours

Dans un premier temps, inviter la classe à réfléchir sur la difficulté d'être jeune. *(Pourquoi est-il si difficile de trouver sa voie ? Pourquoi tant de jeunes sont-ils tentés de baisser les bras ? Ou à l'inverse, pourquoi tant d'autres vivent-ils dans un monde d'illusions exaltantes ? Pourquoi ont-ils une telle foi en leur avenir ?)* À ce stade de l'activité, ne pas engager de débat, laisser les opinions s'exprimer. Faire lire ensuite les consignes, ainsi que les points de l'**Autoévaluation**, et s'assurer de leur compréhension. Puis placer les apprenants en petits groupes de trois ou quatre personnes, de profils différents si possible (âge, sexe, personnalité...) et leur proposer d'échanger sur le thème oralement puis par écrit. Les inviter à écrire la lettre en leur nom. L'objectif de la lettre ne sera pas de promouvoir un métier mais de convaincre des jeunes qu'à force d'obstination et de travail, on peut finir par réaliser ses rêves, tant sur le plan professionnel qu'affectif, humain, artistique... La lettre doit donc refléter les incertitudes et les espoirs de l'auteur au début de sa vie et montrer quel a été le déclencheur qui l'a mis sur la bonne voie (une lecture, une parole d'encouragement, l'exemple d'une personne), l'auteur ayant pour ambition de soutenir et d'encourager les jeunes.

Pour la rédaction, insister sur le réemploi du vocabulaire (la mémoire, la vocation) et de la grammaire (les temps du passé, l'accord du participe passé, la concession et l'opposition) vus dans les pages précédentes.

Imposer un temps limite (45 minutes devraient suffire). Pour la lecture, « dramatiser » la scène. Annoncer aux apprenants qu'ils vont s'exprimer à la tribune d'une grande organisation internationale (l'ONU, l'UNESCO) ou, si la tribune les impressionne trop, devant un public de jeunes, dans une école par exemple. Les groupes s'évalueront mutuellement, en fonction d'un barème établi à l'avance (spontanéité, émotion, articulation, pouvoir de conviction). On pourra également exposer les lettres et inviter les apprenants à critiquer leurs productions.

BILAN `pp. 56 et 57`

La partie écrite du BILAN peut être donnée à faire à la maison sous forme de devoir, tandis que la partie orale peut être traitée en classe. On peut également présenter ce bilan sous forme d'examen écrit, à faire donc en classe, puisqu'il s'agit d'une épreuve de type DELF niveau B1.

Compréhension écrite

Cette activité peut se faire en une quinzaine de minutes. Interdire l'usage du dictionnaire. Demander aux élèves de lire attentivement l'article et de répondre aux questions. À la fin de l'épreuve, revenir sur le texte et inviter les apprenants à signaler les difficultés rencontrées.

▶ CORRIGÉ : **1.** B – **2.** A – **3.** B, C, E – **4.** l'école ou l'université doit avoir signé une convention avec une homologue américaine / présenter un dossier solide / justifier d'un excellent niveau en anglais – **5.** « C'était génial, enrichissant et cela apporte une ouverture d'esprit incomparable... » / « Les étudiants de retour d'un séjour dans une université étrangère ne tarissent pas d'éloges sur leur expérience et nombreux sont ceux qui ne rêvent que de repartir. »

Expression écrite

Faire écrire les apprenants individuellement. Leur faire lire la consigne et leur donner comme limite de temps 20 minutes. Insister sur le nombre de mots à respecter : 150 mots (± 10 %). Pour l'évaluation, voir la grille ci-après.

Exemple de production :

> Karel Novotny
> Národní, 75
> Praha 1
> République tchèque
>
> Objet : participation à un échange universitaire en France
>
> Monsieur Antonin Lerouge
> Responsable de l'Association
> Échanges Jeunes

.../...

... / ...

Prague, le 08 janvier 2007

Monsieur,
Étudiant en 5e année à la faculté de sociologie de l'université Charles, je souhaiterais poursuivre mes études auprès du professeur Lopez, de la faculté de Marseille.
J'ai rencontré le professeur Lopez en 2003, alors que j'accompagnais une trentaine de jeunes Roms de Brno au pèlerinage des Saintes-Maries-de-la-Mer.
En 2005 et 2006, le professeur m'a invité à plusieurs stages dans une communauté près de Marseille, stages qui n'ont fait que renforcer mon intérêt pour la culture gitane.
Cette année je vais passer un master de sociologie et je souhaiterais préparer un doctorat en co-tutelle à partir de la rentrée prochaine.
Un tel échange me permettrait d'approfondir mes recherches sous la direction d'un spécialiste de renommée internationale, ainsi que d'élargir le champ de mes connaissances, la culture Rom étant, comme vous le savez, transnationale.
Dans l'attente d'une réponse que j'espère favorable, je vous prie d'agréer, Monsieur, l'expression de mes sentiments distingués.
Karel Novotny

EXPRESSION ÉCRITE	10 points
Adéquation au sujet	**5 points**
Rituel de la lettre formelle	1
Capacité à raconter son parcours	2
Capacité à parler de ses intérêts passés et présents	2
Lisibilité de la production	**1 point**
Cohérence et enchaînements	1
Compétence linguistique	**4 points**
Exactitude de la syntaxe	2,5
Richesse et adaptation du lexique	1,5

Compréhension orale

Faire lire la consigne ainsi que les questions puis procéder à une première écoute de compréhension globale. Fragmenter ensuite l'écoute pour permettre aux apprenants de répondre aux questions par document. Corriger en grand groupe, en procédant à une réécoute.

➡ CORRIGÉ : **1.** A – **2.** B – **3.** Un bac professionnel en « aménagement et travaux paysagers » – **4.** C – **5.** C – **6.** B – **7.** un master en informatique – **8.** C – **9.** la sculpture – **10.** B

Expression orale

Faire lire la consigne, puis laisser deux ou trois minutes aux apprenants pour choisir un thème.
Le débat peut se faire sous forme d'improvisation, devant un jury d'apprenants chargés d'évaluer le pouvoir de conviction des intervenants, ainsi que la correction de leur vocabulaire et de leur grammaire. Pour l'évaluation, voir la grille ci-dessous.

EXPRESSION ORALE	10 points
Capacité à communiquer dans la situation proposée	**4 points**
Capacité à exprimer ses convictions	2
Capacité à opposer ses arguments	2
Capacité à interagir	**2 points**
Aisance et efficacité dans l'échange	2
Compétence linguistique	**4 points**
Correction syntaxique	2
Richesse du lexique	1
Correction phonétique	1

Il est recommandé à ce stade de l'apprentissage de faire faire le TEST 1 (*cf.* p. 132 de ce guide) afin d'évaluer les acquis des dossiers 1, 2 et 3.

DOSSIER 4

OBJECTIFS SOCIOLANGAGIERS

OBJECTIFS COMMUNICATIFS & SAVOIR-FAIRE	
Être capable de...	
Je m'informe	– comprendre un extrait de pièce de théâtre – témoigner d'un événement – donner une opinion sur la presse
La vie au quotidien	– identifier des magazines et un lectorat – comprendre un sondage à l'oral – comprendre une lettre personnelle – écrire une lettre sur l'actualité de son pays
Points de vue sur...	– observer et commenter des « unes » – comprendre à l'oral des réactions sur un événement de l'actualité – comprendre une émission de radio – comparer la presse de différents pays – échanger sur le thème
Outils pour...	– comprendre des titres de presse – relater un événement dans un article narratif – écrire un fait divers
Paroles en scène	– comprendre des témoignages sur un fait divers – jouer une scène de théâtre – raconter un événement à l'oral – créer un flash d'information insolite
À vos créations	– composer la une d'un journal et préparer un flash d'information
Bilan	

OBJECTIFS LINGUISTIQUES	
GRAMMATICAUX	– la phrase nominale – la forme passive – la cause et la conséquence – le conditionnel de l'hypothèse non confirmée
LEXICAUX	– le vocabulaire de la presse – la correspondance personnelle – les mots et les expressions de l'événement non confirmé

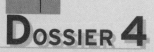

SCÉNARIO DU DOSSIER

Dans la première double page, les apprenants liront un extrait de *Rhinocéros* et s'intéresseront à la question de la liberté de la presse. Puis ils rédigeront le témoignage d'une personne qui a vu quelque chose, mais qui n'a aucune idée de ce qu'elle a réellement vu, et parleront de leur propre relation avec la presse écrite.

Dans LA VIE AU QUOTIDIEN, ils se pencheront sur quelques magazines français. Ils apprendront, à l'oral et à l'écrit, à définir un lectorat, puis ils se classeront eux-mêmes dans une catégorie de lecteurs. Ce sera pour eux l'occasion de donner un premier aperçu de la presse de leur pays. Ensuite ils liront une lettre ➤➤➤

personnelle faite d'un mélange d'informations d'ordre privé et d'informations nationales et apprendront à rédiger eux-même ce genre de courrier.

Dans OUTILS POUR, ils écouteront des flashs d'information et imagineront des titres pour le journal du jour. Puis ils liront un fait divers légèrement farfelu et en inventeront un eux-mêmes. Enfin ils reverront deux tournures grammaticales qui apparaissent très souvent sous la plume des journalistes : la phrase nominale et la forme passive.

Dans POINTS DE VUE SUR, ils apprendront à analyser la une d'un journal et analyseront comment une même information peut être traitée d'un quotidien à l'autre. Puis ils écouteront un micro-trottoir sur des personnes qui réagissent à l'actualité, ainsi que des commentaires d'actualité venus de quatre pays francophones. Enfin ils écouteront l'opinion d'un Britannique sur la presse française et celle de son pays.

Dans OUTILS POUR, les projecteurs se tourneront vers des faits divers. Ils liront des articles tirés de la rubrique *Incroyable mais vrai,* ainsi qu'un exemple de littérature *people.* Ce sera l'occasion de revoir la cause et la conséquence et d'apprendre à évoquer un événement non confirmé.

Dans PAROLES EN SCÈNE, les apprenants écouteront des témoignages sur un fait divers, provenant de gens très différents. Puis ils liront la suite du premier extrait de *Rhinocéros* et l'interpréteront, et enfin ils s'amuseront à se raconter des informations toutes plus insolites les unes que les autres.

Dans À VOS CRÉATIONS, ils composeront la une d'un journal et prépareront un flash d'information qu'ils présenteront à la radio.

Dans BILAN, ils mobiliseront les acquis de ce dossier à travers quatre activités écrites et orales, sous la forme d'un test de type DELF B1.

JE M'INFORME pp. 60 et 61

1 ➡ OBJECTIF **:** Comprendre un extrait d'une pièce de théâtre

Faire lire la première phrase en exergue *(« Trop d'info tue l'info »)* et demander aux élèves d'expliquer le paradoxe qu'elle contient. Ne pas intervenir dans le débat à ce stade de la leçon. (Réponse possible : *Un trop plein d'information, un rabâchage continuel de l'actualité provoquent un effet de saturation et finissent par entraîner un rejet ou une dilution de l'information.*) Puis faire lire les deux autres phrases en exergue *(« La liberté d'informer est la première des libertés », « Tout citoyen peut écrire et imprimer librement »)* et demander en quoi elles complètent ou contredisent la première. Là encore, laisser les hypothèses et les opinions se former sans intervenir. (Réponse possible : *La liberté de la presse est l'un des piliers de la démocratie. Chacun a le droit de penser ce qu'il veut et de le faire savoir au plus grand nombre. Mais quand tout le monde parle, plus personne ne s'entend, et l'on peut dire que le brouhaha médiatique est aussi l'une des caractéristiques de la démocratie.*)

Annoncer ensuite aux apprenants qu'ils vont lire un texte d'un grand écrivain français qui s'est penché sur la question. Faire lire l'extrait silencieusement. Vérifier la compréhension globale à l'aide du vocabulaire, p. 61 du manuel. Enfin, faire répondre en grand groupe aux deux questions de l'activité.

➡ CORRIGÉ **: 1.** Eugène Ionesco, *Rhinocéros,* une pièce de théâtre – **2.** un fait divers : un rhinocéros aurait écrasé un chat, en ville

2 ➡ OBJECTIF **:** Approfondir la compréhension de l'extrait

Faire relire l'extrait, puis placer les apprenants en binômes et les inviter à répondre aux trois questions en justifiant leurs réponses. Corriger en grand groupe.

➡ CORRIGÉ **: 1.** Dudard (« C'est écrit sur le journal, c'est clair, vous ne pouvez pas le nier. ») – **2.** Botard (« Je ne crois pas les journalistes. Les journalistes sont tous des menteurs... ») / il voudrait des précisions sur le pachyderme et sur le chat (« Vous appelez cela de la précision ? Voyons. De quel pachyderme s'agit-il ? (...) Et qu'entend-il par chat ? ») – **3.** Daisy a vu le rhinocéros, et peut-être même l'a-t-elle vu écraser le chat (« Je l'ai vu, j'ai vu le rhinocéros ! »)

On peut maintenant préparer une lecture jouée de la pièce. Demander aux apprenants de caractériser en quelques mots chacun des personnages. (Par exemple : *Botard, c'est l'imbécile important, il se prend pour un meneur d'hommes mais il est incapable d'aller à l'essentiel. Daisy, c'est une brave femme, pleine de bon sens et de naïveté. Dudard, c'est monsieur Tout le monde : il manque d'imagination et il est prêt à croire beaucoup de choses. Monsieur Papillon, malgré son patronyme, semble dans cet extrait le plus réfléchi du lot : il cherche à « mettre les choses au point », d'après les éléments qu'il possède.)* Distribuer les rôles et demander aux acteurs de jouer l'imbécile important, la femme naïve, le monsieur Tout le monde, l'homme réfléchi.

À ce stade, on peut faire la première partie de l'activité **Sur tous les tons**, p. 70 du manuel (voir la préparation, p. 62 de ce guide).

3 ➤ OBJECTIF : **Écrire le témoignage d'un personnage de théâtre**

Faire relire le rôle de Daisy et faire ressortir les points importants de son témoignage. *(Elle a vu un rhinocéros sur la place de l'Église – ou en tout cas pas très loin de cette place – et le monstre a sans doute écrasé un chat.)* Placer les apprenants en binômes et les inviter à broder sur ce thème pour rédiger un témoignage, soit écrit (Daisy adresse une lettre à un journal local pour témoigner de ce qu'elle a vu), soit oral (Daisy coupe la parole aux trois autres et raconte son histoire). Pour le témoignage écrit, imposer un nombre de mots à respecter (200 mots) et un temps limite de quinze minutes.

Exemple de production :

> « Monsieur le Rédacteur en Chef,
>
> Je vous écris pour corriger une grave erreur apparue dans votre édition d'hier. Vous écrivez qu'un rhinocéros a écrasé un chat sur la place de l'Église. Eh bien non, monsieur le Rédacteur en Chef, ce n'était pas sur la place de l'Église, c'était dans la rue qui *mène à la place de l'Église*. J'ai tout vu. Je me rendais à la pâtisserie *Au bon beurre*, quand j'ai entendu un bruit, ah, monsieur, un bruit comme un train qui ferait beaucoup de bruit, un bruit infernal ! Je sursaute et que vois-je devant le Café de la Poste (car c'est là et nulle part ailleurs, monsieur, que l'accident s'est produit), je vois un rhinocéros, oui, monsieur le Rédacteur en Chef, un rhinocéros dans notre ville, sur le trottoir, là ! Et le Kiki de Mme Dubois le voit aussi, le pauvre petit malheureux, mais il est trop terrifié pour prendre la fuite, et le rhinocéros lui passe dessus. Ah, monsieur, jamais je n'oublierai. Kiki raide de peur au milieu du trottoir, et puis plus rien, une tache sur le pavé ! Voici, monsieur le Rédacteur en Chef, les faits et rien que les faits.
>
> Daisy

EGO QUESTIONNAIRE : Reprendre les trois phrases en exergue et demander aux apprenants en quoi l'extrait les illustre. Enrichir la discussion à l'aide du **Résumé** et du **Thème**, p. 60. (Réponse possible : *Les journalistes de la ville sont encore libres d'écrire ce qu'ils ont vu et les lecteurs de les croire. Mais la Rubrique des chats écrasés est l'exemple même du « trop d'info qui tue l'info ». On pourrait dire aussi que l'arbre cache la forêt. Entourés de faits divers tous plus extraordinaires les uns que les autres, nous nous intéressons au détail, à l'anecdote, au côté amusant des choses, et nous ne sommes pas capables d'aller à l'essentiel. En l'occurence, ce n'est pas un rhinocéros qui a écrasé un chat, ce sont les fascistes qui sont entrés dans la ville.*) Ensuite faire lire en grand groupe l'**Ego questionnaire** et en vérifier la compréhension. Vérifier de même la compréhension du vocabulaire rassemblé dans *Les mots pour parler de la presse écrite*. Puis placer les apprenants en binômes et les inviter à échanger sur le thème. Renouveler l'opération une ou deux fois en modifiant les binômes. Enfin faire un tour de table en grand groupe pour constater les points communs et les disparités.

■ **POUR ALLER PLUS LOIN :** Citer d'autres écrivains français célèbres pour avoir défendu la liberté d'expression : Voltaire, embastillé puis exilé pour des pamphlets et des satires contre la monarchie *(Le Bourbier ou le Parnasse)* ; Montesquieu dans *Les Lettres persanes* ; Émile Zola dans *J'accuse* ; Beaumarchais dans *Le Barbier de Séville* ; Albert Camus dans *La Peste*, etc. Cette liste peut bien sûr s'enrichir d'écrivains d'autres pays. Elle montrera qu'au milieu du brouhaha médiatique dont nous parlions plus haut, il y a toujours des écrivains pour faire entendre la voix de la justice et de la liberté.

● POINT INFO

Les deux premières pièces de **Ionesco**, *La Cantatrice chauve* (1950) et *La Leçon* (1951), ont fait de cet auteur (avec Samuel Beckett, voir photo du manuel p. 64) l'un des fondateurs du théâtre de l'absurde, qui se caractérise par un mélange poussé à l'extrême de grotesque et de tragique. L'écriture de ces deux écrivains a été marquée par le fait que le français n'était pas leur langue maternelle. L'influence de l'enseignement des langues étrangères de l'époque, qui mettait souvent dans la bouche des élèves des phrases en partie dénuées de sens (comme le célèbre *My tailor is rich*), est particulièrement sensible dans les deux premières œuvres de Ionesco.

La vie au quotidien `pp. 62 et 63`

➜ OBJECTIF : Faire des hypothèses sur des magazines, à l'écrit et à l'oral

Expliquer le titre « *À chacun son canard* » à l'aide du dessin, au bas de la page 62. *(En français familier, le « canard » est un journal. D'où les expressions : acheter le canard, lire le canard.)* Demander aux apprenants quels sont les principaux types de publications qu'on peut acheter dans les kiosques ; les définir et donner un exemple. (**Un journal**, c'est une publication généralement quotidienne informant les lecteurs de l'actualité politique, culturelle, économique, etc. Exemple : *Le Monde*. Synonyme : un quotidien, une gazette (Belgique). **Un hebdomadaire**, c'est un périodique qui paraît chaque semaine. Exemple : *Elle*. **Un magazine**, c'est un périodique illustré et souvent hebdomadaire, qui traite de l'actualité générale. Exemple : *L'Express*. **La revue** quant à elle traite un domaine particulier. Exemple : *France Football*.)

Puis placer les apprenants en binômes et leur demander de répondre aux questions a, b et c. Confronter les réponses en grand groupe. Pour les questions b et c, favoriser la fantaisie.

a) Réponses possibles : *Elle* parle de beauté féminine et de séduction. *Phosphore*, on l'a déjà vu dans le Dossier 3 (p. 52), c'est une revue d'information pour les lycéens et les étudiants. *Psychologie* est une revue de vulgarisation scientifique spécialisée dans le domaine des sciences de l'esprit. *France Football* est une revue de sport consacrée au foot en France et à l'étranger (Koller est un joueur de foot de l'équipe nationale tchèque). *L'Express* est un magazine politique destiné au grand public. (Faire observer que le titre de la couverture de ce numéro rejoint le contenu du Dossier 1, p. 19, sur l'importance du look en politique.)

b) Réponses possibles : *Elle* s'adresse à des femmes en âge de séduire mais en perte de séduction. Elles ont soufflé sur leur vingt-cinq bougies il y a quelque temps déjà, elles ont une carrière confortable (profession libérale, enseignante dans le secondaire) et pas encore d'enfants. *Phosphore* s'adresse aux lycéen(ne)s et aux étudiant(e)s de 16 à 25 ans qui cherchent encore leur voie et s'intéressent à l'orientation. *Psychologies* s'adresse aux bobos des grandes villes et de province, hommes et femmes confondus. Âgés de 30 à 40 ans, leurs centres d'intérêts sont le bouddhisme et la culture des plantes grasses. *France Football* s'adresse aux hommes en grande majorité, de 15 à 55 ans. Leur profession : de l'ouvrier au P.-D.G. Leur centre d'intérêt : le sport et la bonne table. *L'Express* s'adresse aux électeurs et électrices indécis du centre gauche. Âgés de 40 à 80 ans, ils se passionnent pour leurs actions en Bourse et la faim dans le monde.

c) Réponse libre

■ **POUR ALLER PLUS LOIN :** Apporter en classe des numéros de ces magazines, les distribuer et demander aux apprenants de chercher des articles qui confirment ou contredisent leurs hypothèses. Puis leur demander à quelles parutions cela correspondrait dans leur pays et s'ils voient des ressemblances et des différences avec la presse française. Une telle discussion préparera au **Rendez-vous Alterculturel** de la p. 67 du manuel, sur la France et la Grande-Bretagne.

2 ➜ OBJECTIF : Comprendre un sondage à l'oral

Lire la consigne et procéder à une première écoute. Confronter les réponses en grand groupe.

➜ **CORRIGÉ :** les intellos : 18 %, entre 22 et 25 ans / les « bof » : 16 %, pas d'âge mentionné / les négatifs : 17 %, très jeunes, généralement des lycéens / les « groupies » : 16 %, des jeunes femmes / les accros : 17 %, plus de 18 ans

Remarque au sujet du vocabulaire : Ne pas confondre les « bof » [bɔf] et les « beaufs » [bof]. *Bof* est une interjection caractéristique de l'ironie et de l'indifférence. Le *beauf* (abréviation de beau-frère) est un personnage inventé par Cabu. Les beaufs sont des Français moyens, incultes, bêtes et vulgaires.

3 ➜ OBJECTIF : Approfondir la compréhension orale du sondage

Inviter les apprenants à prendre connaissance du tableau. Puis procéder à une deuxième écoute en la fragmentant si nécessaire. Confronter les réponses en grand groupe.

➜ **CORRIGÉ :**

	Qui sont-ils ?	Idée de la presse (+/−)	Intérêts
Intellos	étudiants / cadres	+	la lecture, la politique, l'économie, les loisirs
Bof		−	Les sports et les loisirs
Négatifs	lycéens	−	
Groupies	jeunes femmes	+	la vie des célébrités
Accros	jeunes de plus de 18 ans vivant dans les grandes villes	+	s'instruire et s'enrichir

4 ⤷ OBJECTIF : Échanger oralement sur le thème

Faire lire les questions *a* et *b* en grand groupe et s'assurer de leur compréhension. Former des groupes de trois ou quatre personnes, de profils différents si possible (âge, sexe, personnalité...) et leur demander d'échanger sur le thème. Pour la question *b*, les apprenants peuvent répondre en revenant sur l'**Ego questionnaire** de la page précédente. Prévoir un retour en grand groupe, pour constater les points communs et les disparités.

Élargir la discussion en faisant lire le chapeau de la double page (« *La lecture de la presse quotidienne (...) sur les 169 existants* »). Interroger les apprenants sur ce que révèlent ces chiffres. (Réponse possible : *Soit les Français ont une vision plutôt négative des quotidiens, soit ils manquent de temps ou d'argent pour en lire. Quoi qu'il en soit, le résultat est le même : ils laissent tomber les journaux. En revanche, le succès des magazines montrent qu'ils trouvent toujours du temps pour approfondir les sujets qui les intéressent et donc, peut-être, qu'ils ne sont pas très éclectiques dans leurs choix.*) Demander aux apprenants si la situation est la même dans leur pays. À noter que les apprenants auront l'occasion de reparler de leur presse nationale dans la dernière question de l'exercice 1 p. 66.

a) Réponses possibles : Les intellos liront *Phosphore*, *Psychologies*, *L'Express* et *France Football*. Les bof achèteront *France Football* et regarderont les images. Les négatifs ne liront rien. Les groupies liront *Elle*. Les accrocs liront tout.

b) Réponse libre

■ **POUR ALLER PLUS LOIN :** Cette double page est consacrée à la presse écrite mais on peut envisager d'inclure à cette étape la télévision et la radio (cette dernière sera vue plus en détail aux pp. 64 et 71). Préparer quelques questions simples pour amorcer un débat. (*Regardez-vous les infos à la télé ? Qu'écoutez-vous de préférence à la radio ? Quels sont les avantages / les inconvénients de la télévision / de la radio, par rapport à la presse écrite ?...*) Si le professeur dispose d'une télévision, il serait intéressant d'enregistrer une émission d'information de quelques minutes et de la visionner pour travailler sur la compréhension orale.

5 ⤷ OBJECTIF : Comprendre une lettre personnelle

Faire repérer en grand groupe les origines de la lettre, à l'aide de questions simples. *Qui écrit ? (Valérie.) À qui ? (À Éliana.) D'où ? (De Honfleur.) Quand ? (Le 10 mars.)* Ensuite demander aux apprenants de lire la lettre. Les faire répondre aux questions en binômes, en les invitant à citer les passages concernés. Confronter les réponses en grand groupe.

⤷ **CORRIGÉ : a)** Pour demander des nouvelles et pour parler de l'actualité dans son pays.

b) informations d'ordre privé : le charme de la vie en Normandie, l'arrivée du froid, le travail d'un certain Sylvain, les marques de tendresse et d'intérêt pour Éliana et sa famille – informations nationales : un mouvement étudiant qui se durcit, des élections présidentielles qui approchent, des menaces de grippes aviaires qui perdurent sans nuire à la qualité de la vie en Normandie

c) le traitement de l'information : « Les journalistes en font des tonnes, ils exagèrent toujours », « Je n'ai pas eu, depuis nos longues conversations, d'autres nouvelles dans la presse d'ici... » (sous-entendu : la presse française ne parle guère du Brésil) – demander des nouvelles : Tout l'avant-dernier paragraphe, depuis « Et toi, où en es-tu de tes réflexions ? », jusqu'à « Je compte sur toi. »

6 ⤷ OBJECTIF : Réemployer les acquis en rédigeant une lettre personnelle

Faire lire le tableau *Stratégies pour donner des informations par courrier* et vérifier la compréhension du vocabulaire. Puis faire lire en grand groupe la consigne de l'activité. Ensuite, passer en revue quelques événements nationaux qui pourraient figurer dans une lettre personnelle. Il ne s'agit pas d'imposer ces événements à la classe mais d'amorcer un intérêt. Puis placer les apprenants en binômes et les inviter à choisir un correspondant imaginaire (*Un(e) ami(e) de leur âge qu'ils ont rencontré(e) en vacances, une lointaine cousine, un frère ou une sœur qui fait un stage en entreprise à l'étranger...*). Les inviter à choisir également la catégorie de lecteur à laquelle ils vont appartenir (voir les activités 2 et 3). Imposer une limite de 300 mots et de 15 minutes. Faire lire enfin les lettres en grand groupe et inviter la classe à critiquer le réemploi du vocabulaire et des stratégies, ainsi que le contenu.

Exemple de production :

> Salut Patrick,
> Mon vieux, tu ne peux pas savoir ce qui vient de m'arriver. Tu as entendu parler du match PSG-OM qui a mal tourné ? Ben, j'y étais, j'ai même failli y rester : 15 points de suture sur le crâne ! On nous avait annoncé une rencontre mouvementée. Un peu qu'elle a été mouvementée, la rencontre ! La partie était à peine commencée que je me suis retrouvé au milieu d'une émeute, ça hurlait dans tous les sens, il y a eu un mouvement de panique et les flics ont chargé. Les journalistes ont écrit que c'était un coup monté. Ne va pas croire ça. On essayait juste de sauver notre peau. Enfin me revoilà sur pied. Mais les deux équipes, elles, sont interdites de match pour dix jours ! Lamentable, non ? Le foot, ça devrait être pour le plaisir mais il suffit de quelques imbéciles pour que ça tourne mal.

.../...

...\...

Autrement, figure-toi que la France va rencontrer le Brésil en match amical, la semaine prochaine ! On a beau se dire qu'on est prêts, c'est quand même une perspective vachement angoissante. Tu sais que j'ai des billets ? J'y vais avec Gérard. Croisons les doigts !

Mais toi, mon vieux, qu'est-ce que tu deviens depuis tout ce temps ? À moins d'un bras cassé, je ne te pardonnerai pas ton silence ! Non, je plaisante, j'espère que toi et toute ta petite famille allez bien. Donne de mes nouvelles à Nathalie et à Sophie. Dis-leur que je ressemble maintenant à Frankenstein.

Écris-moi vite. Vous avez de rudement bons joueurs en Tchéquie et j'aimerais bien que tu me dises comment se passent les matches, là-bas.

Je vous embrasse tous les trois.

Jérôme

Outils *pour...* pp. 64 et 65

COMPRENDRE DES TITRES DE PRESSE

1 ➔ OBJECTIF : Comprendre les titres d'un flash d'information

Faire décrire les photos de la page 64 puis faire lire la consigne et demander aux apprenants d'y répondre individuellement. Passer l'enregistrement et confronter les réponses en grand groupe.

➔ CORRIGÉ : **a)** il y a six infos différentes / **b)** La photo *a* illustre le transfert possible de Ribéri à Lyon. La photo *b* illustre l'augmentation du prix du baril de pétrole. La photo *c* illustre le tournage d'un film pour le centenaire de Samuel Beckett.

2 ➔ OBJECTIF : Approfondir la compréhension orale

Faire lire la consigne, s'assurer de sa compréhension puis repasser l'enregistrement. Demander aux apprenants de répondre individuellement aux questions. Confronter les réponses en grand groupe.

➔ CORRIGÉ : Infos internationales : politique : Proche-Orient, quel espoir de paix ? – économie : l'augmentation à 70 \$ du baril de pétrole entraîne une hausse générale du prix de l'essence
Infos européennes : culture : tournage d'un film pour le centenaire de Beckett
Infos nationales : politique : adoption par l'Assemblée de la loi sur l'égalité des chances – société : enterrement de la loi sur l'interdiction de fumer dans tous les lieux publics – sport : transfert possible de Ribéri à Lyon

POINT INFO

La loi sur l'égalité des chances, du 31 mars 2006, instaure diverses mesures relatives à l'emploi et à l'éducation, proposées par le ministre de l'Emploi, de la cohésion sociale et du logement, Jean-Louis Borloo, suite aux émeutes de l'automne 2005 dans les banlieues françaises. Y figurait le contrat première embauche (CPE) qui fit lui-même l'objet de nombreuses protestations violentes et qui fut retiré.

La loi sur l'interdiction de fumer dans les lieux publics est entrée en vigueur le 1er février 2007. Il est désormais interdit de fumer au travail, dans les lycées, les centres commerciaux, les administrations, les gares, les aéroports, les hôpitaux, les salles de sport et de spectacle. À partir du 1er janvier 2008, il sera également interdit de fumer dans les cafés et les restaurants.

3 ➔ OBJECTIF : Créer des titres de journal

Le professeur pourra faire le Point Langue d'abord et utiliser cette activité ensuite comme exercice de réemploi ; ou au contraire faire l'activité d'abord et le Point Langue ensuite, pour systématiser la règle. Faire lire la consigne en grand groupe. Demander aux apprenants de choisir un ou deux titres maximum par rubrique. Puis former des groupes de trois ou quatre personnes, de profils différents si possible (âge, sexe, personnalité...). Prévoir une lecture en public de chaque flash d'information.

On peut envisager d'inclure à cette étape du Dossier le **Jeu du flash d'informations insolites**, p. 70 du manuel (voir la préparation p. 63 de ce guide).

4

Point **Langue** > **LA PHRASE NOMINALE**

Repasser l'enregistrement et faire répondre individuellement aux questions *a*, *b* et *c*. Confronter les réponses en grand groupe.

➡ Corrigé : a) adoption, augmentation, enterrement, espoir, tournage, transfert
b) l'information est plus concise et l'action ou son résultat est mis en valeur
c) fermeture / création / arrosage / rapprochement

S'EXERCER n°s 1 et 2 Corrigé ► p. 59

RELATER UN ÉVÉNEMENT DANS UN ARTICLE NARRATIF

5 ➡ OBJECTIF : Comprendre un fait divers dans la presse écrite

Apporter un quotidien en classe et faire un rapide tour d'horizon du vocabulaire le plus courant pour décrire les différentes parties d'un journal (*La une, une rubrique, le titre, les inter-titres, le chapeau, les colonnes, le paragraphe...*). Puis faire commenter la photo. Des expositions Vach'Art ayant eu lieu dans un grand nombre de pays, il est probable que les apprenants en auront entendu parler. Leur demander ensuite de lire l'article et de répondre aux questions en binômes. Confronter les réponses en grand groupe.

➡ CORRIGÉ : a) L'événement principal apparaît dans le titre, ainsi que le lieu de l'événement. La description de la victime apparaît dans le chapeau ainsi que dans le 1er et le dernier paragraphe. Le responsable de l'événement apparaît dans le corps de l'article (3e §), ainsi que les circonstances (dans les 1er, 2e et 3e §), les suites de l'événement (dans le dernier paragraphe), les causes de l'événement (dans les 2e et 3e §).
b) Mots désignant l'héroïne : Top model, une vache en fibre de verre, le bovidé, cette bête, la vache n° 191, cette œuvre, l'animal, elle
Le parcours de la vache : La vache n° 191 figure dans l'exposition parisienne Vach'art. Le 10 juin, dans l'après-midi, deux hommes la chargent sur la galerie d'une voiture avant de s'enfuir. L'animal est d'abord caché dans un atelier, puis installé « en début de matinée » (sans doute dans la matinée du 13 juin, date de l'anniversaire de Félix) sur un massif de fleurs. Top Model est retrouvée « lundi » en fin de matinée (sans doute dans la même journée du 13 juin). Elle sera mise dans un pâturage pendant une semaine, sur le parvis de la Défense, puis elle sera vendue aux enchères, avec ses consœurs, le 30 juin.

POINT INFO

L'AFP (Agence France-Presse) est l'une des plus grandes agences mondiales. Elle est présente dans plus de 160 pays.

On peut inclure à cette étape du Dossier l'activité **Sur tous les tons**, p. 70 du manuel (voir la préparation p. 62 de ce guide).

6

Point **Langue** > **LA FORME PASSIVE**

Comme la forme nominale du Point Langue précédent, la forme passive est une construction très utilisée par les journalistes. Elle permet de mettre l'accent sur l'information essentielle. Placer les apprenants en binômes pour la question *a* et confronter les réponses en grand groupe. Pour les questions *b* et *c*, faire répondre directement en grand groupe.

➡ Corrigé : a) le bovidé (...) était installé → imparfait / La vache (...) avait été dérobée → plus-que-parfait / pour être vendues aux enchères → infinitif présent / Top model, qui a été bien traité → passé composé / Elle sera envoyée → futur simple / elle se fera admirer → futur simple.
b) La personne ou la chose subissant l'action devient sujet, tandis que le groupe verbe est formé de l'auxiliaire *être* et du participe passé du verbe d'action (par exemple : *être admiré*). La forme passive est plus employée pour parler de la victime, parce que la victime subit l'action : elle est par définition *passive*.
c) On peut également former le groupe verbe à l'aide du verbe pronominal *se faire* auquel on ajoute l'infinitif du verbe d'action (par exemple : *se faire admirer*).

S'EXERCER n°s 3 et 4 Corrigé ► p. 59

S'EXERCER – CORRIGÉ

1. a. Coopération gouvernementale avec les associations d'aide aux handicapés. – **b.** Fermeture définitive de l'usine Moulinex. – **c.** Retard dans la mise en service de l'Airbus A380. – **d.** Mariage de la fille du maire avec l'adjoint de son père. – **e.** Gel des crédits pour les associations sportives. – **f.** Échec des premiers essais du satellite X.

2. finir → fin / acheter → achat / enlever → enlèvement / capturer → capture / agrandir → agrandissement / passer → passage / apparaître → apparition / commencer → commencement / démolir → démolition. Titres possibles : Fin des négociations avec le patronat. Achat de dix A 380 par l'Arabie saoudite. Enlèvement d'un homme d'affaires français à Paris. Capture des ravisseurs de l'homme d'affaires.

3. a été arrêté / conduisait / utilisait / a été contrôlé / a été attirée / a expliqué / pilotait / on lui a retiré son véhicule

4. Réponse possible : Agression au fromage dans une crèmerie. Véronique M., mannequin à l'agence Beauvisage, n'a pas supporté la conversation téléphonique d'une cliente dans une crèmerie de la rue de la Fosse (Nantes, 44). Elle lui a arraché son portable des mains et lui a écrasé un fromage de chèvre frais sur le visage. Le scandale a atteint des dimensions homériques quand la jeune femme enragée a bombardé les voitures qui passaient par là de tous les fromages qui lui tombaient sous la main : camembert, roquefort, gruyère... Deux vieilles dames ont dû être transportées en ambulance au CHU : elles étaient allergiques au roquefort. La forcenée a été maîtrisée par deux policiers. Elle a été condamnée à un mois de travaux d'intérêt général à l'APPFF (Agence pour la promotion du fromage français).

À cette étape, on peut inviter les apprenants à faire le **Jeu du flash d'informations insolites**, p. 70 du manuel (voir la préparation, p. 63 de ce guide).

Points de vue sur... pp. 66 et 67

1 ➡ OBJECTIF : Comprendre l'opinion d'un philosophe

Faire lire la consigne en grand groupe et s'assurer de la compréhension du vocabulaire. Puis placer les apprenants en binômes et les inviter à répondre aux questions. Confronter les réponses en grand groupe.

➡ CORRIGÉ : **a)** *Le Figaro* et *La Croix*

b) 1. la grippe aviaire – **2.** la première place – **3.** Réponses possibles : Avec la photo du *Figaro*, on est propulsé sur la planète Mars. Un homme *(Est-ce vraiment un homme ? N'est-ce pas plutôt un extra-terrestre ?)* progresse dans un champ envahi de gallinacés potentiellement dangereux. Il y a des mutations dans l'air, et cela m'inspire un sentiment de dégoût pour la viande de poulet. La photo de *La Croix* met en lumière la dimension métaphysique de l'événement. Ce clair-obscur, ces deux poules qui se regardent en premier plan, ce gouffre noir qui s'ouvre devant elle me disent que les poules sont des créatures de Dieu, elles aussi. J'ai envie de devenir végétarien. – **4.** Réponse possible : Le gros titre du *Figaro* confirme mon pressentiment : nous nous trouvons bien face à une menace d'invasion. Par contre, le titre de *La Croix* me paraît bien neutre et ne confirme en rien mon hypothèse. – **5.** *Le Figaro* : rubrique économique, rubrique de politique internationale, rubrique célébrités, rubrique de politique nationale, rubrique sociale, rubrique judiciaire, rubrique sportive. À noter par ailleurs la présence d'un bandeau publicitaire pour le supplément économique. / *La Croix* : rubrique sportive, rubrique économique, rubrique de politique internationale, rubrique sociale, rubrique de politique nationale, rubrique culturelle, rubrique judiciaire, rubrique religieuse – **6.** Réponse libre

2 ➡ OBJECTIF : Échanger sur le thème

Prévenir les apprenants, quelques jours à l'avance, de la tenue de cette activité et leur demander d'apporter des journaux de leur pays, ou de rassembler des gros titres dans leur langue sur Internet. Ces éléments pourront être réutilisés dans l'activité **À vos créations**. Le professeur fournira, quant à lui, des journaux français de la même période. Le groupe pourra ainsi confronter les différentes manières de traiter et d'illustrer l'actualité, d'un pays à l'autre. Échanger sur le thème en grand groupe.

■ **POUR ALLER PLUS LOIN :** Proposer aux apprenants d'écrire une lettre à un journal français en réaction à un événement de l'actualité ou pour une réflexion générale sur la presse, dans l'espoir de voir cette lettre publiée dans la rubrique du courrier des lecteurs.

3 ➡ OBJECTIF : Commenter des statistiques

Faire lire la consigne, s'assurer de sa compréhension puis placer les apprenants en binômes et leur demander de compléter les phrases par écrit. Confronter les réponses en grand groupe.

Réponses possibles : 1. Pour la majorité des Français, la grippe aviaire n'est pas une source d'inquiétude. – 2. Plus de 20 % considèrent qu'elle est terrifiante. / 3. Environ 15 % en plaisantent.

4 ➡ OBJECTIF : Comprendre un micro-trottoir sur un événement de l'actualité

Faire lire la consigne, s'assurer de sa compréhension puis inviter les apprenants à répondre individuellement. Passer l'enregistrement autant de fois que nécessaire. Confronter les réponses en grand groupe.

➡ CORRIGÉ : La première personne est amusée : « Ça me fait rigoler ! » La deuxième personne est terrorisée : « Ce sont des maladies tellement effrayantes... » La troisième personne est indifférente : « Pour moi rien n'a changé », ainsi que la quatrième personne : « Tout ça, c'est beaucoup de bruit pour rien ! »

■ **POUR ALLER PLUS LOIN** : Organiser dans la classe un sondage sur le thème de la grippe aviaire ou des maladies « mondialisées » (vache folle, chikungunya, etc.). Procéder en premier lieu à un vote à main levée pour voir si ces maladies terrorisent/laissent indifférent/amusent le groupe. Puis, sous forme de débat, demander à chacun de justifier sa réponse et inviter les apprenants à confronter leurs opinions.

5 ➡ OBJECTIF : Comprendre la présentation d'une émission de radio

Annoncer aux apprenants qu'ils vont devoir répondre à des questions sur une émission de radio. Livres fermés, leur passer l'amorce (de « Bonjour et bienvenue » à « depuis Bruxelles »). Puis leur poser la première question à l'oral *(De quelle émission s'agit-il ?)*. Ne pas confirmer ni infirmer les hypothèses. Leur demander ensuite de lire les autres questions et d'y répondre individuellement. Repasser l'amorce et confronter les réponses en grand groupe.

➡ CORRIGÉ : **1.** Il s'agit d'un commentaire de l'actualité hebdomadaire. – **2.** La Radio Suisse romande, Radio Canada, France-Inter et la RTBF. – **3.** L'enregistrement a eu lieu à Bruxelles. – **4.** À ce stade de l'écoute, les trois hypothèses sont valables.

● POINT INFO

La **Radio-Télévision belge de la communauté française** (RTBF) est une entreprise publique autonome à caractère culturel en charge du service public de la radio et de la télévision pour la communauté française de Belgique. Ses équivalents sont la VRT pour la communauté flamande de Belgique et la Belgischer Rundfunk pour la communauté germanophone de Belgique.

6 ➡ OBJECTIF : Comprendre le contenu d'une émisssion de radio

Faire lire les questions et s'assurer de leur compréhension. Puis repasser l'enregistrement autant de fois que nécessaire et demander aux apprenants de répondre individuellement aux questions. Confronter les réponses en grand groupe.
Le professeur pourra placer l'activité 7 entre deux écoutes, pour faciliter la compréhension de l'émission.

➡ CORRIGÉ : **a)** À la question 4 de l'activité précédente, la deuxième hypothèse était la bonne : il est question d'informations venant de pays francophones : la France, la Belgique, le Canada (le Québec puis la Colombie britannique) et la Suisse.
b) 1. Mouvements sociaux très durs en France – **2.** Grèves prévues et annoncées en Belgique – **3.** Fermeté du gouvernement contre les syndicats au Canada – **4.** Vote sur la libre circulation en Suisse – **5.** Condamnation des compagnies de tabac au Canada
c) 1. vrai – **2.** faux – **3.** faux – **4.** vrai – **5.** faux (pour le moment, la loi ne s'applique qu'en Colombie britannique)

7 ➡ OBJECTIF : Comprendre des expressions imagées utilisées dans l'enregistrement

Inviter les apprenants à faire l'exercice individuellement et confronter les réponses en grand groupe.

➡ CORRIGÉ : rien ne va plus = la situation est grave / se croiser les bras = ne rien faire / frapper fort = réagir avec force / ne pas bouger d'un poil = rester le même / allumer toutes les autres provinces = mettre en colère les autres régions / un « oui » clair et net = un « oui » sans discussion possible.

RENDEZ-VOUS ALTERCULTUREL : Cette activité peut venir compléter l'**Ego questionnaire** de la page 61. Procéder à l'écoute autant de fois que nécessaire et faire répondre les apprenants individuellement. Confronter les réponses en grand groupe. Proposer ensuite aux apprenants de comparer leur presse nationale avec celle de la France ou de la Grande-Bretagne, en reprenant l'**Ego questionnaire**.

➡ CORRIGÉ : **1.** « la diffusion », « le sérieux », « l'opinion »
2. – Différences : La presse de caniveau a beaucoup plus de succès en Grande-Bretagne qu'en France. Il y a trop d'opinions et pas assez de faits dans la presse sérieuse française. Les journaux en France se contentent de commenter, alors qu'en Grande-Bretagne ils font des investigations de manière indépendante.
– Ressemblances : La presse de qualité des deux pays fait preuve du même sérieux.

Outils *pour...* `pp. 68 et 69`

➔ OBJECTIF : Classer des articles dans des rubriques

Livres fermés, lire les deux titres à la classe et demander aux apprenants d'imaginer à quelles rubriques ils appartiennent.

➔ CORRIGÉ : nouveautés et faits divers

➔ OBJECTIFS : Lire un article et le raconter oralement

Composer des binômes et demander à chaque apprenant de choisir l'un des deux articles. Inviter chacun à lire son article, le deuxième étant caché. Le professeur circulera dans la classe pour vérifier la compréhension du vocabulaire. Enfin chaque apprenant raconte à son voisin ce qu'il vient de lire, avec ses propres mots.

Point **Langue** › **EXPRIMER LA CAUSE ET LA CONSÉQUENCE**

Faire lire en grand groupe les exemples et faire compléter le tableau. Puis demander aux apprenants de lire ou de relire les deux articles et de trouver individuellement des expressions similaires qu'ils classeront également dans le tableau. Confronter les réponses en grand groupe et compléter ces expressions par d'autres connues des apprenants (*parce que, à cause de, en raison de...*). Puis faire faire les deux exercices pour systématiser l'emploi de la cause et de la conséquence.

➔ **Corrigé :**

CAUSE

Verbes	Conjonctions (+ proposition subordonnée)	Prépositions + noms
être causé par être dû à	comme	en raison de à la suite de grâce à

CONSÉQUENCE

Verbes	Conjonctions (+ proposition subordonnée)	Mots de liaison
provoquer entraîner permettre devoir + infinitif	si bien que c'est pourquoi (ce qui explique que)	alors donc ce qui explique par conséquent d'où résultat :

S'EXERCER nᵒˢ 1 et 2 Corrigé ▶ p. 62

➔ OBJECTIF : Écrire des faits divers

Faire lire la consigne, s'assurer de sa compréhension, puis placer les apprenants en binômes et les inviter à écrire les deux articles en imitant *Hospitalisation...* pour l'article *a* et *On n'arrête pas le progrès* pour l'article *b*.

➔ CORRIGÉ : Production libre

À cette étape de la leçon, on peut faire le **Jeu du flash d'informations insolites**, p. 70 du manuel (voir la préparation, p. 63 de ce guide).

ÉVOQUER UN ÉVÉNEMENT NON CONFIRMÉ

➔ OBJECTIF : Comprendre un fait divers

Montrer la photo des deux acteurs et demander aux apprenants s'ils les reconnaissent. Puis leur lire le titre et les inciter à faire des hypothèses sur le contenu de l'article. Faire lire l'article individuellement puis placer les étudiants en binômes et leur demander de répondre aux questions. Imposer une limite de 40 mots pour la question *a* (25 % de la longueur initiale).

➡ CORRIGÉ : **a)** Exemple de production : Brad Pitt et Angelina Jolie ont mis en émoi un quartier parisien en y élisant domicile pour quelques jours. Le couple star va-t-il revenir s'y installer définitivement ? De la boulangère aux passants, tout le monde se le demande.

b) – mots ou expressions pour parler de Brad et Angelina : le couple glamour, le couple star, les (pronom complément), ils (pronom sujet), les amoureux, les célébrités

– mots ou expressions pour parler des journalistes : la presse people, les magazines du monde entier, les paparazzis

– mots ou expressions pour parler de la surprise des témoins : « Sur toutes les lèvres, une seule question : … », « Je n'en croyais pas mes yeux », « c'est un saisissement », « tout le monde en a parlé pendant des semaines »

6

Point **Langue** › ÉVOQUER UN ÉVÉNEMENT NON CONFIRMÉ

Il existe plusieurs façons de nuancer une information qui prête au doute. Faire relire le fait divers et demander aux apprenants de répondre individuellement aux questions. Confronter les réponses en grand groupe, puis systématiser à l'aide du S'exercer n° 3.

➡ **Corrigé : a)** « […] vont-ils revenir ? », « Le couple glamour a eu, dit-on, un véritable coup de foudre pour la France », « Angelina […] aurait décidé d'accoucher à Neuilly, de source officieuse », « La rumeur dit que les amoureux pourraient s'installer en France », « Mais il paraîtrait que les célébrités ont quitté Berlin pour l'Afrique. »
b) l'interrogation : vont-ils revenir ? – l'incise dubitative : dit-on – une expression verbale du doute : il paraîtrait que – des expressions nominales du doute : de source officieuse, la rumeur – le conditionnel passé (aurait décidé) ou présent (pourraient s'installer)

S'EXERCER n° 3 ➡ Corrigé ▶ p. 62

1. Réponses possibles : parce que / résultat / c'est pourquoi / par conséquent / ce qui explique que
2. Réponses possibles : a. parce que je n'en ai pas le temps. – b. que les gens ne se plaignent pas de la disparition des journaux ! – c. la grève du Syndicat du livre. – d. j'ai pris conscience du problème du réchauffement climatique. – e. Ils ont décidé de changer de quartier... – f. Il s'était garé en stationnement interdit... – g. Il a téléphoné à sa femme... – h. Les syndicats n'ont pas respecté leurs engagements,...
3. Réponse possible : Une histoire d'amour entre la rédactrice en chef d'un magazine people et un séduisant paparazzi : c'est le point de départ de *Dirt*. La série serait produite par le couple David Arquette et Courteney Cox. La rumeur dit que cette dernière, intéressée par le sujet, prendrait le rôle principal. De source officieuse, ce serait le créateur de *Fastlane* qui aurait écrit et qui réaliserait le scénario.

Paroles en scène... p. 70

Sur tous les tons

1 ➡ OBJECTIF : Comprendre à l'oral les témoins d'un fait divers

Procéder à une première écoute de compréhension générale et poser aux apprenants les questions : *Qui ? De quoi ?* Puis faire lire la liste des personnages de la consigne et passer l'enregistrement une deuxième fois. Chaque apprenant répond individuellement. Vérifier les réponses en grand groupe.
Réponses : 1. le voleur – 2. une grand-mère – 3. la vache – 4. le copain du voleur – 5. un policier – 6. un témoin SDF

2 ➡ OBJECTIF : Prolonger à l'écrit et à l'oral les témoignages

Distribuer les rôles (un par élève ou par binôme, en fonction du nombre d'apprenants dans la classe) et demander à chacun de relever dans le texte les tournures particulières au personnage qu'il/elle va interpréter.
– Le voleur : l'élision *(j'voulais)*, l'abréviation *(l'anniv.)*, les mots familiers *(copain)*, les tics verbaux *(alors)* ;

– La grand-mère : le parler paysan *(c'est-y pas malheureux, j'y causais, pis)*, l'élision *(j'l'avais)*, la répétition du sujet et du complément *(j'l'avais repérée, moi, la vache)* ;

– La vache : le meuglement *(meuh)*, le jeu de mots *(vachement)* ;

– Le copain du voleur : les mots familiers *(pote, berges)*, les tournures familières *(dis donc, je vous raconte pas, j'y croyais pas, là il a fait fort)* ;

– Le policier : le seul à utiliser un langage à peu près standard ;

– Le SDF : la répétition des pronoms *(moi, je)*, la juxtaposition des faits *(je me réveille, je vois)*, les mots familiers *(pinard)*.

Puis procéder à une nouvelle écoute et inviter les apprenants à observer le ton de chacun de ces personnages (traînant du voleur, larmoyant de la grand-mère, etc.). Demander ensuite aux apprenants de compléter ces témoignages à l'écrit, à l'aide des notes prises pour l'exercice 5, p. 65, et en restant fidèle au parler de leur personnage. Faire lire enfin ces productions, sur le même ton que dans l'enregistrement.

Mise en scène

➜ OBJECTIF : Jouer une scène de théâtre

Interroger les apprenants sur les personnages qu'ils ont déjà rencontrés p. 60 du manuel *(qui sont-ils ? quel est leur principal trait de caractère ?)* puis faire lire la scène d'un ton neutre pour en démêler le sens. Ensuite diviser la classe en plusieurs groupes, chaque groupe devant comprendre 4 acteurs et un metteur en scène. Laisser un temps suffisant pour les répétitions et faire jouer la scène. Prévoir quelques accessoires (par exemple un manteau que Botard portera boutonné jusqu'au cou, un journal pour monsieur Papillon, une fleur pour Daisy, etc.).

➜ OBJECTIF : Raconter à l'oral un événement extraordinaire

Faire lire la consigne et s'assurer de sa compréhension. Puis diviser la classe en petits groupes et demander à chacun d'imaginer un événement extraordinaire dont il a été le témoin (une rencontre étonnante, une découverte incroyable…). Enfin chacun raconte son histoire, tandis que les autres réagissent en fonction de leur degré de crédulité.

JEU DU FLASH D'INFORMATIONS INSOLITES : L'objectif est d'entraîner à la créativité, à la reformulation et à la synthèse. Les apprenants devront également réemployer les expressions de la cause et de la conséquence (p. 68 du manuel). Pour s'assurer de la compréhension du jeu, le professeur pourra créer un premier exemple devant la classe en imposant un découpage syntaxique. Par exemple : d'abord vous devez imaginer un nom propre ou le titre d'une fonction *(le président de la République)* ; ensuite vous devez imaginer un lieu avec une préposition *(au sommet de la tour Eiffel)* ; puis un événement avec un verbe transitif direct au passé composé et à la troisième personne du singulier *(a rencontré)* ; puis un complément d'objet direct, désignant une personne ou un animal *(un cycliste)* ; et enfin une conséquence avec une conjonction et une proposition subordonnée *(si bien que l'usine a fermé ses portes)*. Procéder au jeu en petits groupes et faire lire les productions en grand groupe. *(Le président de la République, au sommet de la tour Eiffel, a rencontré un cycliste, si bien que l'usine a fermé ses portes.)*

À vos créations ! `p. 71`

➜ OBJECTIF : Composer la une d'un journal et préparer un flash d'information radiophonique

L'objectif de cette activité est d'entraîner à la créativité, à la reformulation et à la synthèse. Elle permet une mise en œuvre de plusieurs compétences civilisationnelles, grammaticales et lexicales vues dans ce dossier (la civilisation, pp. 61, 62 et 64, la nominalisation, p. 64, la forme passive, p. 65, la cause et la conséquence, p. 68, l'événement non confirmé, p. 69).

Faire lire les consignes de l'activité, ainsi que les points de l'**Autoévaluation**. Quelques jours à l'avance, demander aux apprenants d'apporter des photos de l'actualité découpées dans des journaux. Pour la une du journal, les autoriser à mélanger les faits divers imaginés tout du long de ce dossier, à des faits récents réels. Ils devront synthétiser ces informations pour les présenter dans un flash d'actualité, en mettant en lumière les causes et les conséquences. Puis placer les élèves en petits groupes de quatre ou cinq personnes, de profils différents si possible (âge, sexe, personnalité…) et leur proposer d'imaginer d'abord un journal, en s'aidant des questions *Préparation de la une*, ainsi que des questions de la p. 62 du manuel. Leur production sera évaluée sur le contenu autant que sur la forme. Au cours suivant, après correction par le professeur, procéder à une exposition des différentes unes et inviter les apprenants à voter pour la meilleure (interdiction de voter pour son propre groupe). Le groupe gagnant reçoit un prix. Pour le flash d'information, demander aux apprenants de s'aider des questions réunies dans *Préparation au flash d'information*, ainsi que des écoutes des activités 5 et 6, p. 67. Pour la lecture publique de ces flashs, leur demander d'imiter la voix neutre et la diction soignée des journalistes, comme dans les enregistrements contenus dans ce Dossier. Faire lire les flashs en grand groupe et demander aux apprenants de noter et de critiquer le travail de leurs camarades, d'après un barème d'appréciation établi à partir des consignes de l'**Autoévaluation**. Si le professeur dispose du matériel nécessaire, enregistrer les flashs pour un rendu plus authentique. Enfin travailler la phonétique en repassant les enregistrements ainsi obtenus et en invitant les élèves à corriger leur prononciation.

BILAN pp. 72 et 73

La partie écrite du bilan peut être donnée à faire à la maison sous forme de devoir, tandis que la partie orale sera traitée en classe. On peut également envisager de présenter ce BILAN sous forme d'examen écrit puisqu'il s'agit d'une épreuve de type DELF, niveau B1.

Compréhension écrite

Cette activité peut se faire en une quinzaine de minutes. Interdire l'usage du dictionnaire, il s'agit d'une compréhension globale. Demander aux élèves de lire attentivement l'article et de répondre aux questions. À la fin de l'épreuve, revenir sur le texte et inviter les apprenants à signaler les difficultés rencontrées.

➡ CORRIGÉ : **1.** A, C, F, H – **2.** *20 Minutes, Métro* – **3.** « Grâce aux gratuits, les jeunes retrouveraient même le goût de la lecture », « Un quotidien créerait pourtant un gratuit du soir très prochainement. » – **4.** « l'essentiel de la diffusion des gratuits se réalise dans, ou près des lieux de transit. Ils ont inventé un modèle de diffusion : aller vers le lecteur au lieu d'attendre qu'il vienne à eux dans les kiosques ou qu'il prenne un abonnement » – **5.** « la presse gratuite se remet au niveau des gens », « les gratuits répondent aux attentes des lecteurs »

Expression écrite

Faire écrire les apprenants individuellement. Leur faire lire la consigne et leur donner comme limite de temps 20 minutes et comme nombre de mots à respecter : 150 mots (≃ 10 %). Pour l'évaluation, voir grille ci-après.

Exemple de production :

Accident tragique à Gérardmer : six morts, trente-cinq blessés

Le 23 novembre dernier, à une heure du matin, l'autobus d'un groupe de retraités qui venaient d'assister au festival du film fantastique de Gérardmer est tombé dans un ravin, au col de la Schlucht (Vosges). Le conducteur et cinq passagers ont été tués sur le coup. Trente-cinq autres retraités ont dû être hospitalisés au CHU de Gérardmer, certains dans un état grave. Le mauvais temps et des travaux de voirie seraient à l'origine du drame. Un brouillard épais recouvrait la montagne et le conducteur n'aurait pas vu des canalisations empilées sur le bas-côté de la route. Antoine Marchi, directeur de communication de la société de transport impliquée (Sahara Tour S.A), a affirmé à notre correspondant que l'état du véhicule (un bus Renault vieux de deux ans) n'est pas mis en cause par les premiers éléments de l'enquête.

EXPRESSION ÉCRITE	10 points
Adéquation au sujet	**5 points**
Capacité à raconter un fait au passé et à utiliser le passif	3
Capacité à exprimer des causes et des conséquences	2
Lisibilité de la production	**1 point**
Cohérence et enchaînements	1
Compétence linguistique	**4 points**
Exactitude de la syntaxe	2,5
Richesse et adaptation du lexique	1,5

Compréhension orale

Livres fermés, lire les consignes de l'activité puis procéder à la première écoute de compréhension globale. Demander ensuite aux apprenants de lire individuellement les questions sur la première information, puis procéder à l'écoute de cette information et ainsi de suite pour les informations suivantes.

Corriger en grand groupe, si besoin en repassant l'enregistrement.

▶ CORRIGÉ : **1.** B – **2.** C – **3.** C – **4.** Il a été fermé pour améliorer son dispositif de sécurité. – **5.** A – **6.** ... pour l'afflux d'immigrés. – **7.** Ce phénomène favorise la croissance. – **8.** B – **9.** B – **10.** Ce premier vol a duré 7 heures.

Expression orale

Faire lire la consigne, puis laisser deux ou trois minutes aux apprenants pour qu'ils notent 3 ou 4 événements d'importance nationale, relevant de 3 ou 4 rubriques différentes. Ensuite placer les apprenants en binômes et leur faire jouer la scène une première fois, puis une deuxième en inversant les rôles. Donner 3 minutes pour chaque prestation.

Le jeu de rôle peut se faire devant un jury d'apprenants chargés d'apprécier la spontanéité des acteurs, ainsi que la correction de leur vocabulaire et de leur syntaxe.

EXPRESSION ORALE	10 points
Capacité à communiquer dans la situation proposée	**4 points**
Capacité à hiérarchiser ses informations	2
Capacité à donner des informations sur l'actualité	2
Capacité à interagir	**2 points**
Aisance et efficacité dans l'échange	2
Compétence linguistique	**4 points**
Correction syntaxique	2
Richesse du lexique	1
Correction phonétique	1

DOSSIER 5

OBJECTIFS SOCIOLANGAGIERS

OBJECTIFS COMMUNICATIFS & SAVOIR-FAIRE	
Être capable de...	
J'agis	– comprendre des textes engagés – défendre ses opinions – parler de l'engagement
La vie au quotidien	– comprendre une pétition – demander des précisions par mél
Points de vue sur...	– parler de grands événements mobilisateurs – comprendre l'opinion d'un philosophe
Outils pour...	– aider, encourager à l'action – promouvoir une action de solidarité – exprimer des objectifs – exprimer la durée
Paroles en scène	– lire des slogans – lire et jouer une scène de théâtre
À vos créations	– réaliser le programme d'une journée de solidarité
Bilan	

OBJECTIFS LINGUISTIQUES	
GRAMMATICAUX	– le participe présent et le gérondif – le but – les expressions de temps pour indiquer la durée
LEXICAUX	– le vocabulaire de l'engagement – l'expression de l'encouragement
PROSODIQUES	– l'intonation dans l'expression de sentiments

SCÉNARIO DU DOSSIER

Dans la première double page, les apprenants seront amenés à comprendre des textes engagés. Ils apprendront à défendre leurs opinions, puis ils réfléchiront à leur propre engagement et échangeront sur ce thème.

Dans LA VIE AU QUOTIDIEN, ils liront et analyseront une pétition, puis liront un mél de demande de précisions avant de s'exercer à en rédiger un par eux-mêmes. Ce sera aussi l'occasion d'apprendre à écrire une définition pour un dictionnaire.

Dans OUTILS POUR, ils s'entraîneront à comprendre et exprimer l'encouragement. Puis après avoir écouté une publicité radio pour promouvoir une action de solidarité, ils seront amenés à revoir le participe présent ainsi que le gérondif.

Dans POINTS DE VUE SUR, les apprenants auront l'occasion de discuter d'événements qui ont récemment mobilisé les Français et également de comprendre l'opinion d'un philosophe sur ce phénomène de rassemblement. Ils écouteront divers témoignages et échangeront sur ce thème.

➤➤➤

Dans **OUTILS POUR,** ils écouteront des manifestants parler de leurs objectifs pour le moins surprenants, ce qui leur permettra de revoir les différentes manières d'exprimer le but. Ils liront également un document authentique présentant une célèbre organisation humanitaire et auront alors l'occasion de travailler l'expression de la durée.

Dans **PAROLES EN SCÈNE,** les apprenants s'amuseront à scander des slogans sur tous les tons, puis ils joueront une scène de théâtre d'un grand écrivain français du XXe siècle. Enfin ils réemploieront leurs acquis dans un jeu de rôle avant de résoudre de petites devinettes.

Dans **À VOS CRÉATIONS,** ils réaliseront en petits groupes le programme d'une journée de solidarité puis évalueront mutuellement leurs productions.

Dans **BILAN,** les apprenants mobiliseront les acquis de ce dossier à travers quatre activités écrites et orales, sous la forme d'un test de type DELF B1.

J'AGIS   pp. 76 et 77

➔ OBJECTIF **:** Comprendre un discours politique

Avant de faire travailler les apprenants sur les textes de la page 76, leur demander d'observer et de décrire rapidement la photo page 75. Ce remue-méninges permettra d'introduire du vocabulaire relatif au thème de ce dossier. Écrire les propositions au tableau au fur et à mesure.

Réponses possibles : manifestation, engagement, solidarité, revendiquer, droits, banderoles...

Inviter les élèves à réfléchir à des moyens autres qu'une manifestation d'exprimer des revendications.

Réponses possibles : discours politiques, chansons, poèmes, tracts...

TROIS CITATIONS

Faire observer aux apprenants les trois phrases en exergue et leur demander d'en expliquer rapidement le sens à l'oral en les reformulant. À ce stade de l'apprentissage, laisser les hypothèses se former. Le professeur reviendra sur ces trois phrases par la suite pour confirmer ou infirmer les propositions.

Réponse possible : La première phrase *(« Un défaut qui... capables »)* signifie qu'un homme dont on limite les ambitions par la force et qu'on empêche de faire ses preuves n'osera jamais agir par lui-même. La deuxième phrase *(« Il faut toujours... »)* signifie qu'il ne faut pas se précipiter avant d'entreprendre quelque chose. La dernière phrase *(« Il n'y a que ceux... »)* signifie que ceux qui ne font rien n'ont rien.

Puis demander aux apprenants de lire le texte d'Olympe de Gouges afin de déterminer quelle est sa revendication. Corriger en grand groupe.

➔ CORRIGÉ **:** Elle revendique l'égalité des droits pour les deux sexes.

⬤ POINT INFO

Olympe de Gouges (1748-1793), femme de lettres devenue femme politique et polémiste, a laissé de nombreux écrits en faveur des droits civils et politiques des femmes et de l'abolition de l'esclavage des Noirs. Elle est morte guillotinée en 1793.

■ **POUR ALLER PLUS LOIN :** Parler en classe de femmes françaises qui ont marqué l'histoire en luttant pour les droits des femmes. Par exemple : **George Sand** (1804-1876), écrivain français auteure de nombreuses œuvres militant en faveur de la libération des femmes. **Simone Veil**, ministre de la Santé qui a élaboré la loi autorisant l'interruption volontaire de grossesse en 1975. **Louise Michel** (1830-1905), grande figure de la gauche française, ayant participé à la Commune de Paris en 1871, exilée en Nouvelle-Calédonie de 1873 à 1880, et qui s'est battue jusqu'à la fin de sa vie contre toutes les injustices. **Marthe Richard** (1889-1982), ex-prostituée devenue conseillère municipale à Paris, restée célèbre pour avoir suscité la loi de 1946 obligeant les maisons closes à fermer. **Simone de Beauvoir** (1908-1986), philosophe et écrivaine française ayant partagé la vie de Jean-Paul Sartre (*cf.* **Point Info** p. 75 de ce guide), qui a lutté toute sa vie pour la condition des femmes et qui reste à ce jour la figure de proue du féminisme. Demander à l'oral en grand groupe de présenter des femmes qui ont marqué le pays des apprenants.

2 ➡ OBJECTIF : Comprendre une chanson engagée

Faire écouter la chanson aux apprenants avec le texte, puis leur demander de retrouver l'ordre des thèmes évoqués. Les faire travailler en binômes, corriger ensuite en grand groupe.

➡ CORRIGÉ : **1.** la solidarité des combattants « Ici [...] place » **2.** la liberté future « Demain [...] écoute... » **3.** la souffrance du pays opprimé « Ami [...] plaines »

POINT INFO

Le Chant des partisans, créé en 1943 à Londres, était l'hymne de la Résistance française durant l'occupation allemande. C'est un chant de fraternité, de combat contre les forces obscures, un appel intemporel à la résistance.

■ **POUR ALLER PLUS LOIN :** Faire écouter aux apprenants un extrait de *La Marseillaise*, hymne national de la République française, (Rouget de Lisle, 1792), puis leur demander de faire un parallèle entre ces deux chants (rythme, thème, origine...).

3 ➡ OBJECTIF : Comprendre un poème

Livres fermés, lire le poème de David Diop aux apprenants. Puis les faire répondre oralement en grand groupe aux questions suivantes : *Quelles images avez-vous vues ? Quels bruits avez-vous entendus ? Quelles émotions avez-vous ressenties ?*
Réponses possibles : − Images : soleil, palmiers, lune... − Bruits : tam-tam, craquements du feu, une voix... − Émotions : le bonheur, la nostalgie, la souffrance...
Ensuite faire lire le poème individuellement et leur demander de répondre aux 2 questions. Vérifier les réponses en grand groupe.

➡ CORRIGÉ : **1.** l'Afrique / le début de l'esclavage − **2.** le bonheur : « Le soleil [...] la liberté » / la souffrance : « Puis un jour [...] mes pères »

POINT INFO

David Diop (1927-1960), poète français d'origine africaine, a mis son talent au service de la lutte anticolonialiste et de la libération des peuples africains.

4 ➡ OBJECTIF : Approfondir la compréhension des textes des activités 1, 2 et 3
et
5
Placer les apprenants en binômes. Les inviter à relire les trois documents étudiés précédemment afin d'en retrouver le thème commun. Puis leur demander d'associer deux mots (choisis dans la liste du manuel) à chaque texte. Confronter les réponses en grand groupe. Pour l'exercice d'association, plusieurs réponses sont possibles, cela donnera l'occasion aux apprenants de discuter de leurs choix.

➡ CORRIGÉ **4** : **a)** la dénonciation d'une oppression **b)** texte 1 : droits / déclaration publique − texte 2 : fraternité / résistance − texte 3 : révolte / liberté

Puis, toujours en binômes, faire répondre aux trois questions. Enfin corriger en grand groupe.

➡ CORRIGÉ **5** : **a)** Commentaire 1 : Texte 1 − Commentaire 2 : Texte 3 − Commentaire 3 : Texte 2 **b)** Texte 1 : 1791 − Texte 2 : 1943 − Texte 3 : 1956 **c)** Le texte d'Olympe de Gouges s'adresse aux représentants de la nation dans le but d'obtenir des droits pour les femmes égaux à ceux des hommes. *Le Chant des partisans* s'adresse aux résistants pour leur donner du courage et les inciter à poursuivre leur lutte. Le poème de David Diop s'adresse à son peuple et à tous les hommes, dans le but de leur rappeler un moment douloureux du peuple noir.

EGO POUR / EGO CONTRE : Vous et l'engagement
Dans un premier temps, faire commenter le dessin p. 77.
Ensuite, faire lire en grand groupe les dix propositions et s'assurer que le lexique est compris de tous. Puis faire lire le cadre *Les mots pour défendre, s'opposer et s'engager,* et vérifier la compréhension du lexique.
Enfin passer à l'échange en procédant à la manière d'un *speed dating (Méthode de rencontres amoureuses en série, où la première impression joue un rôle primordial et où la rapidité est de mise).* Les apprenants discutent en binômes sur la première proposition. Toutes les minutes, ils changent de partenaire et passent à la proposition suivante. (Imposer un temps limite oblige les apprenants à exprimer rapidement leurs opinions. Quant au changement de partenaires, il permet à des apprenants qui ont souvent l'habitude de travailler avec le même binôme d'échanger avec d'autres personnes.) Il est essentiel dans cette activité que les apprenants utilisent le vocabulaire du cadre *Les mots pour* vu précédemment.
Prévoir un retour en grand groupe, en demandant aux apprenants de citer ce qui les a surpris dans ce qu'ils ont entendu.

■ **POUR ALLER PLUS LOIN :** Former des groupes de trois ou quatre personnes, leur demander de choisir une proposition pour ou contre laquelle ils seraient prêts à s'engager et les inviter à rédiger un texte pour défendre ou s'opposer à cette proposition à la manière d'un discours politique. Faire lire toutes les propositions. Insister sur l'importance de l'intonation dans cette lecture. *(Pour être convaincant, un orateur politique se doit de s'exprimer avec force, clarté et assurance.)* Faire ensuite voter à mains levées pour le discours le plus convaincant. *(Interdiction de voter pour son propre groupe.)*

La vie au quotidien   **pp. 78 et 79**

Commencer cette double page par un rapide tour d'horizon sur les mouvements associatifs dans le pays des apprenants. *(Connaissez-vous des associations dans votre pays ? Si oui, quelles causes défendent-elles ? Sont-elles populaires / crédibles ?)* Puis faire lire le **Point Info** et demander aux apprenants de commenter les chiffres. *(Que pensez-vous de ces chiffres ? Qu'est-ce qui vous étonne ? Quelle image cela reflète de la France ?)*

➡ OBJECTIF : Comprendre une pétition

Faire lire la pétition et faire répondre aux questions individuellement. Confronter les réponses en grand groupe après chaque activité.

➡ **CORRIGÉ 1 : 1.** « des personnes convaincues de la portée culturelle, sociale et économique du festival » – **2.** parce que le festival de Lodève est menacé – **3.** à la région et à la presse

➡ **CORRIGÉ 2 :** > festival de poésie de Lodève > des poètes de tous les pays de la Méditerranée > créer des échanges harmonieux entre des cultures différentes

➡ **CORRIGÉ 3 : 1.** par manque d'argent / par une décision politique – **2.** donner du poids au texte / alerter la presse

➡ OBJECTIF : Écrire une définition pour un dictionnaire

Placer les apprenants en binômes et leur demander de rédiger une définition du mot *pétition* en utilisant les mots proposés dans l'activité. Faire lire les différentes productions. Faire voter à mains levées pour la définition la plus précise.

➡ **CORRIGÉ :** Pétition, n. f. : Un écrit ou un texte adressé aux pouvoirs publics, par lequel une personne ou un groupe de personnes proteste contre une décision jugée arbitraire et réclame un droit considéré comme dû. Les pétitionnaires rassemblent des signatures pour montrer aux autorités la force de l'engagement public en leur faveur.

➡ OBJECTIF : Lire une carte et répondre à des questions

En grand groupe faire répondre à la question a. *(Le département est l'Hérault, il est situé dans la région Languedoc-Roussillon.)* Ensuite placer les apprenants en binômes et les faire répondre aux questions de la partie b. Confronter les réponses en grand groupe.

Réponses possibles : 1. Pour faire connaître la ville et la région et pour répondre à une tradition poétique du bassin méditerranéen. – **2.** De préférence des pays de langues romanes (Italie, Espagne) mais on peut très bien imaginer des poètes d'autres régions, francophones ou non (Maghreb, Grèce...) venant partager ces moments privilégiés. – **3.** Lodève a besoin de ce festival pour exister sur la carte. Sans lui, la ville retombera dans l'oubli.

➡ OBJECTIF : Lire un mél et répondre à des questions de compréhension écrite

Avant de faire lire le mél, faire identifier les interlocuteurs. *Qui écrit ? (Raphaël Bonaventure.) À qui ? (lapetition.com.) Pourquoi ? (Pour demander des précisions.)* Puis faire lire la lettre et inviter les apprenants à répondre en binômes. Confronter les réponses en grand groupe.

➡ **CORRIGÉ :** Il veut savoir si les subventions prévues ont été supprimées ou retardées et si la question a été posée aux autorités régionales. Il souhaite également connaître la position réelle de la Région pour savoir si c'est une volonté délibérée de supprimer le festival.

➡ OBJECTIF : Apprendre à rédiger un mél pour demander des précisions

Avant de procéder à l'activité, faire lire le tableau *Stratégies pour demander des précisions.* Vérifier sa compréhension. Ensuite faire lire l'énoncé de la situation et faire travailler les apprenants en binômes. Imposer un nombre de mots à respecter (environ 120 mots). Faire lire quelques productions en grand groupe.

Exemple de production :

De : Pierre Maréchal	**À** : Association Sauvons Fécamp du béton

Objet : Demande de précisions

Madame, Monsieur,

J'ai pris connaissance de votre pétition « Sauvons Fécamp du BÉTON ! » et, étant moi-même un fervent défenseur de la protection du patrimoine et un amoureux de cette région, j'adhère totalement à votre cause. J'envisage donc de vous apporter mon soutien.

Je souhaiterais cependant avoir quelques informations supplémentaires avant de signer. En effet deux points ne me semblent pas très clairs : tout d'abord, j'aimerais savoir si la Résidence Bleu Marine existe déjà (il ne s'agirait donc que de logements et de chambres supplémentaires ?) et à quelle distance exacte de la plage elle se situe.

Vous comprendrez que je ne peux pas m'engager sans prendre connaissance de toutes les données.

Merci de vos réponses.

Pierre Maréchal

Outils *pour...* pp. 80 et 81

AIDER, ENCOURAGER À L'ACTION

Faire faire un remue-méninges à partir du mot « encouragement » et écrire au tableau au fur et à mesure les propositions des apprenants. **Réponses possibles : Encourager, courage, courageux, brave, bravoure, aide, soutien, appui...**

1 ⮕ OBJECTIF : Comprendre des messages d'encouragement

Placer les apprenants en binômes et leur demander de lire rapidement les six messages. Puis leur demander de les associer aux six situations présentées. Confronter les réponses en grand groupe.

⮕ CORRIGÉ : **1.** Vas-y ! On est fiers de toi ! **2.** Continuez ! Fraternité, solidarité !
3. Surtout, ne te laisse pas abattre, tu y arriveras ! **4.** Courage, on est tous avec toi !
5. Votre combat est aussi le nôtre **6.** Tenez bon ! Nous envoyons les secours.

2 ⮕ OBJECTIF : Comprendre des encouragements à l'oral

Annoncer aux apprenants qu'ils vont écouter six dialogues où est exprimé l'encouragement et qu'ils devront les associer aux situations de l'activité précédente. Procéder à l'écoute. Corriger en grand groupe.

⮕ CORRIGÉ : Dialogue a. = Situation 4 – Dialogue b. = Situation 6 – Dialogue c. = Situation 3 – Dialogue d. = Situation 5 –
Dialogue e. = Situation 2 – Dialogue f. = Situation 1

3 ⮕ OBJECTIF : Approfondir la compréhension orale

Faire réécouter les six dialogues de l'activité précédente, un par un, et demander aux apprenants de relever les différentes façons d'exprimer l'encouragement. Corriger en grand groupe.

⮕ CORRIGÉ : Allez, gardez le moral ! Courage, tu y arriveras ! On vous soutient. On est avec vous. T'es la meilleure !

 S'EXERCER n° 1 Corrigé ► p. 71

4 ⮕ OBJECTIF : Réemployer les acquis en s'exprimant oralement sur le thème

Inviter les apprenants à réfléchir à trois ou quatre situations difficiles où ils auraient besoin d'encouragement. Puis les placer en binômes et leur demander d'évoquer tour à tour ces situations, l'autre devant réagir rapidement en exprimant des encouragements.

PROMOUVOIR UNE ACTION DE SOLIDARITÉ

➔ OBJECTIF : **Comprendre une publicité radio**

Faire lire la consigne de l'activité 5, procéder à une première écoute de l'enregistrement et faire répondre aux questions. Vérifier les réponses en grand groupe.

Puis procéder à une deuxième écoute et faire retrouver les phrases correspondant aux formulations de l'activité 6. Corriger en grand groupe.

➔ CORRIGÉ 5 : **1.** Par l'association humanitaire *Enfance malade*. **2.** Récolter des dons pour une petite Cambodgienne, souffrant d'une grave malformation cardiaque, qui doit être opérée en urgence. **3.** Réponse libre.

➔ CORRIGÉ 6 : **1.** Lien, souffrant d'une grave malformation. **2.** En participant. **3.** En donnant quelques euros. **4.** L'association, faisant partie d'une charte internationale, a besoin de vos coordonnées.

Point **Langue** › LE PARTICIPE PRÉSENT / LE GÉRONDIF

Le professeur fera observer que le participe présent est employé surtout à l'écrit dans la langue soutenue, alors que le gérondif est très fréquent aussi bien à l'écrit qu'à l'oral dans la langue standard.

Faire répondre aux questions en grand groupe et systématiser à l'aide des S'EXERCER nos 2 et 3.

➔ **Corrigé :**
Le participe présent
a) Le participe présent se forme sur le radical de la 1re personne pluriel de l'indicatif présent + -*ant*.
b) Lien a besoin de vous, parce qu'elle est malade. / L'association, qui compte 25 membres, a son siège à Paris.
On utilise le participe présent pour exprimer la simultanéité par rapport au verbe principal.
Le gérondif
a) Le gérondif se forme en ajoutant *en* au participe présent.
b) – En arrivant… : temps – En appelant… : condition – En passant… : manière –
En intervenant… : cause

S'EXERCER nos 2 et 3 Corrigé ▶ p. 71

---

1. a. Allez-y ! On est tous avec vous !
b. Courage, ne te laisse pas abattre !
c. Tiens bon ! Tu t'en sortiras !
d. Garde le moral !
e. Votre combat est aussi le nôtre.
2. a. en participant (gérondif / simultanéité) – **b.** en venant (gérondif / manière)
c. travaillant (participe présent / cause) – **d.** en votant (gérondif / condition)
e. en travaillant (gérondif / manière)
3. a. en donnant – **b.** participant – **c.** en échangeant – **d.** ne pouvant pas – **e.** sachant

---

Points de vue sur... pp. 82 et 83

➔ OBJECTIF : **Associer des photos à des légendes**

Former cinq groupes de deux ou trois personnes et distribuer à chacun des groupes une photocopie couleur et agrandie d'une des cinq photos de la page 82. Laisser quelques minutes aux apprenants pour observer la photo, en discuter et déterminer de quel événement il peut s'agir, puis les inviter à présenter leurs hypothèses en grand groupe. Leur faire donner le maximum d'informations sur chaque photo.

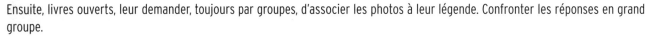

Ensuite, livres ouverts, leur demander, toujours par groupes, d'associer les photos à leur légende. Confronter les réponses en grand groupe.

➔ **CORRIGÉ :** **a)** a4 – b2 – c1 – d3 – e5 **b)** réponse libre

2 ➔ OBJECTIF : Associer des sentiments à des événements

a) Placer les apprenants en binômes et leur demander d'associer à chaque photo de l'activité précédente un des sentiments de la liste proposée. Confronter les réponses en grand groupe.

b) Puis proposer aux apprenants de discuter en grand groupe de ces différents événements et d'expliquer pour lequel ou lesquels ils se seraient mobilisés.

➔ **CORRIGÉ :** **a)** a. fierté nationale, encouragement – b. croyance – c. engagement politique – d. compassion – e. solidarité

b) réponse libre

■ **POUR ALLER PLUS LOIN :** Placer les apprenants par groupes de cinq et leur demander d'imaginer qu'ils font partie du comité de rédaction d'un grand magazine français. Chacun d'entre eux se verra attribuer une des cinq photos de l'activité 1 et devra s'efforcer de convaincre les autres membres de l'équipe de choisir sa photo pour faire la couverture du prochain numéro. À la fin de cette discussion (prévoir environ dix minutes), demander aux apprenants de chaque groupe de voter pour la photo dont le défenseur aura été le plus convaincant (Interdiction de choisir sa propre photo). Prévoir un retour en grand groupe pour présenter les photos gagnantes et justifier les différents choix.

⬤ POINT INFO

Photo a : Le 6 mai 2005, de nombreux Français sont venus à Paris pour soutenir la candidature de la capitale à l'organisation des jeux Olympiques de 2012. L'engouement populaire était immense. À cette date, cinq villes restaient encore en course (Paris, Londres, Madrid, New York, Moscou). Deux mois plus tard, le suspense est tombé : le CIO (Comité International Olympique) a désigné Londres comme grand vainqueur, ce qui a provoqué une énorme déception chez tous les Français.

Photo b : Lors des funérailles le 8 avril 2005 du pape Jean-Paul II (1920-2005), des centaines de milliers d'anonymes et de personnalités se sont rassemblés sur la place Saint-Pierre de Rome. Les images de cette cérémonie ont été diffusées en direct sur de nombreuses chaînes de télévision mondiales.

Photo c : Le 29 mai 2005, les Français ont été appelés à se prononcer par référendum sur le traité établissant une Constitution pour l'Europe. À l'approche de cette consultation populaire, les partisans du Oui et ceux du Non se sont longuement affrontés. Finalement à la question « Approuvez-vous le projet de loi qui autorise la ratification du traité établissant une Constitution pour l'Europe ? », 54,68 % des électeurs ont répondu « Non ».

Photo d : Le 26 décembre 2004, un violent tsunami a dévasté les pays d'Asie du Sud (Indonésie, Malaisie, Thaïlande, Inde, Sri Lanka). Suite à cette catastrophe sans précédent, qui a fait plus de 200 000 victimes et d'énormes dégâts matériels, un immense élan de solidarité est né. De nombreux dons ont émané des gouvernements, des organisations humanitaires ainsi que des particuliers. Cette mobilisation internationale est à ce jour la plus importante de l'histoire de l'aide humanitaire.

Photo e : Pendant cinq mois, Florence Aubenas, envoyée spéciale du journal *Libération* en Irak, ainsi que son guide irakien Hussein Hanoun, ont été retenus en otages dans ce pays. Les Français se sont passionnément mobilisés pour leur cause. Les deux otages ont finalement été libérés au bout de 157 jours de détention.

3 ➔ OBJECTIF : Comprendre l'opinion d'un philosophe

Avant de faire lire le texte, demander aux apprenants de quel type de document il s'agit. *(Qui est l'auteur de l'article ? Où cet article est-il paru ? Quand ?)*

Puis faire lire l'article individuellement et inviter les apprenants à répondre en binômes aux questions de l'activité en justifiant leurs réponses. Corriger ensuite en grand groupe.

➔ **CORRIGÉ :** **a)** Les Français ont besoin de partager leurs émotions. Les Français se sentent isolés. Les Français cherchent le contact des autres. **b)** 2

4 ➔ OBJECTIF : Réemployer les acquis en échangeant sur le thème

Proposer aux apprenants d'échanger à propos des grands événements qui ont marqué leur pays. Former des groupes de trois ou quatre personnes, de profils différents si possible (âge, sexe, personnalité...). Prévoir un retour en grand groupe pour constater les points communs et les disparités.

➔ OBJECTIF **:** Comprendre des opinions

Faire écouter une première fois l'enregistrement et vérifier la compréhension globale à l'aide de questions simples. Puis procéder à une réécoute et demander aux apprenants d'associer chaque personne à son engagement. Corriger en grand groupe. Enfin procéder à une troisième écoute et demander aux apprenants de quelle manière et pour quelles raisons les personnes interrogées sont prêtes à s'engager. Confronter les réponses en grand groupe.

➔ CORRIGÉ **5 :** 1c − 2d − 3b − 4e − 5a

➔ CORRIGÉ **6 :** La première personne vote toujours pour une femme aux élections afin de lutter pour l'égalité des sexes au travail, car elle estime qu'il y a encore beaucoup d'inégalités hommes / femmes dans le monde du travail. La deuxième personne participe aux journées de la banque alimentaire de façon à aider les plus démunis, car elle trouve leur situation très triste. La troisième a créé son association afin de défendre la mixité sociale dans son quartier, car suite à la hausse des loyers, beaucoup d'habitants du quartier ont été obligés de partir et il n'est resté que des bureaux et des appartements de standing. Quant à la quatrième personne, n'ayant pas de famille, elle envisage de s'engager à parrainer un enfant du Tiers Monde en envoyant de l'argent pour aider à subvenir à ses besoins. Enfin, la cinquième personne milite dans des associations antiracistes et participe à tous les forums possibles en Europe, car elle trouve les mouvements d'extrême droite très dangereux.

➔ OBJECTIF **:** Réemployer les acquis de la leçon en s'exprimant sur le thème

Placer les apprenants en binômes et leur proposer d'échanger à propos des opinions exprimées dans l'enregistrement écouté précédemment. Leur demander d'exprimer leur accord ou leur désaccord avec les cinq personnes interrogées en justifiant leurs opinions. Puis les apprenants prennent la parole devant la classe. Cette activité peut prendre la forme d'un débat.

RENDEZ-VOUS ALTERCULTUREL

Lire la situation à la classe, leur faire écouter une première fois l'enregistrement, puis leur faire lire les trois questions avant de procéder à une deuxième écoute. Faire répondre en grand groupe.

➔ CORRIGÉ **: 1.** L'abolition de la peine de mort − **2.** La décision d'abolir la peine de mort a été prise en octobre 1981 par l'Assemblée nationale à l'initiative du ministre de la Justice Robert Badinter. − **3.** Elle y a été particulièrement sensible car les dernières exécutions en France avaient eu lieu peu de temps auparavant dans les années 70.

Outils *pour...* pp. 84 et 85

EXPRIMER DES OBJECTIFS

1 **➔** OBJECTIF **:** Lire et comprendre une banderole

a) Demander aux apprenants de lire le texte de la banderole (S'assurer de la compréhension du mot *glacière*) et de répondre aux questions en binômes. Puis vérifier les réponses en grand groupe.

➔ CORRIGÉ **: 1.** lutter contre le froid **2.** réponse libre

b) Puis faire lire aux apprenants l'article sur l'Académie Alphonse Allais et leur demander quel style de littérature il produisait.

➔ CORRIGÉ **:** Littérature humoristique

● POINT INFO

Alphonse Allais (1854-1905), écrivain et humoriste français, était un homme à l'humour grinçant et un spécialiste de l'absurde. L'Association des authentiques amis d'Alphonse Allais (AAAAA) est une organisation qui regroupe des personnes appréciant l'humour d'Alphonse Allais. Elle a son siège au Petit Musée d'Alphonse, à Honfleur, dans le Calvados.

2 ▸ OBJECTIF : Comprendre à l'oral l'opinion de manifestants

Faire écouter l'enregistrement une première fois et demander aux apprenants de quoi il est question. *(Des manifestants expliquent pourquoi ils sont venus manifester.)* Puis faire lire les questions de l'activité et procéder à une deuxième écoute. Les apprenants répondront individuellement puis confronteront leurs réponses en grand groupe.

▸ CORRIGÉ : **1.** des représentants de l'Association des amis d'Alphonse Allais — **2.** contre l'hiver, contre le froid — **3.** parce qu'elle se nomme Glacière — **4.** réponse libre

3

Point **Langue**   ▸ **EXPRIMER LE BUT**

Ce Point Langue permet de travailler les différentes formules exprimant le but et leur construction avec un infinitif, un nom ou un subjonctif.

Faire répondre aux questions en grand groupe et systématiser à l'aide des S'EXERCER nᵒˢ 1 et 2.

▸ **Corrigé : a)** pour le retrait de l'anticyclone / pour manifester / pour que l'hiver soit déclaré illégal / pour qu'on l'enterre / pour qu'on en finisse / on cherche à frigorifier / on vise ainsi à les empêcher / afin que le gouvernement puisse faire la pluie et le beau temps / en vue des élections / de façon à faire pression
b) pour but de / notre objectif est de / pour objectif de / notre intention est de
c)

+ infinitif	+ nom	+ proposition au subjonctif
chercher à dans le but de **pour** **viser à** **afin de** **en vue de** **de façon à**	**pour** **en vue de**	de manière que de façon que **pour que** **afin que**

S'EXERCER nᵒˢ 1 et 2 Corrigé ▸ p. 75

4 ▸ OBJECTIF : Réutiliser les expressions du but en écrivant les objectifs d'une manifestation

Placer les apprenants par groupes de trois ou quatre personnes et leur demander en premier lieu d'imaginer qu'ils créent une association « loufoque » dans le style de celle d'Alphonse Allais. Leur laisser quelques minutes de réflexion pour se concerter. Puis les inviter à rédiger trois objectifs d'une manifestation organisée par leur association. Demander aux apprenants d'utiliser pour chaque objectif une expression de but différente. Faire lire les productions en grand groupe.

À ce stade du dossier, on peut faire l'activité **Sur tous les tons** de la page 86 du manuel (voir la préparation p. 75 de ce guide).

EXPRIMER LA DURÉE

5 ▸ OBJECTIFS : Lire un document et répondre à des questions de compréhension écrite

Faire lire individuellement la présentation de Médecins du Monde, puis placer les apprenants en binômes et leur demander de répondre aux questions posées. Confronter les réponses en grand groupe.

▸ CORRIGÉ : **a)** 1. Présenter l'organisation Médecins du Monde (son origine, ses objectifs) 2. Aider les populations en danger en les soignant, les opérant et les vaccinant **b)** David se sent grandi par les six ans qu'il a passés à travailler pour cette organisation. Il a acquis une expérience inestimable qu'il raconte ici afin de donner envie aux autres de suivre son exemple. Quant à Élisa, elle se sent vraiment utile depuis qu'elle travaille pour cette organisation et conseille à tous de s'engager comme elle dans cette expérience.

Point **Langue** › EXPRIMER LA DURÉE

Ce Point Langue permet de travailler les expressions temporelles *en, pendant, pour, dans, depuis, il y a, il y a… que…*.

Faire relire individuellement le document sur Médecins du Monde puis faire répondre en binômes aux sept questions posées. Confronter les réponses en grand groupe.

Puis demander aux apprenants de réfléchir, toujours en binômes, à l'aide des réponses de la partie a), aux différences existant entre les expressions de temps proposées. Corriger en grand groupe.

▣ **Corrigé : a)** depuis 1978 – pendant des mois – de 1980 à aujourd'hui – ça fait six ans – en six ans – il y a trois ans – depuis qu'elle travaille pour Médecins du Monde

b) *Pendant* est utilisé pour indiquer la durée limitée d'une action, alors que *en* exprime la durée nécessaire pour accomplir une action. *Pour* indique la durée prévue d'une action. *Dans* s'emploie pour situer un moment dans le futur. *Depuis* est utilisé pour indiquer le point de départ d'une action qui dure encore, alors que *Il y a* s'emploie pour situer un moment dans le passé. Enfin *Il y a… que…* s'utilise fréquemment à la place de *Depuis* pour indiquer l'origine d'une situation actuelle.

S'EXERCER n° 3 ⟳ **Corrigé ▸ p. 75**

1. a. pour / objectif de – **b.** afin que – **c.** pour but / en vue de – **d.** de façon à – **e.** pour que

2. a. en vue de m'installer à Pékin très prochainement. – **b.** de façon à pouvoir inviter le maximum d'amis. – **c.** afin de contribuer à la protection de la planète. – **d.** pour aider les petits producteurs. – **e.** afin de soutenir votre candidat favori.

3. a. Je l'ai fait en trois mois. – **b.** De trois mois à deux ans. – **c.** Il y a cinq ans. – **d.** Dans quelques mois. – **e.** Retrouver mon ancien métier que j'ai exercé pendant dix ans. – **f.** Pour quatre mois. Ce sera ma dernière mission je pense.

Paroles en scène... `p. 86`

Sur tous les tons

1 et 2 ▣ OBJECTIFS : Lire des slogans et les scander sur tous les tons

Placer les apprenants en binômes et leur demander de s'entraîner à lire les slogans sur les différents tons proposés (à voix assez basse pour ne pas gêner les autres). Une fois que les apprenants ont pris de l'assurance dans leur lecture, former des groupes de trois ou quatre personnes, attribuer à chaque groupe un des cinq slogans vus précédemment, et les inviter à se déplacer dans la classe en scandant leur slogan à voix de plus en plus haute sur tous les tons. Le groupe de manifestants le plus convaincant aux yeux des autres a gagné.

Mise en scène

3 ▣ OBJECTIF : Jouer une scène de théâtre

Avant de lire la scène, demander aux apprenants ce qu'ils savent de Jean-Paul Sartre et le présenter en quelques mots. Puis faire lire la scène en grand groupe pour en vérifier la compréhension. Enfin faire relire l'extrait par plusieurs binômes en leur demandant d'utiliser le ton juste.

● **POINT INFO**

Jean-Paul Sartre (1905-1980) est un philosophe et écrivain français, dont l'œuvre a marqué le XXᵉ siècle. Intellectuel engagé, il est l'un des créateurs de l'existentialisme en philosophie. En 1964, il a refusé le prix Nobel de littérature. Ses ouvrages les plus connus sont *La Nausée* (1938), *Huis-Clos* (1944), *Les Mains sales* (1948).

4 ➡ OBJECTIF : Réemployer les acquis dans un jeu de rôle

Faire lire la consigne et en vérifier la compréhension. Puis placer les apprenants par groupes de trois et leur laisser quelques minutes pour préparer leurs arguments. Enfin procéder au jeu de rôle en imposant un temps limite (une minute devrait suffire) et insister sur l'importance de l'intonation ainsi que des gestes.

JEU DU GANSLO : Placer les apprenants en binômes et leur faire lire la consigne. S'assurer de sa compréhension. Laisser quelques minutes aux apprenants pour construire leur slogan en inversant les syllabes de l'activité détestée. Puis faire scander les productions sur tous les tons et faire retrouver par les autres apprenants le mot inversé.

À vos créations ! `p. 87`

➡ OBJECTIF : Réaliser le programme d'une journée de solidarité

Livres fermés, annoncer aux apprenants l'objectif de l'activité et leur demander sous forme de remue-méninges d'énumérer quelques causes suffisamment fortes pour mobiliser les gens et les rendre solidaires. Faire lire ensuite la consigne en attirant particulièrement l'attention des apprenants sur les points de l'**Autoévaluation**. Puis placer les apprenants en petits groupes de trois ou quatre personnes, de profils différents si possible (âge, sexe, personnalité...). Prévoir au moins 30 minutes pour cette activité. Pour la correction, procéder à un échange des productions, les groupes s'évaluant les uns les autres. Les principaux points grammaticaux à réemployer seront le but, le gérondif de manière et l'expression de la durée.

Au cours suivant, après correction par le professeur, on pourra exposer les différents programmes et inviter les apprenants à voter pour le meilleur, en tenant compte de la présentation, de l'originalité, de la créativité ainsi que de la correction linguistique. (Interdiction de voter pour son propre groupe.) Le groupe gagnant reçoit un prix.

BILAN `pp. 88 et 89`

La partie écrite du BILAN peut être donnée à faire à la maison sous forme de devoir, tandis que la partie orale peut être traitée en classe. On peut également présenter ce bilan sous forme d'examen écrit, à faire donc en classe, puisqu'il s'agit d'une épreuve de type DELF niveau B1.

Compréhension écrite

Cette activité peut se faire en une vingtaine de minutes. Interdire l'usage du dictionnaire. À la fin de l'épreuve, revenir sur le texte et inviter les apprenants à indiquer les difficultés qu'ils ont rencontrées.

➡ CORRIGÉ : **1.** B / D – **2.** A. faux B. vrai C. faux D. vrai E. vrai F. faux – **3.** Les jeunes trouvent les partis politiques trop centrés sur des conflits d'intérêt personnel. – **4.** Ils s'impliquent dans des combats à l'échelle mondiale. / Ils sont porteurs des valeurs de tolérance, de liberté et d'une vision plus égalitaire et sociale de la démocratie. – **5.** « les jeunes ne sont pas représentés dans l'offre électorale. » – **6.** « ils sont une cible attractive pour les partis. »

Expression écrite

Faire écrire les apprenants individuellement. Leur faire lire la consigne et leur donner comme limite de temps 20 minutes et comme nombre de mots à respecter : 150 mots (+ ou − 10 %). Pour l'évaluation, voir la grille ci-après.

Exemple de production :

De : Suzanne Gagnon	**À :** Association Sauvons le Palace

Objet : Demande de précisions

Madame, Monsieur,
J'ai pris connaissance de votre pétition « Non à la fermeture du cinéma ! » et, étant une fidèle spectatrice du Palace depuis de nombreuses années, je tiens tout comme vous à me battre pour que notre cher cinéma continue à exister. J'envisage donc de soutenir votre cause.
J'aimerais cependant obtenir quelques renseignements supplémentaires avant de vous apporter ma signature.
Tout d'abord, pourriez-vous me dire si un contrôle des conditions de sécurité a réellement été effectué par les autorités et si oui, quels en ont été les résultats exacts ?

.../...

…/…

Je souhaiterais également savoir si des actions concrètes de soutien au Palace sont déjà prévues et si c'est le cas, lesquelles et à quelles dates ?
Je ne pourrai pas m'engager avant d'avoir pris connaissance de toutes ces données.
Merci de vos réponses.
Cordialement.
Suzanne Gagnon

EXPRESSION ÉCRITE	10 points
Adéquation au sujet	**5 points**
Capacité à manifester son intérêt	3
Capacité à demander des précisions	2
Lisibilité de la production	**1 point**
Cohérence et enchaînements	1
Compétence linguistique	**4 points**
Exactitude de la syntaxe	2,5
Richesse et adaptation du lexique	1,5

Compréhension orale

Livres fermés, lire les consignes de l'activité. Demander ensuite aux apprenants de lire individuellement la fiche à compléter. Procéder à une première écoute de l'interview, puis à une deuxième. Laisser quelques secondes aux apprenants après la seconde écoute pour remplir la fiche. Corriger en grand groupe, si besoin en réécoutant.

➡ CORRIGÉ :

Nom : PEIN   Prénom : Florine
Profession : **« Médiateur du livre »** depuis **sept ans.**
A d'abord créé une association pour inciter à **parrainer des enfants béninois.**
Raison de son intérêt pour le Bénin : **Elle est tombée amoureuse de ce pays lorsqu'elle est allée y rencontrer son « filleul »**
20 ans auparavant.
Date de relance de l'association : **2001**
L'association a été relancée après **sa rencontre avec un ethno-psychiatre travaillant à Paris et originaire du Bénin.**
Perma Nord-Bénin a comme objectif de se consacrer à **des échanges culturels entre le Bénin et la Haute-Normandie.**
Deux activités de Perma Nord Bénin en Haute-Normandie : **Des jeunes Béninois sont venus passer l'été en Normandie. /**
Des conteurs célèbres ont été invités à une semaine de « conteurs africains » dans le cadre d'une bibliothèque.
Deux projets de Florine pour Perma Nord-Bénin : **Envoi de mallettes pédagogiques avec des documents sur la France. /**
Ouverture d'une bibliothèque au Bénin.

Expression orale

Faire lire la consigne, puis diviser la classe en deux groupes, les « pour » et les « contre », et laisser deux ou trois minutes aux apprenants pour rassembler leurs arguments. Ensuite placer les apprenants en binômes (1 « pour » / 1 « contre ») et les faire s'opposer dans un duel pendant deux minutes chrono. Faire jouer les duels devant les autres apprenants chargés d'évaluer le pouvoir d'argumentation des intervenants ainsi que la correction de leur vocabulaire et de leur syntaxe. Pour l'évaluation, voir la grille ci-dessous.

EXPRESSION ORALE	10 points
Capacité à communiquer dans la situation proposée	**4 points**
Capacité à prendre position en faveur ou contre	2
Capacité à justifier sa position avec des arguments	2
Capacité à interagir	**2 points**
Aisance et efficacité dans l'échange	2
Compétence linguistique	**4 points**
Correction syntaxique	2
Richesse du lexique	1
Correction phonétique	1

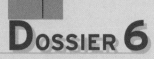

Dossier 6

CONTENUS SOCIOCULTURELS – THÉMATIQUES

L'art et les artistes
Ce soir, on sort !

OBJECTIFS SOCIOLANGAGIERS

OBJECTIFS COMMUNICATIFS & SAVOIR-FAIRE	
Être capable de...	
Je me cultive	– décrire un tableau – comprendre un critique d'art à l'oral – échanger sur les artistes de son pays – passer en revue quelques grands artistes français
La vie au quotidien	– déchiffrer des affiches de spectacle – comprendre à l'oral des annonces culturelles – parler de ses préférences culturelles – comprendre un programme de sorties culturelles – proposer par écrit des activités culturelles à des amis
Points de vue sur...	– comprendre à l'oral et à l'écrit des critiques d'événements culturels – donner son avis sur une œuvre – participer à un débat critique – théoriser sur l'art
Outils pour...	– faire une interview – poser des questions de différentes manières – donner ses impressions
Paroles en scène	– transformer l'interrogation en étonnement – vendre une œuvre d'art – reproduire un tableau à partir d'une description orale
À vos créations	– réaliser un supplément pour un magazine culturel
Bilan	

OBJECTIFS LINGUISTIQUES	
GRAMMATICAUX	– les trois manières de construire une phrase interrogative – les adverbes de manière – le subjonctif dans les relatives – le subjonctif pour insister sur l'exception
LEXICAUX	– la description d'une œuvre d'art – les sorties culturelles – les stratégies pour participer à un débat
PROSODIQUES	– l'interrogation et l'étonnement

SCÉNARIO DU DOSSIER

Dans la première double page, les apprenants seront invités à décrire des toiles de maîtres et à discuter de l'art et de son histoire. *Qu'est-ce que je ressens devant un tableau ? Quelles sont mes impressions ?* Voilà quelques-unes des questions qu'ils se poseront les uns aux autres, dans un premier temps. Puis ils testeront leurs connaissances sur quelques artistes français des XIXe et XXe siècles, et parleront de littérature, de musique, de cinéma, d'architecture.

Dans LA VIE AU QUOTIDIEN, ils déchiffreront des affiches et écouteront les annonces de différents spectacles, ce qui leur donnera un nouvel aperçu des pratiques culturelles dans la France d'aujourd'hui. Puis ils liront ➤➤➤

une lettre personnelle dans laquelle ils découvriront plusieurs façons de proposer un programme de sortie à des amis et écriront eux-mêmes un mél sur ce modèle.

Dans OUTILS POUR, ils liront l'interview d'un chanteur de rock et reviendront sur l'interrogation et les trois manières de construire une phrase interrogative. Ce sera l'occasion de tester sa culture générale à travers deux nouveaux quiz.

Dans POINTS DE VUE SUR, de nouveaux spectacles et de nouveaux témoignages, tant écrits qu'oraux, les inciteront à donner leur avis sur une œuvre et à pratiquer l'art subtil de la critique. Ils écriront le compte-rendu d'un spectacle pour un journal francophone et participeront à une table ronde où les opinions seront très diverses. Enfin ils se poseront la question de savoir si dans tout objet, quel qu'il soit, il y a une œuvre d'art en puissance, et qui décide de ce qui est artistique et de ce qui ne l'est pas.

Dans OUTILS POUR, ils examineront la construction des adverbes de manière. Puis ils écouteront une conversation sur des sorties culturelles et découvriront à cette occasion le subjonctif dans les relatives.

Dans PAROLES EN SCÈNE, ils liront un très beau dialogue d'un film de Claude Lelouch et s'amuseront à le relire en jouant sur l'interrogation et l'étonnement. Puis ils essaieront de se vendre des œuvres d'art – mais est-ce que ce sera de l'art ou de l'arnaque ? Enfin ils exerceront leurs talents de dessinateurs en reproduisant, sur les indications d'un(e) camarade, les espaces et les volumes d'un tableau.

Dans À VOS CRÉATIONS, ils réaliseront un supplément sur un artiste pour un magazine culturel : biographie, interview, commentaire critique, ils vont devoir faire preuve de créativité !

Dans BILAN, ils mobiliseront les acquis de ce dossier à travers quatre activités écrites et orales, sous la forme d'un test de type DELF B1.

JE ME CULTIVE `pp. 92 et 93`

1 ➡ OBJECTIF : Décrire oralement un tableau

Ne pas traiter, en ce début de Dossier, les trois citations placées en exergue, y revenir plus tard. Faire lire la consigne de l'activité, ainsi que le cadre *Les mots pour décrire un tableau*, p. 93. Vérifier la compréhension du vocabulaire. Puis placer les apprenants en binômes. Laisser quelques minutes à chacun pour décrire le tableau qu'il/elle a choisi. Enfin, en grand groupe, deux apprenants choisis au hasard rediront leur description, que leurs camarades compléteront si besoin. Demander à la classe de prendre des notes. Les apprenants pourront ensuite comparer ce qu'ils ont écrit aux commentaires du journaliste sur ces mêmes tableaux, dans l'activité 3.

Réponses possibles :

– Le tableau en partie abstrait de Braque représente une nature morte : un compotier gris foncé posé sur une table ronde. Les couleurs sont froides et ternes. Dans le compotier, il y a une grappe de gros raisins noirs et une pomme ocre. Sur la nappe de la table, il y a deux autres pommes et trois poires vertes. À la droite du compotier, il y a un verre à eau dans lequel se reflètent les couleurs des fruits. À l'arrière-plan, on aperçoit le haut d'une carafe par-dessus ce qui semble être un journal, tandis qu'à gauche on remarque une sorte de boîte rectangulaire marron foncé. Une grande plaque rectangulaire de marbre vert sombre se glisse sous la nappe, d'où l'impression d'irréalité qui se dégage de cette œuvre. Personne ne va boire ce verre ni manger ces fruits posés sur une table en équilibre dans l'espace.

– Dans le tableau de Matisse, on observe une jeune femme richement vêtue qui se tient de profil et qui tourne la tête vers le spectateur. Son visage est dessiné à grands traits simples : une tache rouge sang pour les lèvres, une parenthèse pour les sourcils, un long nez pointu. Une profonde tristesse se dégage de son regard. Le chapeau, en forme de compotier ou de bouquet de plumes, et la robe aux couleurs éclatantes évoquent l'existence luxueuse des personnages de la Belle Époque. Mais son luxueux chapeau semble peser trop lourd sur sa tête.

POINT INFO

Georges Braque (1882-1963) : peintre, sculpteur et graveur français. C'est en parlant d'une de ses toiles qu'un critique d'art (Louis Vauxcelles) utilisa l'expression de « *petits cubes* », terme qui fut repris par l'artiste pour l'élaboration des théories du *cubisme*. Il fut le premier peintre exposé au Louvre de son vivant.

Le cubisme (Braque, Picasso, Gris) découpe les objets sous différents angles de vue, dans une lumière froide. Il existe plusieurs courants cubistes : le cubisme hermétique, le cubisme néo-figuratif, le cubisme synthétique (ajout de collages et de chiffres ou de lettres au pochoir).

Henri Matisse (1869-1954) : peintre, sculpteur et graveur français. Un critique d'art mécontent de *La Femme au chapeau* (le même Louis Vauxcelles) utilisa le terme de « *fauve* » pour insulter l'artiste, expression aussitôt adoptée par Matisse et son entourage comme un défi. Matisse a voyagé et exposé dans le monde entier. Il est également célèbre pour ses gravures, ses sculptures, ses collages, ses décors, ses vitraux.

Le fauvisme (Matisse, Derain, Vlaminck, Rouault) rejette les subtilités de l'impressionnisme pour s'attacher aux sensations et à la plastique pure et exclut les systèmes de référence symbolique, chers aux expressionnistes ; il favorise les couleurs éclatantes et les formes simplifiées à l'extrême.

2 ⇥ OBJECTIF : Réfléchir au travail des peintres

En grand groupe, faire lire les deux citations des artistes placées à côté des tableaux et les faire commenter. Inciter les apprenants au débat et à la confrontation d'opinions.

Réponse possible : Pour Braque, l'essentiel est dans l'espace. Cela se traduit par la représentation géométrique des objets (le socle cubique du compotier, les lignes obliques et verticales des murs, la table flottant dans l'espace) et la figuration abstraite des volumes (le halo noir autour de la nappe et de la boîte rectangulaire, le déséquilibre de la plaque de marbre). Il décompose la réalité et « fuit ses semblables », selon un de ses autres mots célèbres. Pour Matisse, au contraire, l'essentiel est dans l'expression humaine. Celle-ci passe par un choix de couleurs anti-conformistes, mais révélatrices de la sensibilité de l'artiste : c'est le monde intérieur d'un être qu'il peint sur la toile.

3 ⇥ OBJECTIF : Comprendre des commentaires culturels à l'oral

Faire lire les questions *a* et *b*, puis passer l'enregistrement et faire répondre en grand groupe. Puis faire lire la question *c*, faire réécouter et faire répondre là encore en grand groupe.

CORRIGÉ : a) Le premier commentaire concerne le tableau de Matisse, le deuxième celui de Braque.

b) Le tableau de Matisse date de 1905, le peintre appartient au fauvisme. Le tableau de Braque date de 1925, le peintre appartient au cubisme.

c) 1. Le tableau de Matisse a fait scandale au Salon d'Automne de 1905, à cause des couleurs agressives employées par l'artiste pour peindre le visage de sa femme. Un critique a écrit qu'un « pot de couleur avait été jeté à la face du public ». On imagine donc le choc et la stupéfaction des spectateurs de l'époque. **2.** Le visage de Mme Matisse est peint en rouge, en vert et en jaune ; sa chevelure est de couleur brique, les plumes de son chapeau sont multicolores. Pour Matisse, le choix de ces couleurs est basé sur le sentiment, sur l'expérience de sa sensibilité. Dans le tableau de Braque, il y a une palette de bruns, de verts, de jaunes et de gris. Le linge est blanc et les raisins bleuâtres. Les couleurs jouent un rôle de second plan : ce qui importe pour l'artiste, c'est d'abord la structure et la construction des objets.

À cette étape, on peut faire faire l'activité 4, p. 102 du manuel, ainsi que le **Jeu du copiste**, à la même page. Cela permettrait de transférer à l'oral les acquis des activités précédentes (voir la préparation, p. 90 de ce guide).

4 et 5 ⇥ OBJECTIF : Échanger oralement sur le thème

Inviter les apprenants à échanger sur le thème et à confronter leurs opinions en grand groupe.

Trois citations

Étendre la discussion en invitant les apprenants à commenter les trois citations placées en exergue. Dire un mot de leurs auteurs, ou inviter les apprenants à parler d'eux, s'ils les connaissent.

Réponses possibles : « *L'art, c'est ce qui fait vivre.* » Romain Rolland (1866-1944) reçut le prix Nobel de littérature en 1915. Ses prises de position pacifistes en faveur de « *l'art pour l'art* » furent sévèrement jugées par les générations suivantes, en particulier par les existentialistes. La phrase signifie que l'artiste doit vivre rien que pour son art, sans trop se préoccuper des conflits sociaux.

« *Peindre signifie penser avec son pinceau.* » Paul Cézanne (1839-1906) est considéré comme l'un des pères du fauvisme, du cubisme et de l'abstraction. Son influence fut également immense auprès des impressionnistes. Ses tableaux se distinguent par la rigueur extrême de leur construction plastique. C'est la phrase d'un cérébral qui surveille chacune de ses sensations et contrôle les plus petits mouvements de son pinceau. Il peint comme d'autres font des mathématiques.

« *La culture, c'est ce qui reste quand on a tout oublié.* » Édouard Herriot (1872-1957), homme politique français. Il dirigea le Parti radical jusqu'à sa mort, qui mit un terme à ce mouvement. La phrase signifie que la vraie culture, ce n'est pas une leçon apprise par cœur, mais une synthèse de tout ce qu'on a lu, vu, senti, compris, entendu au cours de sa vie.

EGOQUIZ – VOUS ET LES ARTISTES FRANÇAIS

Faire lire la consigne et demander aux apprenants de répondre individuellement. Puis corriger en grand groupe, en récompensant ceux qui n'ont fait aucune faute.

CORRIGÉ : De gauche à droite, derrière : **1.** Léo Ferré (chanteur / *Avec le temps* / la chanson engagée) **2.** Jean Nouvel (architecte / L'Institut du monde arabe / l'architecture moderne) **3.** Hector Berlioz (compositeur / *La Symphonie fantastique* / le romantisme) **4.** Marguerite Duras (écrivain / *L'Amant* / le nouveau roman) **5.** Edgar Degas (peintre / *Danseuse ajustant son chausson* / l'impressionisme)

De gauche à droite, devant : **1.** François Truffaut (cinéaste / *Les 400 Coups* / la nouvelle vague) **2.** César Baldaccini (sculpteur / le trophée des César du cinéma / le nouveau réalisme)

■ POUR ALLER PLUS LOIN : L'œuvre de plusieurs de ces artistes peut donner lieu à une exploitation particulière. Si la classe dispose d'une télévision, il serait intéressant de passer un extrait des *400 Coups* (1959), ou de l'adaptation cinématographique de *L'Amant* (par Jean-Jacques Annaud, en 1992) ou encore d'un film de M. Duras *(Détruire, dit-elle (1969), India Song (1975), Son Nom de Venise dans Calcutta désert (1976))*. Le professeur pourrait aussi passer la chanson *Avec le temps* de Léo Ferré, dont le texte correspond parfaitement aux niveaux des élèves. On peut également proposer aux élèves d'élaborer un quiz sur les artistes de leur propre pays.

La vie au quotidien   pp. 94 et 95

1 ➔ OBJECTIF : Comprendre des affiches culturelles

Lire le titre de la p. 94, *Demandez le programme !*, et inviter les apprenants à imaginer qui peut prononcer cette phrase *(Les ouvreuses dans les salles de spectacle.)*. Puis placer les apprenants en binômes et les inviter à répondre à la question de la consigne. Vérifier les réponses en grand groupe.

➔ CORRIGÉ : De haut en bas et de gauche à droite : **1.** une affiche du théâtre Sudden pour la centième représentation du *Bourgeois gentilhomme* de Molière **2.** la couverture d'un livre de Josiane Balasko publié chez Fayard **3.** une affiche du cirque Plume pour un spectacle intitulé *Plic Ploc* **4.** une affiche du festival de guitare de Montpellier, Les Internationales de la Guitare

POINT INFO

Le théâtre Sudden se trouve à Paris, dans le XVIIIe.
Josiane Balasko est une actrice française très populaire *(Le Père Noël est une ordure, Gazon maudit...)*. Depuis quelques années, elle écrit également. *Parano Express*, son deuxième roman, raconte sur le mode fantaisiste l'histoire d'un homme ordinaire qui va tout perdre et tout regagner.
Le Cirque Plume est né en Franche-Comté, en 1984. Dans *Plic Ploc*, les comédiens imaginent que dans un monde en proie au dérèglement climatique, les climatiseurs se dérèglent à leur tour...

2 et 3 ➔ OBJECTIF : Comprendre des annonces culturelles à l'oral

Faire lire les consignes et procéder au nombre d'écoutes nécessaire. Les apprenants répondent individuellement. Un retour en grand groupe permettra de vérifier la compréhension.

➔ CORRIGÉ 2 : **a)** La première annonce se réfère au livre de Balasko, la deuxième à la pièce de Molière, la troisième au festival de guitare et la dernière au cirque.
b) Josiane Balasko est reçue dans un studio de France info. *Le Bourgeois gentilhomme* est donné dans la salle Molière. Le festival de guitare a lieu à l'hôtel de Magny, à Montpellier. *Plic Ploc* est produit sous le chapiteau du cirque de l'Imaginaire.

➔ CORRIGÉ 3 : *Parano express* : « passionnant et original » / *Le Bourgeois gentilhomme* : une pièce « divertissante et pleine d'images de notre temps » / Le festival de guitare : « une manifestation unique en Europe » / *Plic Ploc* : un « spectacle inoubliable »

4 ➔ OBJECTIF : Échanger oralement sur le thème

Placer les apprenants en binômes et les inviter à échanger oralement sur le thème en justifiant leurs réponses. Cette activité fera intervenir le vocabulaire du goût : *j'aime, je déteste, j'adore, j'ai horreur de, ça m'ennuie, ça me passionne, ça me laisse indifférent, je préfère, ce qui me plaît c'est...*

Comparer les opinions en grand groupe en procédant à un sondage d'opinion. *(On sort ce soir, où voulez-vous aller ?)* Enrichir la discussion à l'aide du **Point Info**, p. 94. Le faire lire et commenter en grand groupe en invitant les apprenants à échanger sur la situation culturelle dans leur pays. *(Chez vous, quels sont les monuments les plus visités ? Les gens vont-ils beaucoup au théâtre, au cinéma ? Lisent-ils beaucoup ?)*

■ **POUR ALLER PLUS LOIN :** Inviter les apprenants à présenter à la classe un spectacle récent qu'ils ont vu, un livre qu'ils ont lu, un concert auquel ils ont assisté. Ils devront dire ce qu'ils ont apprécié ou ce qui les a déçus dans cette œuvre et parler des auteurs (leur style, leur histoire). Informer les apprenants de cette activité quelques jours à l'avance, afin de leur laisser le temps de rassembler les informations et la documentation nécessaires.

5 et 6

➡ OBJECTIF : Comprendre une lettre personnelle sur un programme culturel

Dans un premier temps, faire repérer les origines de la lettre. *(Qui écrit ? Cécile et Martin. À qui ? À leurs amis Latifa et Helmut. D'où ? De Montpellier. Quand ? Le 25 juin.)* Puis faire lire la lettre en grand groupe et demander aux apprenants quel en est le motif.

➡ CORRIGÉ 5 : a) Un couple de Français invite des amis étrangers à une « *petite semaine culturelle à Montpellier* ».

Ensuite placer les apprenants en binômes et les inviter à répondre aux questions des deux activités. Corriger les réponses en grand groupe.

➡ CORRIGÉ 5 : b) évoque un spectacle de danse : dans le 2e § (« *La deuxième soirée* [...] *sous le charme.* ») / parle de monuments à visiter : dans la première moitié du 1er § (« *Pour les balades* [...] *l'un des plus beaux points de vue sur Montpellier.* ») / propose un spectacle de théâtre : dans le 3e § (« *Pour le dernier soir* [...] *vous ne le regretterez pas.* ») / exprime sa satisfaction de voir ses amis : la première phrase du 1er § (« *On est ravis que...* ») et les deux dernières phrases de la lettre (« *On vous attend avec impatience. À dans deux semaines.* ») / invite ses amis à un concert : dans la dernière partie du 1er § (« *Pour le soir, j'ai réservé des billets* [...] *On est sûrs que ça vous plaira !* »)

➡ CORRIGÉ 6 : – expressions pour proposer un programme : « *je vous propose de* » (1er §), « *on pourrait faire* » (1er §), « *on a prévu de vous emmener* » (1er §), « *pour le soir, j'ai réservé des billets* » (1er §), « *nous avons prévu d'aller voir* » (2e §), « *Pour le dernier soir, si ça vous tente, nous passerons la nuit* » (3e §)

– expressions pour donner envie de le suivre : « *ça tombe bien* » (1er §), « *pour vous imprégner un peu de l'atmosphère d'antan* » (1er §), « *on découvre l'un des plus beaux points de vue sur Montpellier* » (1er §), « *c'est l'un des musées les plus importants de France, il possède de belles collections, de quoi vous régaler* » (1er §), « *Elle a obtenu récemment une Victoire de la musique* [...] *C'est l'un des spectacles les plus originaux que je connaisse. La critique est unanime ! On est sûrs que ça vous plaira !* » (1er §), « *Je sais déjà que vous serez sous le charme !* » (2e §), « *un vrai défi ! Mais ça vaut le coup car c'est une grande fête du théâtre. La convivialité y est assurée, bien sûr. Vous dégusterez* [...] *vous ne le regretterez pas !* » (3e §)

Enfin prolonger cette activité à l'aide du vocabulaire contenu dans l'encadré *Stratégies pour proposer un programme à des amis dans une lettre.* Attirer l'attention des apprenants sur les modes à employer après les verbes introducteurs (*je suis ravi(e) que* + subjonctif / *je vous propose de* + infinitif / *c'est le plus beau spectacle que* + subjonctif / *je suis sûre que* + indicatif / *j'ai hâte de* + infinitif...).

7

➡ OBJECTIF : S'exprimer par écrit sur le thème

Faire lire la consigne en grand groupe et s'assurer de sa compréhension en demandant aux apprenants de la reformuler. Puis placer les élèves en binômes et les inviter à écrire le mél en réutilisant le vocabulaire vu dans les deux activités précédentes. Imposer un temps limite de 30 minutes et une longueur de 400 mots. Cette lettre peut aussi être donnée à faire en devoir à la maison.

Exemple de production :

De : Lukas et Eva	**À :** François et Marine

Objet : Votre séjour à Prague

Salut à tous les deux,
C'est super chouette que vous veniez, on vous attend avec impatience ! Voici le programme qu'on vous a concocté. Le premier soir, on se balade tous les quatre dans la ville, une bonne occasion pour Marine de faire des photos de Prague by night – le pont Charles, la Vieille Ville, sans oublier le Château, dont les portes sont ouvertes jusqu'à minuit. Vous verrez, c'est fantastique, il n'y a personne dans les ruelles à part quelques soldats en grand uniforme   .../...

.../...
qui vont rejoindre leur poste. Du pittoresque assuré ! Le lendemain vendredi, nouvelle balade dans la ville mais cette fois Eva emmène François aux studios Barrandov (où ont été tournées quelques-unes des plus grosses productions internationales de ces dernières années : *Amadeus*, *James Bond*, *Le Monde de Narnia*, *Mission Impossible*, etc., sans oublier *La Môme*, le dernier film sur Édith Piaf qui va bientôt sortir dans les cinémas), tandis que Marine et moi, on se fait un petit reportage photo sur les trams de Prague. Ma vieille, je t'ai organisé un voyage d'enfer avec une conductrice de mes amies, un truc qu'aucun touriste ne fait jamais ! Mais si tu préfères l'éternelle Prague de Kafka, avec un arrêt dans chacune des maisons que l'illustre écrivain a honoré de sa présence, tu n'hésites pas ! Le soir, on se retrouve au Théâtre National pour *La Fiancée vendue* de Smetana. Prévoyez costume et robe du soir : l'opéra en Tchéquie, ça ne plaisante pas ! Le troisième jour, alors là tenez-vous bien : si ça vous tente, François et Eva se font le musée d'Art moderne (avec l'impressionnante collection de Kahnweiler des plus grands peintres français de la fin du xixe et du début du xxe) et poursuivent (s'il leur reste des forces !) par une visite à la galerie nationale, tandis que Marine et moi on prend la voiture pour aller photographier Karlštejn et ses environs, à une trentaine de kilomètres de Prague. Forêts ténébreuses, tours fantômatiques émergeant du brouillard, tu ne regretteras pas le détour ! Et pour le soir, j'ai réservé quatre places pour une adaptation d'*Oblomov* au théâtre de Dejvicka. Ce sera en tchèque (relisez en vitesse le roman !) mais la critique est unanime : c'est carrément SUPERBE !!!
Si jamais ce programme ne vous convient pas, vous nous le dites et on peut toujours en changer.
On a hâte de vous voir. À dans un mois.
Eva et Lukas

Outils *pour...* ▐ pp. 96 et 97 ▌

FAIRE UNE INTERVIEW

➡ OBJECTIF : Comprendre l'interview écrite d'un musicien de rock

Dans un premier temps, faire décrire la photo du musicien en attirant l'attention des apprenants sur sa coiffure (censée être en forme de M). Questions possibles : *Il vous plaît ? Quel genre de musique interprète-t-il, d'après vous ?* Puis faire lire l'article silencieusement. Vérifier la compréhension globale et demander aux apprenants de répondre aux questions en grand groupe. Ensuite leur demander d'expliquer les deux jeux de mots contenus dans le titre. (*Retour* : M revient sur scène après une absence. *Re-Tour* : l'artiste vient de faire une nouvelle tournée de concerts pour enregistrer un album live. *M* : se prononce *aime*, mais c'est aussi l'initiale du prénom de l'artiste Mathieu. *M aime les tours.*) Enfin compléter les réponses de la question 2 à l'aide du tableau *Les mots pour poser des questions*.

➡ CORRIGÉ 1 : **1.** M est le double imaginaire de Mathieu Chedid, le fils du musicien Louis Chedid. C'est un « *personnage décalé* » qui a osé « *se lancer dans la chanson* ». – **2.** Il est interviewé à l'occasion de la sortie de son deuxième double album live. – **3.** Faire évoluer son personnage de scène et revenir à l'essentiel en évitant les artifices. – **4.** Parce qu'il le connaît, parce qu'ils ont le même âge, parce que dans le milieu du rock, le vouvoiement paraîtrait ringard.

➡ CORRIGÉ 2 : – un fait précis, un événement : « *Combien de temps ça a pris, ce travail d'enregistrement ?* »
– une explication : « *Tu en parles pourtant assez souvent ? Pourquoi ?* »
– une opinion : « *Que penses-tu de ton personnage, M ?* »

⬤ POINT INFO

Mathieu Chedid (né en 1971) sort en mars 1997 un premier album, *Le Baptême*, dont l'une des chansons, *Machistador*, est un énorme succès. En 2000, il remporte les prix du Meilleur spectacle musical et de l'Artiste-Interprète de l'année aux Victoires de la Musique. Son père, Louis Chedid, est également chanteur. Sa grand-mère, Andrée Chedid, est écrivaine.
Pour Alain Souchon, voir le Dossier 7, p. 108 du manuel.

3

Point **Langue** › L'INTERROGATION (1)

Ce Point Langue revient sur les trois manières de construire une phrase interrogative. Faire relire les questions du journaliste pour la question *a* puis faire faire la question *b* et les exercices 1 et 2. Les apprenants répondent individuellement. Corriger les réponses en grand groupe. Amener les apprenants à comprendre que chacune de ces trois constructions correspond à un niveau de langue. Question avec « est-ce que » : français standard. Question avec l'inversion du sujet : français soutenu. Question reposant uniquement sur l'intonation : français familier.

➜ **Corrigé : a)** Question avec *est-ce que* : « Qu'est-ce qui te pousse à enregistrer ces albums live ? » / Question reposant uniquement sur l'intonation : « Combien de temps ça a pris, ce travail d'enregistrement ? » / Question avec l'inversion du sujet : « Que penses-tu de ton personnage, M ? »
b) Tu fais quoi après un concert ? → Que fais-tu après un concert ? / Qu'est-ce que tu fais après un concert ? – Pourquoi n'avez-vous pas fait d'album depuis deux ans ? → Pourquoi est-ce que vous n'avez pas fait d'album depuis deux ans ? / Pourquoi vous n'avez pas fait d'album depuis deux ans ? – Pensez-vous arrêter la musique un jour ? → Est-ce que vous pensez arrêter la musique un jour ? / Vous pensez arrêter la musique un jour ? – Combien de temps tu mets pour écrire une chanson ? → Combien de temps est-ce que tu mets pour écrire une chanson ? / Combien de temps mets-tu pour écrire une chanson ?

S'EXERCER n⁰ˢ 1 et 2 **Corrigé ▶ p. 84**

À cette étape, on peut inviter les apprenants à faire les activités 1, 2 et 3 p. 102 du manuel, puisqu'elles font travailler sur l'intonation (voir la préparation, pp. 89-90 de ce guide).

4 ➜ OBJECTIF : Répondre à un quiz

Placer les apprenants en binômes et les inviter à se poser les questions à l'oral. Il est important en effet qu'ils ne se contentent pas de lire les questions et d'y répondre : il s'agit aussi d'un exercice de prononciation accompagnant les deux Points Langue de la double page.

5 ➜ OBJECTIF : Faire un quiz en classe à partir de questions imaginées par les apprenants

Placer les apprenants en petits groupes de trois ou quatre personnes, de profils différents si possible (âge, sexe, personnalité...) et leur proposer d'imaginer cinq questions de culture générale, par groupes, en utilisant l'inversion. Les questions devront toucher des domaines susceptibles d'être connus de tous. Imposer un temps limite d'une dizaine de minutes. Puis faire lire les questions en grand groupe en procédant comme dans un jeu télévisé, avec le professeur ou un élève dans le rôle du présentateur. Le groupe qui a posé les questions les plus difficiles (ou celui qui a répondu au plus grand nombre de questions) a gagné. L'objectif est d'entraîner à la créativité, à la reformulation et à la synthèse.

6

Point **Langue** › L'INTERROGATION (2)

Faire relire les questions du test et faire répondre en grand groupe aux questions *a* et *b*. Faire faire le quiz du S'exercer 3 en binômes. Un retour en grand groupe permettra de décider quel est l'élève le plus cultivé de la classe, ou le plus chanceux.

➜ **Corrigé : a)** On fait la question en répétant le nom par un pronom sujet. Quand le verbe se termine par une voyelle, on utilise un « t » dit « euphonique » pour éviter le hiatus.
b) Avez-vous un bon score ? Les questions sont-elles difficiles ?
Votre voisin(e) a-t-il/elle eu un meilleur score que vous ?

S'EXERCER n⁰ 3 **Corrigé ▶ p. 84**

1. a. Pourquoi avez-vous choisi un fait divers pour faire un roman ? – **b.** Comment vous êtes-vous documenté ? **c.** Est-ce facile de choisir des personnages si différents de soi ? – **d.** Êtes-vous ému par vos personnages ? – **e.** N'avez-vous pas l'impression de leur voler une partie de leur vie ? – **f.** Combien de personnages importants y a-t-il dans votre roman ?
2. Réponses possibles : **a.** « À quelle heure vous levez-vous, les jours de concert ? » (fait précis) – **b.** « Est-il vrai que le vin améliore la voix ? » (explication) – **c.** Pourquoi refusez-vous toujours de manger avec le reste de la troupe ? (explication) – **d.** Quel est votre secret pour conserver cette brillance vocale ? (fait précis) – **e.** Que ressent-on quand le rideau tombe ? (explication) – **f.** On dit que vous aimez particulièrement chanter à Vienne... (opinion) – **g.** Et votre rêve ? (fait précis)
3. a. Le « héros européen de l'année 2005 » est-il l'actrice Sophie Marceau, le chanteur Elton John ou le footballeur Thierry Henry ? – **b.** Dans quel pays le basket-ball a-t-il été inventé : en France, aux États-Unis ou en Italie ? – **c.** Les animaux voient-ils les couleurs comme les hommes ? – **d.** À quel pays l'île de la Réunion appartient-elle ? – **e.** Dans quel pays le Rhône prend-il sa source : l'Italie, l'Allemagne ou la Suisse ? – **f.** Quelle proportion du territoire la forêt occupe-t-elle en France ? – **g.** De quel continent la pomme de terre est-elle originaire ? – **h.** Par qui la pyramide du Louvre a-t-elle été construite ?

Points de vue sur... pp. 98 et 99

➡ OBJECTIF : Comprendre un micro-trottoir sur un film

Laisser pour la suite le titre de la double page *(La critique est facile mais l'art est difficile.)* Livres fermés, annoncer aux apprenants qu'ils vont écouter un micro-trottoir réalisé à la sortie d'un cinéma, puis passer l'enregistrement une première fois et faire un tour de table pour s'assurer de la compréhension globale. *(Quel est le titre du film ? De quoi parle-t-il ? Les spectateurs l'ont-ils apprécié ? Tous ?)* Ensuite demander aux apprenants de prendre individuellement des notes sur ce que les gens ont aimé et repasser l'enregistrement, en le fractionnant si besoin. Corriger en grand groupe.

➡ CORRIGÉ : La première personne : C'est bien de commémorer le souvenir de ces combattants, de remettre les pendules à l'heure, de montrer cette part de l'histoire. La deuxième personne : Ça permet de mieux comprendre ce qui s'est réellement passé à l'époque. La troisième personne : Il est bien temps de faire connaître la vérité sur cette guerre qui a été particulièrement affreuse pour les Africains. La quatrième personne : D'abord c'est un beau film et puis c'est un film utile, puisque grâce à lui, le gouvernement va recommencer à payer les pensions de guerre gelées en 1959. La cinquième personne : C'est un film qui a le mérite de rappeler aux jeunes générations des choses qu'on a tendance à oublier.

POINT INFO

Le film *Indigènes*, de Rachid Bouchareb (2006), raconte le parcours de quatre soldats d'Afrique du Nord envoyés en première ligne pendant la Seconde Guerre mondiale. Deux personnalités fortes se détachent du groupe : le personnage joué par Jamel Debbouze, un immigré entièrement dévoué à ses maîtres français, et celui joué par Sami Bouajla, un sous-officier qui essaie de défendre ses hommes face aux brimades et aux injustices de l'armée française.
La guerre d'Algérie (1954-1962) opposa le Front de libération nationale (FLN) au gouvernement français de l'époque. Rappelé au pouvoir en mai 1958, le général de Gaulle pratiqua une politique de modération qui conduisit à la signature de la paix, le 18 mars 1962, à Évian. Le 1er juillet de la même année, l'Algérie choisit l'indépendance par référendum. Cette guerre a laissé de profondes cicatrices en France et en Algérie.

2 ➡ OBJECTIF : Lire et commenter des critiques culturelles

Faire lire les deux critiques en grand groupe et s'assurer de la compréhension du vocabulaire. Puis placer les apprenants en binômes et leur demander d'échanger sur le thème : *Quel spectacle iriez-vous voir et pourquoi ?*

➡ CORRIGÉ : Réponse libre.

3 ➡ OBJECTIF : Repérer le vocabulaire de la critique

Placer les apprenants en binômes et leur demander de relire les deux critiques en complétant le tableau. Réunir les réponses en grand groupe. Enfin enrichir ce vocabulaire à l'aide du tableau *Les mots pour donner son avis sur une œuvre*, mots que les apprenants classeront également en critiques positives et négatives.

➡ CORRIGÉ :

L'Avare, commentaires positifs	*Magritte, commentaires négatifs*
– une version dynamique, subtile et inattendue sur le plan du jeu corporel – la mise en scène éclate, sautille, virevolte – le décor n'encombre pas le plateau – tout est parfaitement réglé et cette rigueur donne une impression de décontraction – le talent de cette troupe débordant d'enthousiasme – c'est très bien orchestré au niveau de l'image	– le trop grand nombre de tableaux accrochés dans cet espace – les bruits inopportuns issus du café de la galerie – la qualité inégale de l'éclairage – aucune comparaison possible avec la très belle exposition surréaliste du centre Beaubourg
L'Avare, commentaires négatifs	*Magritte, commentaires positifs*
Aucun	L'exposition parvient à présenter adroitement l'ensemble de l'œuvre.

4 ➡ OBJECTIF : Transférer à l'écrit les acquis des activités précédentes

Faire lire la consigne et s'assurer de sa compréhension, puis placer les apprenants en binômes et leur demander d'écrire une critique d'environ 120 mots en réemployant le vocabulaire de la page et en imitant le style d'une des deux critiques. Imposer un temps limite de 15 minutes. Faire lire quelques productions en grand groupe.

Exemple de production :

> **La galerie du Nouveau Monde rend hommage à Egon Schiele (1890-1918), poète maudit de l'expressionnisme autrichien**
>
> Magistrale, grandiose, superbe ! La critique est unanime : il faut courir voir la rétrospective Schiele à la galerie du Nouveau Monde ! La sélection des œuvres de jeunesse soulignent habilement l'influence décisive de Gustav Klimt et de l'art nouveau sur le peintre. De brèves notices aident à identifier les modèles et à comprendre les enjeux de l'époque, sans rien de pompeux ni d'ennuyeux. Les toiles de la maturité sont exposées avec une intelligence parfaite de l'œuvre, et pourtant quel défi cela a dû être de juxtaposer ces explosions de couleurs, cette violence de formes et de sentiments. Un grand bravo au Nouveau Monde !

5 ➡ OBJECTIF : Comprendre une émission culturelle

Faire lire la consigne et inviter les apprenants à y répondre individuellement. Corriger en grand groupe.

➡ CORRIGÉ : **1.** *Les Nuits blanches* **2.** *Le Marin* **3.** *Les Vies courtes* **4.** *Filomena Marturano*

6 et 7 ➡ OBJECTIF : Approfondir la compréhension de l'émission

Faire lire les consignes et inviter les apprenants à y répondre individuellement. Repasser l'enregistrement autant de fois que nécessaire, au besoin en le fragmentant. Corriger en grand groupe. Enfin récapituler et compléter le vocabulaire à l'aide de l'encadré *Stratégies pour participer à un débat*.

➡ CORRIGÉ 6 :

	Critiques positives	Critiques négatives
Les vies courtes	C'est plein de musique et de danse, c'est grave et c'est charmant.	Aucune
Les Nuits blanches	L'acteur est formidable. Je renouvelle mon admiration pour l'acteur.	Trop compliqué. L'acteur n'est pas fait pour la mise en scène. La vidéo est totalement inutile. Un spectacle purement cérébral, pas très intéressant.
Filomena Marturano	Il faut aller voir ce spectacle. Je ne crains pas de vous le dire, c'est beaucoup mieux qu'au cinéma. L'actrice est absolument éblouissante, royale et meilleure que Sofia Loren, cent fois ! C'est un spectacle extrêmement réjouissant. C'est un spectacle très drôle, tragique, grandiose et magnifique, que je recommande à tous nos auditeurs.	Je suis beaucoup moins enthousiaste. C'est un spectacle sympathique, sans plus. Je ne trouve pas que ce spectacle soit meilleur que le film, c'est plutôt le contraire.
Le Marin	Ce très très très grand écrivain portugais qu'est Fernando Pessoa. Moi, je trouve ça intéressant... C'est presque religieux. Le langage de Pessoa est extraordinaire. C'est très beau à entendre et à regarder.	Fuyez ! Dormez ! Si on veut brouiller les gens avec le théâtre, on leur montre ça, et ils n'y retournent jamais.

➡ CORRIGÉ 7 : – introduire le sujet : bienvenue en public au studio [...] pour notre émission [...] consacrée ce soir à [...] / nous allons commencer par ce spectacle [...] / Un mot rapidement maintenant de [...] / Par quoi vais-je commencer ? Je vais commencer par [...]

– donner la parole : X, vous la conseillez ? / Et vous, Y, qu'est-ce que vous en pensez ? / Z, vous avez la parole. / Franchement, je préfère que vous en disiez un mot rapidement vous-même, X. / Y ? / Z ? / Eh bien, on va faire un premier tour de table avec X. / Y, un spectacle à conseiller ?

– couper la parole : Je suis désolé de vous interrompre mais [...] / Laissez-moi finir !

– s'opposer à un argument : Si vous le permettez... Je crois qu'il faut dire la vérité. / Écoutez, moi, je ne suis pas du tout de cet avis. / Pour ma part, je suis beaucoup moins enthousiaste que [...] / Mais non, voyons, vous ne pouvez pas dire ça !

→ OBJECTIF : Participer à un débat critique

Faire lire la consigne en grand groupe et s'assurer de sa compréhension en demandant aux apprenants de la reformuler. Puis diviser la classe en groupes de trois personnes, de profils différents si possible (âge, sexe, personnalité...) et leur proposer d'échanger oralement sur le thème. Dans un premier temps, inviter les apprenants à choisir un spectacle qu'ils ont tous vu (film, pièce de théâtre, exposition, concert...) puis les amener à choisir un rôle dans le débat (animateur, critique pour, critique contre). Il vaut mieux qu'ils défendent leur opinion véritable mais on peut très bien imaginer aussi qu'ils choisissent arbitrairement d'être pour ou contre. L'objectif est de réemployer à l'oral *Les stratégies pour participer à un débat*. Imposer un temps limite de trois ou quatre minutes : c'est une émission de radio, cela doit être très dynamique. Une disposition des chaises en triangle facilitera l'échange. Enfin en grand groupe, récapituler en demandant aux apprenants de formuler les difficultés qu'ils ont rencontrées pour faire entendre leur avis. Ce sera l'occasion de les inviter à réfléchir et à débattre en grand groupe sur le titre de la leçon : « La critique est facile mais l'art est difficile. » *Qu'est-ce que cela veut dire ? (Il est plus facile de critiquer le travail des autres que de le faire soi-même.) En avez-vous fait l'expérience ? Comment se défendre dans ces cas-là ?*

→ OBJECTIF : Donner son avis sur une œuvre d'art moderne

Faire identifier l'objet de la photo *(un urinoir)* puis faire lire la citation et inviter les apprenants à la commenter en grand groupe et à donner leur avis.
Réponse possible : Cette phrase de Marcel Duchamp pousse à l'extrême une vérité fondamentale de l'art. Quand Rembrandt peint un soldat ou Le Caravage un cadavre, ils décident d'en faire des œuvres d'art. Le travail des artistes réside dans cette appropriation et dans cette transfiguration de l'ordinaire. Aucun objet, aucun personnage, n'est indigne de leur attention. Réponse libre en ce qui concerne l'avis.

POINT INFO

Marcel Duchamp (1887-1968), artiste français naturalisé américain, est l'inventeur des *ready-made*, objets de la vie quotidienne ironiquement baptisés œuvres d'art. Ses prises de positions « anti-arts » ont inspiré le pop art et l'art conceptuel.

→ OBJECTIF : Transférer les acquis en critiquant des formes d'expression artistique

Faire lire la consigne en grand groupe et s'assurer de sa compréhension. Puis placer les apprenants en groupes de trois personnes, de profils différents si possible (âge, sexe, personnalité...) et leur proposer d'échanger oralement sur le thème. Inviter chacun à choisir un ou deux des exemples énoncés, puis à réfléchir quelques minutes pour rassembler ses arguments pour ou contre. Les apprenants devront donc réutiliser le vocabulaire de la critique vu dans les activités 3 et 6, ainsi que dans le tableau *Les mots pour donner son avis sur une œuvre*, p. 98.
Réponses libres.

Outils *pour...* `pp. 100 et 101`

DONNER SES IMPRESSIONS

1 → OBJECTIF : Analyser des critiques à l'écrit

Dans un premier temps, faire décrire en grand groupe les deux affiches *(Comment s'intitule la pièce de théâtre ? Où se joue-t-elle ? Comment s'appelle le metteur en scène ? Et les acteurs ?...)*. Faire lire la consigne, puis placer les apprenants en binômes et les inviter à répondre aux questions. Corriger en grand groupe.

→ CORRIGÉ : a) et **b)**

Comment ça va, moi ?	Sur des chemins plus escarpés
Les acteurs jouent prodigieusement bien ! (+)	Les acteurs jouent prodigieusement bien ! (+)
C'est un spectacle qu'il ne faut absolument pas manquer. (+)	C'est un spectacle qu'il ne faut absolument pas manquer. (+)
Seul le rôle principal est relativement bien interprété. (+/−)	Seul le rôle principal est relativement bien interprété. (+/−)
La scène est insuffisamment éclairée. (−)	
Les spectateurs ont abondamment applaudi. (+)	.../...

.../...

Comment ça va, moi ?	Sur des chemins plus escarpés
Les décors ont été savamment fabriqués à partir de rouleaux de papier. (+)	Les décors ont été savamment fabriqués à partir de rouleaux de papier. (+)
La pièce est extrêmement réjouissante. (+)	Les scènes se succèdent brillamment. (+)
Les scènes se succèdent brillamment. (+)	Les effets spéciaux sont particulièrement ratés. (-)
Le metteur en scène a intelligemment dirigé ses acteurs. (+) [le metteur en scène travaille au théâtre, le réalisateur au cinéma]	L'histoire se traîne lamentablement. (−)
L'histoire se traîne lamentablement. (−)	Le scénario a unanimement déçu la critique.(−)

c) éléments sujets à critique : les acteurs, le spectacle, la scène, les décors, la pièce, les scènes, le metteur en scène, l'histoire, les effets spéciaux, le scénario.

2

Point **Langue** › LES ADVERBES DE MANIÈRE

Demander aux apprenants de relire les critiques et d'y relever les adverbes. Faire répondre aux questions **a, b, c** en grand groupe, puis faire faire les S'exercer nᵒˢ 1 et 2 individuellement. Corriger en grand groupe.

➡ **Corrigé : a)** adverbes en *-ment* : prodigieusement, absolument, relativement, extrêmement, particulièrement, lamentablement, unanimement.
adverbes en *-mment* : intelligemment
adverbes en *-amment* : insuffisamment, abondamment, savamment, brillamment

b) Règle pour les adverbes en *-ment* : Quand l'adjectif se termine par une consonne (prodigieux) ou un *e* muet (extrême), l'adverbe se forme sur le féminin de l'adjectif. *Ex. :* prodigieux / prodigieuse → prodigieusement ; extrême / extrême → extrêmement. Quand l'adjectif se termine en *u*, l'adverbe se forme sur le masculin de l'adjectif. *Ex. :* absolu → absolument ; prétendu → prétendument. (Le professeur invitera les élèves à consulter le tableau de la p. 174 pour compléter la règle.)
Règle pour les adverbes en *-mment* : Ils se forment sur les adjectifs qui se terminent par *-ent*. On remplace le suffixe de l'adjectif par *-mment*. *Ex. :* Intelligent → intelligemment ; indifférent → indifféremment ; prudent → prudemment.
Règle pour les adverbes en *-amment* : Ils se forment sur les adjectifs qui se terminent par *-ant*. On remplace le suffixe de l'adjectif par *-amment*. *Ex. :* abondant → abondamment ; insuffisant → insuffisamment.

c) ... après le verbe conjugué à un temps simple.
... entre l'auxiliaire et le participe passé à un temps composé.
... devant l'adjectif.

S'EXERCER nᵒˢ 1 et 2 **Corrigé** ▶ p. 89

3
4
et
5

➡ OBJECTIF : Comprendre un échange oral sur des spectacles

Passer l'enregistrement une première fois et demander au groupe d'identifier la situation. Puis faire réécouter autant de fois que nécessaire et faire répondre individuellement. Corriger les réponses en grand groupe.

➡ CORRIGÉ 3 : Une jeune fille, Marine, reçoit sa grand-mère ; elle téléphone à un ami, Sébastien, pour lui demander quel spectacle conviendrait à une vieille dame.

➡ CORRIGÉ 4 : Marine choisit *Quand j'étais chanteur*.

Titre	Conseillé	Arguments
Da Vinci Code	non	C'est le film le plus mou que j'aie jamais vu et les comédiens sont très mauvais.
Quand j'étais chanteur	oui	C'est un des films les plus émouvants que j'aie vus ces temps-ci. Cela pourrait plaire à ta grand-mère. Moi, ça m'a bien plu.
Les Misérables	oui	C'est très pêchu *[avoir la pêche : être en grande forme]* avec une belle mise en scène classique. C'est un des rares spectacles qui soit au profit d'une œuvre de bienfaisance.
Dis à ma fille que je pars en voyage	oui	J'en suis sorti complètement bouleversé.

▷ **CORRIGÉ 5** : expression de l'intérêt : « J'ai plutôt envie d'aller voir *Quand j'étais chanteur*. Ça a l'air bien et en plus je suis sûre que ça va plaire à mamie. » – expression du désintérêt : « Excuse-moi, mais là ça ne me dit rien du tout. Le thème ne me tente pas trop. »

▷ **OBJECTIF** : Faire repérer et réemployer le subjonctif dans les relatives, dans les superlatives et dans les expressions de l'exception

Demander aux apprenants de repérer les subjonctifs dans le dialogue entre Marine et Sébastien. Puis faire faire le Point Langue 7 en grand groupe. Enfin revenir à l'activité 6 en plaçant les apprenants en binômes et en les invitant à faire des phrases sur les exemples de la consigne, exemples qu'ils pourront modifier s'ils ne connaissent pas les spectacles proposés. Corriger les productions en grand groupe.

Réponses possibles : *Titanic* est le film le plus cher qui ait été produit par Hollywood. *Les Misérables* est la comédie musicale la moins ennuyeuse que j'aie jamais vue. *Amélie Poulain* est le seul film français qui ait eu du succès dans mon pays. Les films de Hitchcock sont les uniques films d'angoisse qui vieillissent bien. *James Bond 007* est le premier film d'espionnage que l'Angleterre ait produit...

Point **Langue** ▷ LE SUBJONCTIF DANS LES RELATIVES

Faire lire les exemples et faire répondre aux questions en grand groupe.

▷ **Corrigé** : Quand la relative contient une nuance de souhait ou de doute, on emploie le subjonctif. *(Il faudrait quelque chose qui ne soit pas trop violent...)* Quand on veut insister sur la réalité de l'affirmation, on emploie l'indicatif. *(Je connais une pièce qui lui plaira.)*

▷ LE SUBJONCTIF POUR INSISTER SUR L'EXCEPTION

Faire lire les exemples et faire répondre aux questions en grand groupe. Le S'exercer 3 permettra de systématiser la règle.

▷ **Corrigé** : On emploie le subjonctif dans les relatives qui suivent un superlatif *(C' est le film le plus mou que j' aie jamais vu)* ou une expression de l'exception *(C' est le seul spectacle qui soit...).*

S'EXERCER n° 3 ➔ **Corrigé** ▶ p. 89

S'EXERCER – CORRIGÉ

1. a. Je suis totalement choqué par les critiques. – **b.** Je les ai pratiquement tous vus. – **c.** *Le Grand Bleu* est vraiment le film que je préfère. – **d.** C'est le seul acteur qui soit parfaitement en accord avec son personnage. – **e.** Ce comédien a brillamment tenu son rôle.

2. a. Ce film évoque très finement... – **b.** On attend impatiemment... – **c.** les acteurs ont monté élégamment... – **d.** Les critiques ont jugé différemment... / Les critiques ont différemment jugé... – **e.** Le réalisateur [...] parlait couramment...

3. a. corresponde – **b.** puisse – **c.** ait eu – **d.** aie entendu – **e.** ne me sois pas endormi – **f.** ait exposés

---

Paroles en scène... 📄 p. 102

Sur tous les tons

1 et 2 ▷ **OBJECTIF** : Discriminer à l'oral l'interrogation et l'étonnement

Passer l'enregistrement autant de fois que nécessaire, en le fractionnant si besoin, et demander aux apprenants de discriminer l'interrogation et l'étonnement, puis de modifier la lecture des phrases. Pour l'interrogation, la voix monte sur le(s) mot(s) interrogatif(s) placé(s) en début (*À quel âge*...) ou en milieu de phrase (*Vous mettez combien de temps...*) et, plus légèrement, sur la finale (*... à peindre ?*). Quand il n'y a pas de mot interrogatif, la voix monte régulièrement jusqu'à la finale, avec une insistance marquée sur la dernière syllabe *(Vous peignez pour vous détendre ?)*. Pour l'étonnement, la voix met en relief le mot le plus important de la phrase *(Vous peignez pour vous détendre ?)* et monte fortement sur la finale. Pour l'activité 2, le professeur fera remarquer que tous les exemples de l'enregistrement peuvent être lus indifféremment comme des interrogations ou des étonnements. Faire cet exercice en grand groupe ou en binômes.

➥ CORRIGÉ : **1.** interrogation **2.** interrogation **3.** étonnement **4.** interrogation **5.** étonnement **6.** interrogation **7.** étonnement

Mise en scène

3 ➥ OBJECTIF : Jouer un dialogue de film

Dans un premier temps, présenter rapidement Claude Lelouch et son premier succès au cinéma, *Un homme et une femme* (cf. **Point Info** ci-dessous). Puis faire lire la scène d'un ton neutre par deux apprenants, pour une première compréhension globale. Ensuite faire repérer en grand groupe les répliques qui peuvent prêter à des lectures différentes, entre l'interrogation et l'étonnement (« *Vous avez entendu parler du sculpteur Giacometti ?* [...] *C'est vrai ?* »). On fera remarquer que dans le film, les personnages marchent sur une plage et se déplacent dans une sorte de rêve, ce qui transparaît dans les dialogues : nombreux points de suspension (« *C'est beau..., hein..., cet homme avec son chien...* »), phrase inachevée (« *Oh, oui, j'ai trouvé très beau.* »), nombreux superlatifs (très beau (deux fois), extraordinaire, merveilleux).

⬤ POINT INFO

Claude Lelouch (1937) a été longtemps le cinéaste le plus haï et le plus aimé de France. Sa technique se caractérise par une caméra légère et très mobile et par la spontanéité des comédiens. Même s'il n'appartient à aucune école, ses films ont plus d'un point commun avec le courant de la nouvelle vague. *Un homme et une femme* reçut deux Oscars et la Palme d'or au Festival de Cannes en 1966.

---

4 ➥ OBJECTIF : Improviser un jeu de rôle sur la vente d'un objet d'art

Faire lire la consigne en grand groupe et s'assurer de sa compréhension. Puis diviser la classe en groupes de trois et demander aux apprenants de jouer la scène en réutilisant le vocabulaire de la page 93 *(Les mots pour décrire un tableau)*, ainsi que celui de la page 77, du Dossier 5 *(Les mots pour défendre, s'opposer et s'engager)*.

JEU DU COPISTE : Placer les apprenants en binômes et leur annoncer qu'ils vont avoir à dessiner une œuvre d'art. Livres fermés, lire la consigne puis autoriser un apprenant dans chaque binôme à ouvrir son livre, qu'il maintiendra hors de la vue de son camarade. Inutile de savoir dessiner comme Michel-Ange pour faire cette activité : pour ceux qui n'ont aucun talent de peintre, le but sera avant tout de reproduire des espaces et des volumes, et donc, en quelque sorte, de donner une version cubiste de ces deux toiles. Celui qui décrit l'œuvre devra réutiliser *Les mots pour décrire un tableau* (p. 93) et celui qui dessine devra l'interroger pour compléter les explications. Enfin les apprenants pourront critiquer leur travail à l'aide des *Mots pour faire des éloges et des reproches* (p. 17) au cours d'une exposition en grand groupe.

À vos créations ! `p. 103`

➥ OBJECTIF : Réaliser un supplément pour un magazine culturel

Dans un premier temps, inviter les apprenants à présenter différentes revues d'art, françaises ou étrangères. Il serait intéressant qu'ils apportent des exemplaires de ces revues pour les montrer à leurs camarades. Les prévenir donc quelques jours à l'avance de la tenue de cette activité (De son côté, le professeur pourra apporter des magazines français : *La Quinzaine littéraire, Mouvement, Les Inrockuptibles, Les Cahiers du cinéma...*). Faire lire ensuite les consignes, ainsi que les points de l'**Autoévaluation**, et s'assurer de leur compréhension en demandant aux apprenants de les reformuler. Comme il va s'agir de créer un supplément d'un magazine culturel, l'aspect esthétique devra être particulièrement soigné. Là encore donc, prévenir les élèves quelques jours à l'avance pour qu'ils apportent le matériel nécessaire et les renseignements biographiques précis sur l'artiste dont ils vont parler... Puis placer les apprenants en petits groupes de trois ou quatre personnes, de profils différents si possible (âge, sexe, personnalité...) et leur proposer d'échanger sur le thème oralement puis par écrit. Chaque apprenant pourra proposer un artiste ; le groupe se mettra ensuite d'accord sur un nom. Il existe l'autre solution d'une « Foire aux artistes » en grand groupe, ce qui permettrait aux apprenants de se réunir par affinités. (Par exemple : *Qui veut parler avec moi de X ? J'ai des photos de lui et des renseignements passionnants sur sa vie et sur son œuvre !*) L'interview imaginaire peut se faire sur le modèle de l'article *Le Re-Tour de M*, p. 96. Dans cette interview, les apprenants devront réutiliser les trois manières de construire une phrase interrogative et les trois étapes d'une interview (questions sur des faits précis, pour demander l'opinion, pour obtenir des explications) (Points Langue 3 et 6, pp. 96 et 97). L'objectif est d'entraîner à la créativité, à la reformulation et à la synthèse.

Imposer un temps limite (45 minutes devraient suffire, si les apprenants disposent du matériel nécessaire).

Au cours suivant, après correction par le professeur, procéder à une exposition des différents suppléments et inviter les apprenants à voter pour le meilleur. (Interdiction de voter pour son propre groupe.) Le groupe gagnant reçoit un prix.

● POINT INFO

La FIAC (Foire internationale d'art contemporain) est présente dans la capitale française depuis 1974, chaque année en octobre. Les artistes exposent leurs œuvres au Grand Palais, dans la cour Carrée du Louvre et au Jardin des Tuileries. (Ils exposaient autrefois porte de Versailles.)

Le Prix Goncourt, décerné le 3 novembre de chaque année, est le prix littéraire le plus prestigieux de France. Il a été créé par le testament d'Edmond de Goncourt, en 1896, pour récompenser « le meilleur ouvrage d'imagination en prose, paru dans l'année ».

BILAN pp. 104 et 105

La partie écrite du BILAN peut être donnée à faire à la maison sous forme de devoir, tandis que la partie orale sera traitée en classe. On peut également présenter ce bilan sous forme d'examen écrit, à faire donc en classe, puisqu'il s'agit d'une épreuve de type DELF niveau B1.

Compréhension écrite

Demander aux élèves de lire attentivement l'article et de répondre aux questions. Temps limite : 15 minutes. Interdire l'usage du dictionnaire. À la fin de l'épreuve, revenir sur le texte et inviter les apprenants à signaler les difficultés rencontrées.

▶ CORRIGÉ : **1.** C'est un film psychologique. – **2.** Il illustre le passage à l'âge adulte. – **3.** sensible, subtil, crédible, bien joué. – **4.** « [...] *les spectateurs – parents ou enfants – n'auront pas de mal à se retrouver* [dans ces situations de tous les jours] » – **5.** une expression du texte montrant que l'histoire est assez compliquée : « *ce film faussement simple* » ; une expression montrant que l'histoire sonne « vrai » : « *On y croit.* »

Expression écrite

Faire travailler les apprenants individuellement. Leur faire lire la consigne et leur donner comme limite de temps 20 minutes. Insister sur le nombre de mots à respecter : 150 mots (± 10 %). Pour l'évaluation, voir grille ci-après.

Exemple de production :

> *Apocalipto*, **de Mel Gibson**
> Malgré tout ce que vous pourrez entendre sur Mel Gibson, je vous conseille d'aller voir son dernier film, *Apocalypto*. C'est le meilleur film que j'aie vu cette année ! Ça raconte l'histoire d'un jeune Amérindien qui vit tranquillement dans la jungle. Un jour son village est attaqué et il est emmené avec d'autres pour être offert en sacrifice au dieu Soleil. Pendant ce temps, sa femme enceinte et son jeune fils sont cachés dans un grand trou, mais ils ne peuvent pas en sortir seuls et avec les pluies qui arrivent, ils risquent de mourir noyés... Je ne vous dis pas le suspense ! Les acteurs sont excellents, les décors magnifiques et la réalisation très maîtrisée. On a vraiment l'impression d'y être ! Un seul reproche : l'histoire est trop longue de 15 ou 20 minutes. Autrement j'ai adoré. Bravo Mel !

EXPRESSION ÉCRITE	10 points
Adéquation au sujet	**5 points**
Capacité à présenter un spectacle	3
Capacité à en faire la critique	2
Lisibilité de la production	**1 point**
Cohérence et enchaînements	1
Compétence linguistique	**4 points**
Exactitude de la syntaxe	2,5
Richesse et adaptation du lexique	1,5

Compréhension orale

Faire lire la consigne ainsi que les questions puis procéder à une première écoute de compréhension globale. Repasser l'interview pour permettre aux apprenants de compléter leurs réponses. Corriger en grand groupe, en procédant à une réécoute.

➜ CORRIGÉ : Premiers enregistrements : à l'âge de quatorze ans et de seize ans.

Projet immédiat : elle va chanter en direct dans une émission de télévision.

Qualité principale : elle est persévérante.

Défaut principal : elle doute trop d'elle-même.

A commencé à apprendre vraiment son métier au théâtre.

La clé de son travail de comédienne : « Plus on travaille une scène, plus on devient spontané. »

Ses références au cinéma et en musique : Ses modèles sont surtout des femmes. Elle avait une culture de cinéma français classique mais elle a découvert des actrices immenses aux États-Unis. En musique, elle écoute beaucoup de comédies musicales et de musiques de films.

Actrice ou chanteuse dans le futur ? Plutôt chanteuse, car c'est difficile de combiner les deux.

Expression orale

Faire lire la consigne, puis laisser deux ou trois minutes aux apprenants pour choisir un artiste qui les a marqués et rassembler leurs idées. Les autoriser à prendre des notes en vue de la présentation. Puis placer les apprenants en binômes et les inviter à communiquer devant le groupe, qui émettra ensuite une opinion sur ce qu'il vient d'entendre : capacité à transmettre une émotion, clarté de la présentation, correction linguistique... Temps limite : 3 ou 4 minutes par candidat. Pour l'évaluation, voir grille ci-dessous.

EXPRESSION ORALE	10 points
Capacité à communiquer dans la situation proposée	**4 points**
Capacité à présenter un artiste	2
Capacité à exprimer ses impressions	2
Capacité à interagir	**2 points**
Aisance et efficacité dans l'échange	2
Compétence linguistique	**4 points**
Correction syntaxique	2
Richesse du lexique	1
Correction phonétique	1

 Il est recommandé à ce stade de l'apprentissage de faire faire le TEST 2 (*cf.* p. 138 de ce guide) afin d'évaluer les acquis des dossiers 4, 5 et 6.

Je **sauvegarde**

CONTENUS SOCIOCULTURELS – THÉMATIQUES

L'écologie et les écolos
L'amélioration du patrimoine naturel

OBJECTIFS SOCIOLANGAGIERS

OBJECTIFS COMMUNICATIFS & SAVOIR-FAIRE	
	Être capable de...
Je sauvegarde	– comprendre une chanson sur un thème écologique – écrire quelques vers – discuter du rôle de chacun en faveur de l'écologie
La vie au quotidien	– comprendre l'annonce écrite et orale d'une manifestation écologique – comprendre un compte rendu de stage à l'écrit – comprendre à l'oral une réunion de bilan – rédiger un compte rendu de réunion
Points de vue sur...	– lire un article sur un village écologique – comprendre un micro-trottoir sur un problème écologique – échanger sur le thème – comprendre à l'oral un témoignage
Outils pour...	– parler de l'avenir – faire des hypothèses – interdire – substituer avec les pronoms *y* et *en*
Paroles en scène	– s'exprimer en langue familière – jouer un dialogue de film – participer à un débat sur un thème écologique – réemployer le conditionnel dans un jeu de rôle
À vos créations	– réaliser un jeu de l'Oie sur un thème écologique
Bilan	
OBJECTIFS LINGUISTIQUES	
GRAMMATICAUX	– le futur simple et le futur antérieur – les valeurs du conditionnel présent et passé – l'hypothèse au futur et au conditionnel – les pronoms *y* et *en*
LEXICAUX	– le vocabulaire de l'écologie – le compte rendu et le rapport de stage – les mots de l'interdiction – le vocabulaire d'un jeu de société
PROSODIQUES	– la langue familière

SCÉNARIO DU DOSSIER

Dans la double page JE SAUVEGARDE, les apprenants écouteront une chanson d'Alain Souchon sur les changements qui menacent la planète. Ils réfléchiront à l'engagement des artistes dans la société et exerceront leurs talents de poète en écrivant quelques vers sur le thème. Enfin ils s'interrogeront pour savoir s'ils sont eux-mêmes des écocitoyens.

➤➤➤

... **Dans LA VIE AU QUOTIDIEN,** ils découvriront à l'écrit et à l'oral une initiative en faveur de l'écologie dans une grande ville française. *Quelle est la place de l'écologie dans la ville ?* est l'une des questions qu'ils se poseront. Puis ils liront le compte rendu de stage d'un étudiant, ce qui les amènera à analyser les stratégies pour réaliser un tel document. Enfin ils écouteront une réunion de bilan et rédigeront un compte rendu de réunion.

Dans OUTILS POUR, ils essaieront de deviner l'avenir de la planète et de faire des hypothèses sur ce qui nous attend. Ce sera l'occasion de découvrir un temps nouveau : le futur antérieur. Mais ils récapituleront aussi les valeurs du conditionnel présent et passé et découvriront différentes constructions pour faire des hypothèses probables ou irréelles sur le présent ou sur le futur.

Dans POINTS DE VUE SUR, ils liront un article sur un quartier « propre » à Londres et échangeront sur le thème. Puis ils iront dans les Pyrénées pour y rencontrer des ours très contestés. Ils écouteront des réactions d'habitants de la région sur ces animaux et parleront de la situation dans leur pays. Enfin il écouteront le témoignage d'une jeune Allemande sur ce qui se fait dans son pays, l'un des plus verts d'Europe.

Dans OUTILS POUR, ils passeront en revue les formules de l'interdiction. Ils feront un test pour évaluer leur conscience d'écocitoyens et apprendront à cette occasion à utiliser les pronoms *y* et *en*. Différents exercices leur permettront de systématiser ces règles.

Dans PAROLES EN SCÈNE, ils s'exerceront d'abord à reproduire les intonations de la langue familière. Puis ils joueront le dialogue d'un film à succès et participeront ensuite à un débat sur un thème écologique. Enfin ils s'imagineront perdus au milieu de l'océan et envisageront ce qu'ils *feraient* dans cette situation...

Dans À VOS CRÉATIONS, ils construiront un jeu de l'Oie pour sensibiliser les enfants à la sauvegarde de l'environnement.

Dans BILAN, ils mobiliseront les acquis du dossier à travers quatre activités écrites et orales, sous la forme d'un test de type DELF B1.

JE SAUVEGARDE `pp. 108 et 109`

1 2 et 3

→ OBJECTIF : Comprendre une chanson sur les bouleversements écologiques qui menacent la planète

Dans un premier temps, livres fermés, présenter Alain Souchon à partir de la notice biographique du manuel. Alain Souchon n'est pas ce qu'on peut appeler un chanteur engagé mais la chanson *Le Monde change de peau* l'est, d'une certaine façon, et le professeur pourra donc engager une conversation sur ce type d'expression artistique (pour l'engagement politique, voir tout le Dossier 5). *Qu'est-ce qu'un chanteur engagé ? Engagé dans quoi ? Connaissez-vous des exemples de chanteurs engagés en France, dans votre pays ?* Au fur et à mesure, écrire au tableau les différentes formes de chansons engagées : l'appel à la résistance (Maurice Druon et Joseph Kessel, *Le Chant des partisans*, Dossier 5, p. 76), le chant révolutionnaire (Rouget de Lisle, *La Marseillaise*), le combat politique (Léo Ferré, *Mon Général*, chanson parodique contre le général de Gaulle, qui fut censurée par le gouvernement, dans les années 1950 – pour Léo Ferré, voir p. 93), la contestation sociale (Georges Brassens, *La Mauvaise Réputation*), etc.

Ensuite, si le professeur dispose de l'enregistrement, le passer à la classe pour une première compréhension globale. Autrement, faire lire le texte en grand groupe et inviter les apprenants à prendre connaissance du vocabulaire nouveau contenu dans l'encadré juxtaposé au texte. Garder l'analyse poétique pour l'activité 4 mais faire déjà remarquer l'absence d'article dans : « *sur prairies, sur forêts, sur coccinelles* », qui serait incorrecte si elle n'était poétique. Ce genre de liberté aide Alain Souchon à traduire sa nostalgie de l'enfance.

Ensuite former des binômes et les faire répondre aux questions des trois premières activités. Corriger en grand groupe.

→ CORRIGÉ 1 : – mots justifiant le titre : les oiseaux perdent leurs plumes / poussent des cancers cruels / la ville est nouvelle / sera-t-il laid ou bien beau, couvert de couleur peinture ou de vert nature ? / sera-t-il doux et sucré comme la liberté ? / on sent qu'un monde vient au monde / Où sont-ils les p'tits jardins bucoliques... / Comment s'appelle ce nouveau-né sorti de ce ventre, étonné ?

→ CORRIGÉ 2 : – mots évoquant un monde passé : roudoudou et berlingot / vert nature / les p'tits jardins bucoliques, p'tite place de la République, avec son kiosque à musique, sous-préfet, sous-préfète et, jours de fête, saxophones et clarinettes, ça sent l'amour, l'anisette

– mots évoquant un monde moderne : au clair de lune, les avions s'allument / sur prairies, sur forêts, sur coccinelles, poussent des cancers cruels / couvert de couleur peinture / qui s'est caché dans du ciment / le cœur des gens fatigués

→ CORRIGÉ 3 : réponses libres

OBJECTIFS : Écrire quelques vers et échanger sur le thème

Dans un premier temps, inviter les apprenants à commenter les trois citations placées en exergue.

Réponse possible : Dans la phrase d'Albert Jacquard, « *Désormais la solidarité la plus nécessaire est celle de l'ensemble des habitants de la Terre* » le mot le plus important est « désormais ». Il signale le passage d'une époque à l'autre. Autrefois, les questions de solidarité se jouaient essentiellement à l'intérieur des pays et des classes sociales : c'était la solidarité des grands combats nationaux pour la liberté, pour l'égalité des chances, etc. Mais *désormais*, l'essentiel c'est de sauver la Terre, et dans ce combat-là, il n'y a plus de frontières qui comptent, tous les hommes doivent unir leurs forces quelles que soient leur origine. La phrase de Roger Molinier, « *Vivre, c'est bien. Savoir vivre, c'est mieux. Survivre, c'est sans doute le problème des hommes de demain* » pourrait illustrer les trois étapes clés de l'histoire humaine : d'abord les hommes ont appris à vivre, c'est-à-dire à se nourrir et à se défendre ; puis ils ont appris à vivre en société, c'est-à-dire à se respecter les uns les autres et à vivre en harmonie avec l'environnement, sans le dégrader ; demain ils devront apprendre à survivre sur une planète menacée d'étouffement. Enfin la phrase de Julien Gracq, « *Tant de mains pour transformer ce monde, et si peu de regards pour le contempler* » contient une vision désabusée de la société : nous travaillons tous pour construire des choses pas toujours très belles qui vont transformer le monde (des usines, des autoroutes, des immeubles...), mais combien d'entre nous trouvent encore le temps d'admirer le monde et de se poser des questions sur ce que nous lui faisons subir ? On ne prend pas le temps de contempler notre monde, on est trop occupés à le défigurer.

POINT INFO

Albert Jacquard (1925), scientifique, auteur d'essais littéraires et humaniste français. Engagé dans le mouvement altermondialiste, il milite en faveur de l'association Droit au logement. Il a été l'un des proches de l'Abbé Pierre. Son leitmotiv : « *Je n'ai pas de solution : mon objectif, ce n'est pas de construire la société de demain, c'est de montrer qu'elle ne doit pas ressembler à celle d'aujourd'hui.* »

Roger Molinier est un naturaliste et botaniste français.

Julien Gracq (1910), de son vrai nom Louis Poirier, est un écrivain d'inspiration surréaliste. Il a publié une vingtaine d'ouvrages, tous aujourd'hui dans La Pléiade. En 1951, il refuse le prix Goncourt pour *Le Rivage des Syrtes*.

Puis placer les apprenants en binômes et les inviter à évoquer le monde d'aujourd'hui dans un couplet prolongeant la chanson. Dans un premier temps, faire faire une rapide analyse poétique de la chanson. Faire remarquer que le refrain est composé de deux groupes de trois heptasyllabes suivis d'un pentamètre, avec des rimes plates (AABB). Dans les autres strophes, par contre, la versification est très libre, puisqu'on y trouve aussi bien des décamètres *(Dans la nuit les oiseaux perdent leurs plumes)* et des huitains *(Qui s'est caché dans du ciment)* qu'un vers de trois pieds *(Fatigués)*. Mais il y a une constante : les rimes plates. Les apprenants devront, dans la mesure du possible, respecter ce rythme. Faire lire les productions en grand groupe et inciter les apprenants à juger leurs œuvres respectives.

Exemple de production :

> *Finis promenades pittoresques*
> *Champignons et chemins équestres*
> *Petits enfants vos bateaux*
> *Pourrissent les caniveaux*
> *Tristes capitaines engloutis*
> *Lapins errants, indéfinis*
> *Réchappés des gaz carboniques*
> *Pour surfer sur l'informatique*

EGO QUESTIONNAIRE : VOUS ET L'ÉCOLOGIE

Vérifier en grand groupe la compréhension du vocabulaire de l'encadré *Les mots pour parler de l'écologie*. Le professeur pourra compléter ce vocabulaire en demandant aux apprenants le contraire de certaines phrases. (Par exemple : Je m'implique dans la vie locale → Je ne m'engage pas dans la vie locale. / Je privilégie les produits du commerce équitable → J'ignore les produits du commerce équitable...) Ensuite faire lire les questions de l'Ego Questionnaire, s'assurer de leur compréhension, puis inviter les apprenants à circuler dans la classe en s'interrogeant deux par deux. Un retour en grand groupe permettra de comparer habitudes et opinions.

La vie au quotidien pp. 110 et 111

1 ➔ OBJECTIF : Émettre des hypothèses sur une affiche

Faire lire la consigne et les questions en grand groupe, s'assurer de leur compréhension, puis placer les apprenants en binômes et leur demander de confronter leurs hypothèses en les justifiant. Confronter les réponses en grand groupe.

Réponses possibles : 1. Sur le dessin, on a l'impression que les hommes sont descendus de l'arbre et même qu'ils sont composés des éléments de l'arbre, car ils forment des taches de la même couleur que les feuilles. Il s'agit sans doute d'une manifestation de sensibilisation à des problèmes écologiques.

2. Les premiers mots de l'affiche, *Carrefour des citoyens*, disent clairement que tous les habitants de la ville de Nantes (Loire-Atlantique) sont invités à ces rencontres.

3. Ces rencontres sont sans doute organisées par une association écologique, en partenariat avec la ville de Nantes.

4. Le thème principal doit être l'harmonie qui reste à trouver entre l'homme moderne et la nature. Les thèmes secondaires : la place de la nature dans la ville, l'exode rural et les problèmes écologiques que cela entraîne.

2 ➔ OBJECTIF : Vérifier des hypothèses à partir d'une écoute

Annoncer aux apprenants qu'ils vont écouter un document sonore sur le Carrefour des citoyens. Leur demander d'identifier la source *(Il s'agit d'une émission de radio locale.)* et de prendre des notes pour confirmer ou infirmer les hypothèses de l'activité précédente. Passer l'enregistrement autant de fois que nécessaire et comparer les réponses en grand groupe.

CORRIGÉ : Il s'agit bien de rencontres sur l'écologie, ouvertes à tous les habitants de Nantes. Elles se feront sous l'égide du maire mais aucune association écologique indépendante ne semble impliquée. Les thèmes traités : de la transformation urbaine à la qualité de l'environnement, en passant par la tranquillité publique.

3 et 4 ➔ OBJECTIF : Comprendre un compte rendu de stage

Deux possibilités : quelques jours avant le cours, demander aux apprenants de lire la lettre à la maison et de répondre aux questions des deux activités ; puis le jour venu, confronter les réponses en grand groupe et faire commenter les trois illustrations de la p. 111 ; ou bien traiter cette lettre directement en classe. Faire commenter les deux premières illustrations pour introduire le thème *(la photo de l'embouteillage et le dessin du maire ceint d'une écharpe tricolore, effeuillant une marguerite)*, puis placer les apprenants en binômes, leur faire lire la lettre et leur demander de répondre aux questions des deux activités. Durée de l'activité : 30 minutes. Enfin confronter les réponses en grand groupe. Orienter la discussion sur le développement durable, thème central du stage.

POINT INFO

Le commerce équitable, définition proposée en 1987 par la *Commission mondiale sur l'environnement et le développement* dans le Rapport Brundtland : « Un développement qui répond aux besoins du présent sans compromettre la capacité des générations futures de répondre aux leurs. Deux concepts sont inhérents à cette notion : le concept de "besoins", et plus particulièrement des besoins essentiels des plus démunis, à qui il convient d'accorder la plus grande priorité, et l'idée des limitations que l'état de nos techniques et de notre organisation sociale impose sur la capacité de l'environnement à répondre aux besoins actuels et à venir. »

➔ **CORRIGÉ 3 : a)** Informations sur le stagiaire : Il vit à Annecy, il a 18 ans, il est d'origine belge et il étudie dans un IUT [Institut Universitaire de Technologie] d'aménagement du territoire. Information sur le stage : Il se déroule à Nantes du 2 au 6 septembre sous la direction de M. Joël Pelletier, avec pour objectifs : la mise en application d'une démarche participative ; participer à des ateliers sur le développement durable ; faire la synthèse des échanges.
b) Thèmes abordés : 2e § (« *Au cours de ces journées de rencontres... au sein de la municipalité* »). Conclusion : dernier § (« *J'ai trouvé ce stage... d'au moins dix jours* »). Opinions de Gaspard sur ces journées : 4e § (« *J'ai pu constater que... et de leur efficacité.* »). Présentation du stage : la deuxième inscription en haut de la lettre (« *Lieu et date du stage... la synthèse des échanges.* »). Engagements de la ville : 3e § (« *La municipalité, après ces quatre journées... réduire la consommation de papier.* »). Apports du stage pour Gaspard : 1er § (« *Pendant ces quatre jours de stage... l'environnement urbain.* »)

→ CORRIGÉ 4 : a) la gestion et l'amélioration du patrimoine naturel, l'amélioration de la gestion des déchets
b) – ce que Gaspard a aimé : il a découvert de nouveaux aspects de la protection de l'environnement qui lui seront très utiles dans sa vie professionnelle ; il a acquis une excellente connaissance des moyens actuels pour remédier à la pollution de la ville et améliorer l'environnement urbain ; les sujets abordés étaient très variés, il y a eu un véritable échange entre les habitants et leurs élus ; ces débats ont débouché sur des propositions concrètes et réalistes ; l'atmosphère des réunions était agréable ; les participants ont fait preuve de beaucoup de créativité pour trouver des solutions et les élus étaient à l'écoute.
– ce que Gaspard a regretté : l'ensemble des habitants de la ville ne sont pas régulièrement informés du contenu de ces échanges ; le stage n'a pas duré assez longtemps ; Gaspard n'a pas pu s'intégrer davantage et approfondir ses recherches.
– ce qu'il suggère : créer une rubrique dans le bulletin municipal qui puisse rendre compte de la richesse de ces débats et de leur efficacité et envisager une durée de stage d'au moins dix jours.

→ OBJECTIFS : Comprendre des commentaires à l'oral et compléter une fiche de synthèse

Annoncer aux apprenants qu'ils vont écouter les habitants d'un quartier de Nantes faire le bilan des activités lancées par la ville et qu'ils vont devoir remplir une fiche de synthèse sur cette réunion. Faire lire la fiche, s'assurer de sa compréhension, puis passer l'enregistrement autant de fois que nécessaire. Les apprenants répondent individuellement. Corriger en grand groupe.

● POINT INFO

Le jeudi 19 mai 2005, à 0 heure 42 minutes 36 secondes, une fusée s'est écrasée sur le parvis de la cathédrale de Nantes. Le lendemain, dans la matinée, une « petite géante » est sortie de l'épave encore fumante pour aller rejoindre un éléphant gigantesque qui transportait un sultan et sa cour... Ce spectacle était organisé par la compagnie de théâtre de rue **Royal de Luxe**.

→ CORRIGÉ :

Domaines abordés	Ce qui est positif	Ce qui est contesté	Ce qui reste à faire
circulation	tramways, bus, pistes cyclables	moins de parkings	parkings
le patrimoine historique et architectural	✗	la démolition de vieilles maisons	✗
l'environnement sonore	✗	le bruit quasi permanent de la papeterie	acheter une machine moins bruyante
le commerce	✗	une baisse de clientèle très importante dans la zone Sud	augmenter les places de stationnement, créer un nouveau parking en centre-ville
le tourisme	un éléphant en bois pour visiter la ville, cela va attirer des touristes du monde entier	l'éléphant va coûter très cher, il va causer beaucoup de bruit et de pollution (gazoil, poussière)	✗

→ OBJECTIF : Rédiger un compte rendu de réunion

Inviter les apprenants à compléter leurs notes en écoutant une nouvelle fois l'enregistrement. Puis se reporter à l'encadré *Stratégies pour faire un compte rendu ou un rapport de stage*. Lire le vocabulaire et expliquer les mots nouveaux. Ensuite placer les apprenants en binômes et leur demander de rédiger un compte rendu de réunion sur le modèle de la lettre, p. 110. Ils devront réutiliser les stratégies et le vocabulaire de l'encadré, ainsi que la fiche de synthèse de l'activité précédente. Durée de l'activité : environ 30 minutes. Enfin faire lire un ou plusieurs comptes rendus en grand groupe.

Exemple de production :

JEAN GODARD
6, rue Gaston Turpin – Nantes
Retraité de la SNCF
Secrétaire Général de l'Association Nantaise

Madame Jeanne Le Pelletier
Première adjointe au Maire
Chargée du Commerce et de l'Environnement

Lieu et date de la réunion : Espace 44, le 17 mars 2007
Responsable de la réunion : M. Louis Léger, Président de l'Association Nantaise
Objectif de la réunion : dresser le bilan des activités lancées par la ville en faveur du Commerce et de l'Environnement

COMPTE RENDU DE RÉUNION

Nantes, le 28 mars 2007

Étaient présents : Mme Ferrand, M. Duchêne, M. Duchêne fils, M. Léger et moi-même. Cette réunion nous a permis d'aborder des points positifs et négatifs dans cinq domaines économiques et sociaux concernant la ville de Nantes :
– la circulation
– le patrimoine historique et architectural
– l'environnement sonore
– le commerce
– le tourisme

Nous nous sommes d'abord réjouis que le développement des moyens de transport en commun permette désormais aux Nantais d'aller à peu près partout sans voiture et que des pistes cyclables facilitent la circulation entre l'université et le centre-ville. Les plus jeunes d'entre nous se sont félicités par ailleurs de l'initiative éléphantesque de la mairie. Voilà pour les points positifs.
Malheureusement, les soucis ne manquent pas !
En ce qui concerne la circulation urbaine, j'ai constaté que la percée de la nouvelle ligne de tramway s'était faite au détriment du patrimoine historique et architectural de notre belle ville.
De son côté, Mme Ferrand a regretté qu'aucune décision sérieuse n'ait été prise pour le bruit de la papeterie. Le nouveau directeur de cette entreprise conteste l'étude qui a été faite et refuse d'acheter une nouvelle machine. Nous le déplorons vivement !
Mais que dire des difficultés que rencontrent les commerçants de la zone Sud de Nantes ! M. Duchêne a suggéré d'augmenter les places de stationnement et de créer un nouveau parking en centre-ville, pour arrêter la baisse importante de clientèle. L'argent pour réaliser ces travaux ne devraient pas manquer si j'en juge par ce que va coûter au contribuable la compagnie Royal de Luxe. 2 millions d'euros pour un éléphant en bois, c'est royal, en effet ! En plus pour une bête qui remue une poussière infernale, qui pue le gazoil et qui crie comme tous les mastodontes réunis du maharadjah de Rajpipla ! Cependant M. Duchêne fils nous a fait observer que cela va attirer des touristes du monde entier...
En résumé, les membres de l'Association Nantaise espèrent que la mairie de Nantes va cesser de jeter l'argent du contribuable par les fenêtres et qu'elle va apporter le plus vite possible une solution à des problèmes qui durent depuis trop longtemps.

Le professeur pourra, à ce stade du Dossier, insérer l'activité 3, p. 118 du manuel, le jeu de rôle pouvant donner lieu à un compte rendu. Voir préparation, p. 104 de ce guide (Autre possibilité : à la fin de l'activité 7, p. 115 du manuel).

■ **POUR ALLER PLUS LOIN :** Sous forme de conversation libre, en grand groupe ou en binômes, inviter les apprenants à échanger sur le thème du quartier. *Dans quel quartier habitez-vous ? Pouvez-vous le décrire ? Qu'est-ce qui vous y plaît – vous y déplaît ? A-t-il changé au cours de ces dernières années ? Faites-vous partie d'une association de défense de votre quartier ? Si vous faisiez partie d'une telle association, que proposeriez-vous pour l'amélioration de votre quartier ?...*

Outils *pour...* `pp. 112 et 113`

➡️ OBJECTIF : Lire des commentaires dans un forum de discussion

Dans un premier temps, faire décrire le dessin en haut de la page. *Qu'est-ce qu'il représente ? (Une femme étend son linge entre deux éoliennes.) Qu'est-ce que le dessinateur a voulu dire ?* (Réponse possible : *comme cette femme, nous allons tous devoir trouver des moyens originaux pour économiser l'énergie, si nous voulons sauver la planète : il va falloir que nous apprenions à intégrer les énergies renouvelables dans notre quotidien, et à accepter les changements que cela implique.)* Faire lire la consigne, s'assurer de sa compréhension, puis placer les apprenants en binômes et leur demander de répondre. Corriger en grand groupe. Enfin faire lire les messages à voix haute et vérifier la compréhension du vocabulaire.

➡️ CORRIGÉ : message A = 4 – message B = 1 – message C = 5 – message D = 2 – message E = 3

Point **Langue** › Le futur

Ce Point Langue introduit un nouveau temps : le futur antérieur et revient sur la formation du futur simple. Faire relire les messages et faire répondre aux questions en grand groupe. Systématiser à l'aide de l'exercice 1.

➡️ **Corrigé : a)** le futur simple : messages A et E / le futur antérieur : message A et B
b) En général, pour former le futur simple, l'infinitif sert de radical. On y ajoute les terminaisons : *-ai, -as, -a, -ons, -ez, -ont. Ex. :* diminuer → je diminuerai, tu diminueras... / partir → je partirai, tu partiras...
c) Le futur antérieur se forme à l'aide du futur simple de l'auxiliaire, auquel on ajoute le participe passé du verbe. Il sert à parler d'un fait qu'on envisage comme accompli dans le futur et qui est antérieur à un autre fait futur.

S'EXERCER n° 1 Corrigé ▶ p. 100

› Le conditionnel présent et passé

Ce Point Langue récapitule les principaux emplois du conditionnel présent et passé, dont certains ont été abordés dans les Dossiers précédents (reproche p. 17, événement non confirmé p. 69). Faire relire les messages et faire répondre aux questions en grand groupe. Systématiser à l'aide de l'exercice 2.

➡️ **Corrigé : a)** un souhait : message E (j'aimerais utiliser) / des paroles rapportées : message C (j'ai entendu dire ... représenterait) / une demande polie : message E (pourriez-vous...) / un reproche : message C (c'est ce qu'on aurait dû faire...) / une situation imaginaire : message B (on n'utiliserait plus de pesticides) / un regret : message D (on aurait pu éviter cette situation) / des informations non confirmées : message D (la planète verrait...)
b) Le conditionnel présent se forme sur le radical du futur simple, auquel on ajoute les terminaisons de l'imparfait : *-ais, -ais, -ait, -ions, -iez, -aient. Ex. :* faire → je ferai → fer- → je ferais, tu ferais...
c) faudr-, devr-, aur-, cueiller-, pourr-.
d) Le conditionnel passé se forme à l'aide du conditionnel présent de l'auxiliaire, auquel on ajoute le participe passé du verbe. *Ex. :* recevoir → reçu → j'aurais reçu, tu aurais reçu...

S'EXERCER n° 2 Corrigé ▶ p. 100

➡️ OBJECTIF : Comprendre à l'oral la valeur du futur simple et du conditionnel présent

Faire ligne la consigne, avertir les apprenants qu'il y a huit phrases pour sept nuances puis passer l'enregistrement une première fois et faire répondre individuellement. Corriger en grand groupe en repassant l'enregistrement. Enfin faire relire les phrases en invitant les apprenants à reproduire l'intonation de l'enregistrement.

➡️ CORRIGÉ : un désir : n° 6 – une information non confirmée : n° 1 – une demande polie : n° 8 – une suggestion atténuée : n° 3 – un regret : n°ˢ 2 et 4 – des prédictions : n° 7 – un reproche : n°ˢ 2 et 5

4 ➡ OBJECTIF : Comprendre une conversation sur un thème écologique

Passer l'enregistrement une première fois pour une compréhension globale *(Qui parle ? De quoi ? Sont-ils d'accord ?).* Puis faire lire la consigne et faire répondre aux questions individuellement. Corriger les réponses en grand groupe.

➡ **CORRIGÉ :** **1.** la disparition des espèces, la diminution des ressources naturelles

2. Léo adopte une attitude optimiste. Il considère que la disparition de certaines espèces peut faciliter le développement de certaines autres et que la crise du pétrole favorise la recherche d'énergies renouvelables et propres.

5

Point **Langue** ❯ **FAIRE DES HYPOTHÈSES**

Ce Point Langue complète celui consacré au futur et au conditionnel de la page précédente. Repasser l'enregistrement et demander aux apprenants de compléter les phrases. Puis systématiser à l'aide du tableau et des deux exercices. Pour l'exercice 4, placer les apprenants en binômes pour comparer les réponses en grand groupe.

➡ **Corrigé : a)** **1.** continue... aura / **2.** consommions... conserverions... seraient / **3.** n'avaient pas disparu... seraient (...) développés... seraient... n'auraient pas existé / **4.** crois... lis / **5.** avait économisé... serait / **6.** avait (...) augmenté... n'aurait pas développé... aurait été...

b) phrase n° 1 : hypothèse probable sur le futur / phrase n° 2 : hypothèse irréelle sur le présent / phrase n° 3 : hypothèse irréelle sur le passé / phrase n° 4 : hypothèse probable sur le présent / phrase n° 5 : hypothèse irréelle sur le passé / phrase n° 6 : hypothèse irréelle sur le passé.

S'EXERCER n°s 3 et 4 ➡ **Corrigé ▶ p. 100**

6 ➡ OBJECTIF : Échanger sur le thème en transférant les acquis grammaticaux

Diviser la classe en petits groupes de personnes de profils différents si possible (âge, sexe, personnalité...) et leur proposer d'échanger oralement sur le thème. Dans un premier temps, chacun devra recenser quelques problèmes écologiques, qu'il énoncera au groupe, et les autres devront imaginer une ou deux conséquences positives liées à ces problèmes. Par exemple : *nous sommes inondés de bouteilles en plastique ? le recyclage des déchets favorise un comportement citoyen dans tous les domaines de la vie en société / le recyclage des bouteilles en plastique a permis l'invention des vêtements polaires.* Ensuite, les apprenants devront transcrire ces exemples en réutilisant les constructions du **Point Langue** précédent. Exemple : *Si nous n'étions pas inondés de bouteilles en plastique, nous serions moins sensibles à la citoyenneté et nous n'aurions pas de vêtements chauds et légers pour faire du ski.*

À ce stade du dossier, le professeur pourra faire faire le **Jeu de la chasse au gaspillage**, p. 118 du manuel, qui offre un réemploi de l'hypothèse (voir préparation p. 104 de ce guide).

S'EXERCER – CORRIGÉ

1. a. auront compris / utiliseront / retrouveront **b.** seront / auront pris **c.** auront mesuré *ou* mesureront / feront / gaspilleront / sera **d.** ira mieux / aura résolu

2. a. devriez **b.** aurait fallu **c.** soutiendra / aura doublé **d.** investirait / réduirait **e.** auraient dû

3. a. étaient / serait **b.** avait fait / aurait voté **c.** voulais / ferais **d.** preniez / pollueriez **e.** avait su / n'aurait pas gaspillé

4. réponses libres

Points de vue sur... pp. 114 et 115

1 ➡ OBJECTIF : Comprendre un article sur un thème écologique

Dans un premier temps, faire décrire la photo et faire faire des hypothèses sur les cheminées. *Qu'est-ce que c'est ? À quoi ça peut servir ?* (Réponses possibles : *ça ne sert à rien, c'est purement décoratif ; ce sont des girouettes qui font tourner le conduit des cheminées dans la direction du vent...*)

Puis faire lire l'article en grand groupe pour une première compréhension globale. Ensuite faire lire la consigne, s'assurer de sa compréhension et faire répondre les apprenants en binômes. Corriger en grand groupe.

➡ CORRIGÉ : Construction : conçue avec des matériaux naturels, renouvelables ou recyclés venus de moins de 50 km à la ronde / Alimentation : livrée par des producteurs locaux, d'où une économie d'emballages et une alimentation moins coûteuse et plus saine / Habitation : exposée plein sud, avec des serres qui captent la lumière et la chaleur ; des panneaux produisent de l'électricité ; un jardinet fait face à la serre ; une centrale alimentée par des résidus forestiers produit l'électricité / Transport : grâce à l'usage partagé des véhicules, la présence de l'automobile a été réduite de moitié ; sur le parking, des bornes permettent de recharger gratuitement les voitures électriques.

➡ OBJECTIF : Échanger à l'oral sur le thème

Lire les questions en grand groupe pour s'assurer de leur compréhension, puis placer les apprenants en binômes et les inviter à débattre. Confronter les opinions en grand groupe.

Réponses libres.

■ **POUR ALLER PLUS LOIN :** Inviter les apprenants à calculer leur empreinte écologique personnelle. Le professeur trouvera de nombreux tests de ce type sur Internet (Voir par exemple : **http://www.wwf.fr/s_informer/calculer_votre_empreinte_ecologique**, ou : **http://www.agir21.org/flash/empreinteecoweb/loadcheckplugin.html**). Inviter ensuite les apprenants à commenter leurs résultats et à donner leur point de vue.

➡ OBJECTIF : Comprendre à l'écrit et commenter à l'oral une information sur un thème écologique

Faire décrire la photo en grand groupe, puis faire lire la consigne et la faire reformuler pour s'assurer de sa compréhension. Placer ensuite les apprenants en groupes de trois personnes, de profils différents si possible (âge, sexe, personnalité…) et leur proposer de lire le chapeau et d'échanger oralement sur le thème. Confronter les réponses en grand groupe.

Exemples de production : a) On a lâché des ours dans les Pyrénées pour réparer les erreurs des chasseurs qui avaient exterminé l'espèce dans la région.

b) – **trois arguments en faveur de la réintégration de l'ours : 1.** Si l'on veut préserver la nature, il faut restaurer les maillons de la chaîne alimentaire d'une extrémité à l'autre. **2.** Dans beaucoup d'autres régions du monde, au Canada ou en Slovénie par exemple, les gens vivent en paix avec ces animaux, pourquoi pas chez nous ? **3.** À quoi servirait une planète où ces bêtes superbes auraient été exterminées ?
– **trois arguments contre la réintégration de l'ours : 1.** Les ours sont protégés mais qui va protéger les moutons ? **2.** Ces bêtes sont dangereuses, un jour elles tueront un touriste. **3.** Les ours ont disparu pour une bonne raison : parce qu'ils n'avaient pas pu s'adapter aux changements de leur environnement. Ce n'est pas maintenant qu'ils vont y réussir !

➡ OBJECTIF : Comprendre un micro-trottoir sur le thème

Faire lire la consigne et s'assurer de sa compréhension, puis passer l'enregistrement autant de fois que nécessaire. Les apprenants répondent individuellement. Corriger en grand groupe.

➡ CORRIGÉ 4 : Pour : les première, deuxième et septième personnes
Contre : les troisième, quatrième, cinquième et sixième personnes

➡ CORRIGÉ 5 : a7 – b6 – c1 – d4 – e3 – f2 – g5

➡ OBJECTIF : Échanger sur le thème

Diviser la classe en groupes de quatre personnes, de profils différents si possible (âge, sexe, personnalité…) et leur proposer d'échanger oralement sur le thème. Confronter les opinions en grand groupe.

Réponses libres.

➡ OBJECTIF : Échanger sur le thème

En grand groupe, lire les questions et inviter les apprenants à parler de l'écologie dans leur pays.
Enrichir la discussion en traitant le **Rendez-vous Alterculturel**. Passer l'enregistrement une première fois pour vérifier la compréhension globale. *(Qui parle ? De quoi ?)* Puis faire lire la consigne et faire répondre individuellement. Procéder à autant d'écoutes que nécessaire. Confronter les réponses en grand groupe.

➡ CORRIGÉ : **1.** l'énergie solaire et l'énergie éolienne – **2.** Il donne une participation de 100 euros par mètre carré de panneau solaire. De plus, il a beaucoup investi dans l'installation d'éoliennes. L'Allemagne a le deuxième plus grand parc éolien au monde – **3.** Le pays a instauré une taxe écologique de 15 % sur le prix de l'essence. Et toutes les villes d'Allemagne sont conçues pour les vélos ; il y a partout des pistes cyclables.

Enfin, compléter la discussion en faisant lire le **Point Info** en grand groupe. Interroger les apprenants sur les Sommets de la Terre *(Qu'est-ce que c'est ? Qui s'y réunit ? De quoi y parle-t-on ?)*.

■ **POUR ALLER PLUS LOIN :** Organiser un Sommet de la Terre dans la classe. Diviser la classe en groupes de quatre ou cinq personnes de profils différents si possible (âge, sexe, personnalité...) et leur proposer de représenter un pays. Dans cette double page, par exemple, on a vu des cas concrets en Grande-Bretagne, en France et en Allemagne. Ajouter le nombre de pays nécessaires et inviter les apprenants à rassembler leurs propositions et leurs arguments en s'aidant de leurs propres expériences ainsi que de ce qui a été dit dans le Dossier (activité 1 p. 110, activités 3 et 4 p. 111, activité 1 p. 112 activité 4 p. 113). Pour le débat, ils devront utiliser le vocabulaire des *Mots pour parler de l'écologie*, p. 109. Pendant le débat, les groupes prendront des notes en vue de faire un compte rendu de réunion, comme dans l'activité 6 p. 111.

Outils *pour...* `pp. 116 et 117`

INTERDIRE

1 et 2 ➡ OBJECTIF : Situer des interdictions dans un contexte

Dans un premier temps, livres fermés, traiter le **Point Info** sous forme de test, en demandant aux apprenants s'ils connaissent la durée de vie des objets représentés. Ce jeu peut se faire à l'aide de questions simples *(Connaissez-vous la durée de vie d'une peau de banane ?)* ou d'une association entre ces objets et ces durées placés dans le désordre. Puis faire lire la consigne des deux activités en grand groupe, s'assurer de leur compréhension, et faire répondre aux questions en binômes. Corriger en grand groupe. Enfin faire lire ces interdictions à voix haute et s'assurer de la compréhension du vocabulaire.

➡ **CORRIGÉ 1 : 1.** On peut trouver ce règlement à l'entrée d'un parc national. – **2.** Il s'adresse aux visiteurs.

➡ **CORRIGÉ 2 :** le respect du silence : 6, 8 – le respect de la terre : 1 et 2 – le respect du paysage : 4, 5, 7 – le respect de l'air : 1 – le respect de la nature : 3

3 ➡ OBJECTIF : Relever des expressions de l'interdiction

Faire lire la consigne en grand groupe et y faire répondre. Récapituler ensuite le vocabulaire obtenu à l'aide du tableau *Les mots pour interdire*. Faire remarquer aux apprenants que toutes ces formules sont impersonnelles. Aucun *Vous ne devez pas* ou *Vous n'avez pas le droit de*. Il s'agit d'un langage purement administratif. Enfin, placer les apprenants en binômes et leur faire faire les deux premiers S'exercer, p. 117 (Corrigé p. 103). Confronter les réponses en grand groupe.

➡ **CORRIGÉ :** On ne doit pas + *infinitif* / telles choses sont formellement (strictement) interdites (défendues) / il est défendu de + *infinitif* / interdiction formelle de + *infinitif* / telles choses ne sont autorisées que + *complément de lieu*

S'EXERCER nᵒˢ 1 et 2 ➡ Corrigé ► p. 103

SUBSTITUER AVEC LES PRONOMS *Y* ET *EN*

4 ➡ OBJECTIF : Faire un test d'écologie et échanger sur le thème

Inviter les apprenants à répondre individuellement aux questions, puis leur proposer de comparer leurs réponses en binômes. Confronter les réponses en grand groupe.

➡ **CORRIGÉ :** Réponses libres.

5

Point **Langue** **> LES PRONOMS *Y* ET *EN***

Faire relire le test en grand groupe et y faire relever les pronoms *y* et *en*. Puis, toujours en grand groupe, faire répondre aux questions. Pour le S'exercer 3, les apprenants répondront individuellement ou en binômes et la correction se fera à l'oral en grand groupe, un apprenant posant une question à un camarade et la classe corrigeant les erreurs s'il y en a.

➡ **Corrigé : a)** J'y pense parfois → Je pense parfois aux pluies acides. / Je n'en ai jamais entendu parler → Je n'ai jamais entendu parler des pluies acides. / Je n'y vais jamais → Je ne vais jamais aux comités de quartier. / J'y participe de temps en temps → Je participe de temps en temps aux comités de quartier. / Je n'y pense jamais → Je ne pense jamais à la façon de protéger les espèces en voie de disparition. / Il faut en parler davantage → Il faut parler davantage de la façon de protéger... / On en fait toute une montagne → On fait toute une montagne des problèmes de l'environnement. / Il faut y consacrer plus d'argent → Il faut consacrer plus d'argent aux problèmes de l'environnement. / J'y tiens beaucoup → Je tiens beaucoup à la réintroduction des ours dans les Pyrénées. / Je ne m'y intéresse pas → Je ne m'intéresse pas à la réintroduction...

b) y / en / penser à, aller à, participer à, consacrer à, tenir à, s'intéresser à / (entendre) parler de, faire toute une montagne de.

c) Y remplace un lieu (les comités de quartier), quelque chose (les pluies acides), une idée (les problèmes de l'environnement).

En remplace quelque chose (les pluies acides), une idée (les problèmes de l'environnement). *Y* et *en* se placent devant le verbe.

S'EXERCER n° 3 **Corrigé ▶ p. 103**

1. Exemple de production : Le nudisme est strictement interdit sur la plage. Interdiction formelle de grimper aux cocotiers. La construction de châteaux de sable n'est autorisée qu'à partir de 19 heures. / Il est défendu de plonger dans le Cher. Défense absolue de s'allonger dans les lits et de s'asseoir sur les chaises. On ne doit pas manger à l'intérieur du château.

2. Exemple de production : Interdiction formelle de rouler à plus de 50 km/h sur la « Magistrale ». On ne doit pas écrire de lettres anonymes à ses voisins. Il est strictement interdit de cracher dans les rues.

3. b) Bien sûr, je n'en ai dit que du bien. **c)** Oui, j'y suis très favorable. **d)** Non, je n'en avais jamais entendu parler. **e)** Oui, je m'en suis occupé dès la fin de mon stage. **f)** J'y ai passé trois heures. **g)** Non, je ne m'en souviens pas. **h)** Bien sûr, j'y reviendrai avec plaisir.

Paroles en scène... **p. 118**

Sur tous les tons

➡ OBJECTIFS : Distinguer des élisions et des omissions à l'oral et improviser un mini-dialogue en français familier

L'élision et l'omission sont deux des éléments qui compliquent la compréhension orale. Passer l'enregistrement autant de fois que nécessaire et confronter les réponses en grand groupe. Pour la systématisation, expliquer aux apprenants que seuls les mots qui ne sont pas essentiels disparaissent à la prononciation. Ainsi, *ne* est omis parce que *pas* a une valeur négative plus forte ; de même *il* dans les phrases où le verbe est impersonnel. D'où : *Faut pas se laisser faire* à la place de *Il ne faut pas se laisser faire* (phrase 8). Pour l'élision du *e* et du *u* (phrase 3 : *T'as qu'à l'faire*), elle est systématique en français familier. Cependant, quand les deux mots se suivent, l'élision se fait soit sur le premier soit sur le deuxième, mais jamais sur les deux (phrase 9 : *Vous aviez qu'à m'le donner / Vous aviez qu'à me l'donner*).

➡ CORRIGÉ : **1.** Y a qu'à le dire, faut pas avoir peur ! – **2.** Il faut qu'on fasse plus attention – **3.** Tu n'as qu'à le faire, toi ! – **4.** On n'a qu'à lui téléphoner, on en aura le cœur net ! – **5.** Hé bien, il n'y a plus qu'à trouver une solution ! – **6.** Ils n'avaient qu'à nous prévenir, c'est de leur faute ! – **7.** Il faut qu'on soit plus vigilant ! – **8.** Il ne faut pas se laisser faire, na ! – **9.** Vous n'aviez qu'à me le donner, je l'aurais pris !

Pour le mini-dialogue, taper ces 9 phrases sur des bandes de papier en autant d'exemplaires qu'il y a d'apprenants dans la classe. Leur faire tirer à chacun une bande au hasard, puis les placer en binômes et leur demander d'imaginer une situation où les deux phrases qu'ils ont reçues pourraient être prononcées. Faire jouer les scènes en grand groupe.

Mise en scène

➡ OBJECTIF : Transférer les acquis en jouant une scène de film

Présenter en quelques mots *Les Poupées russes* (cf. **Point Info** p. 104 de ce guide). Puis distribuer les rôles et faire lire la scène d'un ton neutre pour une première compréhension globale. Puis former des binômes et demander à chacun de relire le texte en soulignant les lettres et les mots qui peuvent disparaître, en plus de ceux qui ont déjà disparu. (« C'était génial. Tu te rends compte qu'il y avait le Tibet, le Chili, le Montenegro », etc.) Pour faciliter la lecture, le professeur invitera les apprenants à procéder à une mise en scène (Martine sort de la chambre de l'enfant, Xavier fait la vaisselle, il ironise, ils se disputent...). Enfin faire jouer les binômes devant le groupe.

● POINT INFO

Le film *Les Poupées russes* (2005) raconte l'histoire de Xavier et de ses copains cinq ans après *L'Auberge espagnole*. Les personnages ont un peu vieilli mais ils ont toujours du mal à entrer dans l'âge adulte et ils sont à la recherche d'un idéal amoureux qui leur complique l'existence.

3

➜ OBJECTIF : Faire un jeu de rôle sur un thème écologique

Faire lire la consigne en grand groupe et la faire reformuler pour s'assurer de sa compréhension. Placer ensuite les apprenants en groupes de quatre personnes, de profils différents si possible (âge, sexe, personnalité...) et leur proposer de tenir les rôles du directeur / de la directrice de l'office de tourisme, l'habitant(e) écologiste, le/la représentant(e) des commerçants et le/la chasseur/chasseuse. Dans un premier temps, chacun devra réfléchir à ses arguments et à ses stratégies. Ce jeu de rôle peut donner l'occasion de réemployer plusieurs points lexicaux et grammaticaux vus dans les Dossiers précédents : la cause et la conséquence p. 68, l'événement non confirmé p. 69, *Les mots pour défendre, s'opposer et s'engager* p. 77, *Les mots pour encourager et parler de l'entraide* p. 80, le but p. 84... Le professeur proposera aux apprenants de prendre des notes en vue de rédiger un compte rendu écrit. Ce compte rendu pourra être fait sous forme de devoir à la maison. Faire jouer la scène en petits groupes. Enfin, en grand groupe, inviter les apprenants à exposer les conclusions auxquelles ils seront arrivés.

JEU DE LA CHASSE AU GASPILLAGE : Faire lire la situation et la consigne en grand groupe et les faire reformuler pour s'assurer de leur compréhension. Puis proposer aux apprenants de choisir individuellement 6 objets et de les classer par ordre décroissant de nécessité. Placer ensuite les apprenants en groupes de trois ou quatre personnes, de profils différents si possible (âge, sexe, personnalité...) et les inviter à arrêter leur choix sur six objets pour l'ensemble du groupe.

À vos créations ! ▰p. 119▰

➜ OBJECTIF : Réaliser un jeu de l'Oie sur l'environnement

Informer les apprenants de la tenue de ce jeu quelques jours à l'avance afin de leur laisser le temps de rassembler le matériel nécessaire. Dans un premier temps, demander en quoi consiste le Jeu de l'Oie *(Vous connaissez ce jeu ? Vous y avez joué quand vous étiez enfant ? Comment y joue-t-on ?)*. Les apprenants expliqueront les règles en utilisant le vocabulaire des *Mots pour jouer*. Faire lire ensuite les consignes, ainsi que les points de l'**Autoévaluation**, et s'assurer de leur compréhension en demandant aux apprenants de les reformuler. La première et la dernière case ne comptant pas, il faudra préparer 23 questions. Une grande partie de ces questions devront venir du dossier (voir les exemples de la consigne) mais les apprenants pourront en faire quelques autres à partir de leurs connaissances personnelles. Varier les domaines pour rendre le jeu plus attrayant. La consigne offre trois domaines (gestes quotidiens, animaux, alimentation) mais là encore on peut élargir les possibilités. Varier aussi le style et la structure des questions : certaines devront contenir du futur et du conditionnel, d'autres devront amener à un réemploi des pronoms *y* et *en*...

Une fois que toutes les questions sont écrites, les apprenants devront réfléchir aux règles. Certaines concerneront le déroulement du jeu et conduiront à un réemploi des *Mots de l'interdiction* (p. 116). Par exemple : *Il est interdit de jeter les dés l'un après l'autre*. Ou : *Les joueurs doivent attendre leur tour pour retourner une carte*. D'autres règles concerneront la valeur de chaque case. Par exemple : *Sur les cases 4, 17 et 20, une mauvaise réponse entraîne un recul de 5 cases. Mauvaise réponse sur la case 10 : revenir à la case départ*... Avant de lancer l'activité, faire lire l'**Autoévaluation** et annoncer aux apprenants qu'elle servira ensuite à estimer le travail de chaque groupe.

Quand tous les groupes ont fini leur travail, échanger les jeux et proposer d'y jouer.

Penser à prévoir des récompenses pour les gagnants.

BILAN pp. 120 et 121

La partie écrite du BILAN peut être donnée à faire à la maison sous forme de devoir, tandis que la partie orale sera traitée en classe. On peut également présenter ce bilan sous forme d'examen écrit, à faire donc en classe, puisqu'il s'agit d'une épreuve de type DELF niveau B1.

Compréhension écrite

Demander aux élèves de lire attentivement l'article et de répondre aux questions. Temps limite : 15 minutes. Interdire l'usage du dictionnaire. À la fin de l'épreuve, revenir sur le texte et inviter les apprenants à signaler les difficultés rencontrées.

➡ CORRIGÉ : **1.** B – **2.** Ce projet s'inscrit dans le domaine des énergies renouvelables. – **3.** Le premier projet consiste en une éolienne « suffisante pour alimenter en électricité tout le port de pêche et la zone industrielle voisine ». Le deuxième projet concerne une ferme aquacole « délocalisée de l'île de Ré pour cause de pollution et d'atteinte à l'environnement. » – **4.** Un projet touristique : « Ce projet consiste en une éolienne unique (...) comportant à 60 mètres de hauteur une plate-forme accessible au public amené à découvrir un panorama unique sur les îles, les ports et la ville de La Rochelle. » / Un objectif pédagogique : « Associé à cette machine, un bâtiment ouvert au public et aux groupes scolaires sera dédié aux énergies renouvelables, à la maîtrise de l'énergie et au développement durable. » – **5.** « Ce projet (...) a été maintes fois réadapté pour répondre aux exigences imposées. » – **6.** « les comités de quartier concernés se sont montrés extrêmement favorables au projet. » – **7.** « Le maire réaffirme une fois de plus son soutien total. » – **8.** « La priorité du terrain a été donnée à d'autres, notamment en faveur d'une ferme aquacole... »

Expression écrite

Faire travailler les apprenants individuellement. Leur faire lire la consigne et leur donner comme limite de temps 30 minutes. Insister sur le nombre de mots à respecter : 300 mots (± 10 %). Pour l'évaluation, voir grille ci-après.

Exemple de production :

Monsieur Victorien Dumont
10, av. des Rosiers
64130 Mauléon-Licharre

Monsieur Baptiste Masan
Mairie de la Ville
7, place de l'Église
64130 Mauléon-Licharre

Mauléon-Licharre, 18 mai 2007

Monsieur le Maire,

Je me permets de vous écrire pour vous faire part de mon indignation au sujet des rallyes de quads qui se tiennent dans nos montagnes. Je ne vous décrirai pas la scène désormais quasi quotidienne : vous l'entendez de vos fenêtres comme tout le Pays basque à 50 km à la ronde. Cela ne peut pas durer.

Militant dans deux associations d'écocitoyens, *L'éolienne de Mauléon-Richard* et *Pour l'ours*, je participe à des campagnes de sensibilisation aux énergies renouvelables et j'emmène chaque année des centaines de personnes ramasser les déchets qui traînent dans la nature. Tous ces gens, tous ces électeurs, sont unanimes : vous n'auriez jamais dû autoriser la tenue de ces rallyes !

Ce serait dommage pour tout le monde que ce scandale continue. Voici donc ce que nous nous permettons de vous conseiller.

D'abord il faudrait que vous annuliez le prochain rallye et tous les rallyes d'engins motorisés à venir. Pourquoi n'organiseriez-vous pas à la place des courses d'ailes delta ? Ce serait moins polluant, moins bruyant, et cela ne troublerait pas la tranquillité de nos ours, à condition bien sûr qu'il soit rigoureusement interdit de survoler leur territoire. Défense aussi d'aller les photographier à pied ou à vélo. Ensuite vous devriez soutenir plus énergiquement notre projet d'éolienne en trouvant les crédits nécessaires à sa construction. Enfin nous aimerions que vous signiez un arrêté municipal rendant illégale l'utilisation de transistors et de haut-parleurs dans la montagne.

Voilà, monsieur le maire, ce que devrait faire l'homme que nous avons élu.

Dans l'attente d'une réponse favorable, nous vous prions d'agréer, Monsieur, l'expression de nos salutations les plus distinguées.

Victorien Dumont

EXPRESSION ÉCRITE	10 points
Adéquation au sujet	**5 points**
Capacité à décrire une situation difficile	2
Capacité à exprimer ses regrets	1
Capacité à donner des conseils	1
Capacité à exprimer des interdictions	1
Lisibilité de la production	**1 point**
Cohérence et enchaînements	1
Compétence linguistique	**4 points**
Exactitude de la syntaxe	2,5
Richesse et adaptation du lexique	1,5

Compréhension orale

Faire lire la consigne ainsi que les questions puis procéder à une première écoute de compréhension globale. Repasser l'interview pour permettre aux apprenants de compléter leurs réponses. Corriger en grand groupe, en procédant à une réécoute.

➥ CORRIGÉ : – Style de la maison : elle évoque l'Europe du Nord
– Qualités : lumineuse, économe en énergie, spacieuse et saine
– Surface et prix : 245 000 euros, clés en main, pour 210 m^2.
– Matériaux utilisés : tous d'origine locale, les plus sains et les plus durables
– Économie d'énergie électrique grâce à l'orientation et à l'isolation de la maison
– Économie de l'eau grâce à des limitateurs de débit et à des récupérateurs d'eaux de pluie
– Les deux pays les plus avancés : l'Allemagne et la Suisse
– HQE signifie : haute qualité environnementale

Expression orale

Faire lire la consigne, puis laisser aux apprenants le temps de choisir un projet écologique et de rassembler leurs arguments. Les autoriser à prendre des notes en vue de l'exposé. Puis placer les apprenants en binômes et les inviter à communiquer devant le groupe, qui émettra ensuite une opinion sur ce qu'il vient d'entendre : capacité à présenter un projet, clarté de la présentation, correction linguistique... Temps limite : 3 ou 4 minutes par candidat.
Pour l'évaluation, voir grille ci-dessous.

EXPRESSION ORALE	10 points
Capacité à communiquer dans la situation proposée	**4 points**
Capacité à présenter un projet écologique	2
Capacité à exprimer son point de vue	2
Capacité à interagir	**2 points**
Aisance et efficacité dans l'échange	2
Compétence linguistique	**4 points**
Correction syntaxique	2
Richesse du lexique	1
Correction phonétique	1

Je **plaide**

CONTENUS SOCIOCULTURELS – THÉMATIQUES

La justice en question
Élémentaire, mon cher Watson !

OBJECTIFS SOCIOLANGAGIERS

OBJECTIFS COMMUNICATIFS & SAVOIR-FAIRE	
Être capable de...	
Je plaide	– comprendre un extrait de roman policier – rédiger le portrait d'un enquêteur célèbre
La vie au quotidien	– comprendre des faits de justice – écrire une lettre de contestation
Points de vue sur...	– parler de procès célèbres – comprendre le témoignage d'un juré
Outils pour...	– exprimer des doutes et des certitudes – utiliser des outils de substitution – situer des événements dans un récit – faire une démonstration
Paroles en scène	– exprimer différents sentiments lors d'un interrogatoire – lire et jouer une scène de film – interpréter une scène de jugement
À vos créations	– écrire une scène de scénario de téléfilm policier
Bilan	
OBJECTIFS LINGUISTIQUES	
GRAMMATICAUX	– l'expression de l'opinion – la double pronominalisation – les marqueurs de temps – les articulateurs du discours
LEXICAUX	– le vocabulaire de la justice – le lexique du polar
PROSODIQUES	– l'intonation dans l'expression de sentiments

SCÉNARIO DU DOSSIER

Dans la première double page, les apprenants liront un extrait d'une enquête du commissaire Maigret et discuteront de ses méthodes d'investigation. Puis ils rédigeront à leur tour le portrait d'un enquêteur célèbre. Enfin ils devront se transformer en juges pour décider des peines à apporter dans des cas réels de délits.

Dans LA VIE AU QUOTIDIEN, ils seront amenés à comprendre les faits de justice rapportés par les médias et découvriront du vocabulaire propre à ce thème. Puis ils écouteront un échange entre un policier et un automobiliste, liront une lettre de contestation et s'exerceront à en écrire une eux-mêmes.

Dans OUTILS POUR, les apprenants liront la question d'un forum avant d'échanger en petits groupes sur le fait de retransmettre à la télévision des procès pendant leur déroulement. Ils auront alors l'occasion de revenir sur l'expression de l'opinion et sur l'utilisation du subjonctif ou de l'indicatif dans les subordonnées. Ils travailleront également sur la place et l'usage des doubles pronoms.

➤➤➤

.... Dans **POINTS DE VUE SUR,** ils seront amenés à évoquer des procès célèbres, écouteront un juré parler de son expérience puis échangeront sur le thème. Ils écouteront aussi un témoignage sur les différences culturelles d'un pays à l'autre.

Dans **OUTILS POUR,** ils liront les notes d'un journaliste puis l'écouteront parler dans une émission d'un grand événement de l'histoire. Ce sera l'occasion de découvrir des marqueurs de temps utilisés pour situer des événements dans un récit. Ils analyseront également un extrait de roman policier et rencontreront alors plusieurs articulateurs employés pour faire une démonstration. Ils seront aussi amenés à découvrir le lexique du polar.

Dans **PAROLES EN SCÈNE,** les apprenants devront exercer leurs talents d'acteurs et d'actrices en apprenant à mettre le ton juste dans l'expression de sentiments et en jouant une scène d'un film de Claude Miller. Ils interpréteront également une scène du « jugement dernier ».

Dans **À VOS CRÉATIONS,** ils feront appel à toute leur créativité pour rédiger une scène de scénario de téléfilm policier et s'exerceront à la critique en évaluant leurs productions.

Dans **BILAN,** les apprenants mobiliseront les acquis de ce dossier à travers quatre activités écrites et orales, sous la forme d'un test de type DELF B1.

JE PLAIDE   `pp. 124 et 125`

1 ➡ OBJECTIF : **Comprendre un extrait de roman policier**

Avant de faire travailler les apprenants sur le texte de la page 124, leur faire faire un remue-méninges sur la justice à partir des photos pp. 122-123, afin d'introduire du vocabulaire relatif à la thématique du dossier. (Au cas où les apprenants partiraient sur de fausses pistes (par exemple : peser, vendeur, astrologie...), les guider vers le thème réel.) Écrire les propositions au tableau au fur et à mesure (Réponses possibles : *balance, glaive, justice, loi, tribunal, juge, avocat, accusé, coupable, innocent...*). Puis enrichir ce vocabulaire en faisant lire le cadre *Les mots pour parler de la justice.* Vérifier la compréhension du lexique en engageant une conversation en grand groupe sur la façon dont la justice est représentée ou caricaturée dans le pays des apprenants.

En ce début de dossier, ne pas traiter les trois citations placées en exergue, y revenir plus tard. Demander aux apprenants de lire rapidement la présentation de Georges Simenon ainsi que le résumé qui suit (une minute devrait suffire). Puis, livres fermés, procéder en grand groupe à un quiz oral. Le gagnant reçoit un prix.

Quiz : *Simenon est né en 19... ? (03), il est né à ... ? (Liège) et mort à ... ? (Lausanne), le héros de ses nombreux romans policiers s'appelle ... ? (Maigret), il est inspecteur de police, vrai/faux ? (faux, il est commissaire), il applique une méthode de proximité ... ? (psychologique), dans l'extrait proposé, la victime est un ... ? (clochard), il est retrouvé assassiné à Montmartre, vrai/faux ? (faux, dans le quartier des Halles), il est mort poignardé, vrai/faux ? (faux, il a été tué d'une balle en plein cœur), Maigret va soumettre des propositions de pistes au ... ? (juge)*

Ensuite, inviter les apprenants à lire individuellement l'extrait proposé et leur demander de répondre en binômes aux deux questions de l'activité. Confronter les réponses en grand groupe.

➡ CORRIGÉ : **1. Dans le cabinet du juge d'instruction. – 2. Cassure est juge d'instruction, Maigret est commissaire de police. Cassure est le plus important socialement et hiérarchiquement.**

2 ➡ OBJECTIF : **Approfondir la compréhension écrite de l'extrait**

Faire relire le texte, puis faire répondre, toujours en binômes, aux questions de l'activité. Corriger en grand groupe.

➡ CORRIGÉ : **1. désordonnée / vieillotte – 2. bienveillante / reconnaissante – 3. réservée**

3 ➡ OBJECTIF : **Échanger oralement sur le thème**

Demander aux apprenants de relire le résumé, puis les faire s'exprimer à l'oral en grand groupe sur la manière possible pour Maigret de mener l'enquête *(Que pensez-vous de la façon de procéder du commissaire ? Vous semble-t-elle efficace ? Si vous étiez vous-mêmes policiers, quelles méthodes d'investigation utiliseriez-vous ?).*

Réponse libre.

4 ➡ OBJECTIF : Faire le portrait à l'écrit d'un enquêteur célèbre

Placer les apprenants par groupes de trois ou quatre personnes et leur laisser quelques minutes de réflexion pour choisir un enquê-teur célèbre dans leur pays, en littérature, au cinéma, à la télévision (par exemple : Sherlock Holmes, Hercule Poirot, Pepe Carvalho...). Puis leur demander de rédiger le portrait de cet enquêteur et de décrire également ses méthodes de travail. Prévoir quinze minutes de préparation. Faire lire les productions en grand groupe. Les autres apprenants doivent trouver de quel enquêteur il s'agit.
À cette étape de la leçon, on peut faire le **Jeu de la charade du polar**, p. 134 du manuel (voir la préparation, p. 116 de ce guide).

EGO TEST – VOUS ET LA LOI : SERIEZ-VOUS UN BON JUGE ?

Proposer à présent aux apprenants de siéger à la table des juges. Les placer en groupes de trois ou quatre, de profils différents si possible (âge, sexe, personnalité...). Leur annoncer qu'ils devront décider de la peine à appliquer dans deux cas réels de délits.
En premier lieu, faire lire en grand groupe les deux situations, ainsi que les quatre types de condamnations, et s'assurer que le lexique est compris de tous. Puis laisser quelques minutes aux apprenants pour décider collectivement des peines à appliquer. Enfin prévoir un retour en grand groupe pour connaître les différents jugements et faire lire et commenter les décisions prises par le vrai tribunal.

■ **POUR ALLER PLUS LOIN :** Diviser la classe en deux groupes. Attribuer à chaque groupe un des deux cas vus précédemment et demander aux apprenants de jouer la scène du jugement sous forme de jeu de rôle (Ne pas s'attarder trop longtemps sur ce jeu de rôle, privilégier l'improvisation, car dans *Paroles en scène* p. 134, les apprenants auront l'occasion de préparer une autre scène de jugement).

TROIS CITATIONS

Inviter à présent les apprenants à commenter les trois phrases placées en exergue. Dire un mot de leurs auteurs, ou inviter les appre-nants à parler d'eux, s'ils les connaissent.
Réponses possibles : « *Qui n'entend qu'une cloche n'entend qu'un son.* » La phrase signifie que pour se faire une opinion juste, il est nécessaire d'entendre différents points de vue.
« *Selon que vous serez puissant ou misérable, les jugements de Cour vous rendront blanc ou noir.* » Jean de La Fontaine (1621-1695) est resté célèbre pour ses *Fables* d'où se dégage une morale basée sur la vision pessimiste de la réalité. La phrase signifie que les hommes ne sont pas égaux devant la justice, que celle-ci ne s'applique pas de la même façon pour les nantis et les autres.
« *L'amour de la justice n'est pour la plupart des hommes que la crainte de souffrir l'injustice.* » François de La Rochefoucauld (1613-1680), écrivain moraliste français, fit scandale à son époque en publiant ses *Réflexions ou Sentences et Maximes morales (1665)* dans lesquelles il dénonçait les motivations égoïstes des relations sociales. Cette phrase signifie que l'amour de la justice n'est pas désintéressé, mais au contraire motivé par des intérêts égoïstes.

Enfin, faire commenter la caricature (en bas de la page 125 du manuel) et amener les apprenants à s'interroger sur ce que change l'intention dans la responsabilité d'un acte.

La vie au quotidien `pp. 126 et 127`

Commencer cette double page en faisant lire par un apprenant le **Point Info** sur la justice en France. Puis le faire commenter en grand groupe (*Que pensez-vous de ces informations ? Et des chiffres donnés ? Qu'est-ce qui vous étonne ? Quelle image de la France cela reflète-t-il ? Et dans votre pays, savez-vous ce qu'il en est ?*).

1 ➡ OBJECTIF : Comprendre des faits de justice

Dans un premier temps, demander aux apprenants la différence entre un crime et un délit, ou la leur expliquer s'ils ne la connaissent pas (voir **Point Info** ci-dessous). Leur demander ensuite d'identifier les quatre documents proposés (*Il s'agit de titres et de chapeaux d'articles de presse.*), puis de classer les affaires évoquées en deux catégories (*crime ou délit ?*). Corriger en grand groupe.
➡ **CORRIGÉ :** Crime : d, a – Délit : b, c

⬤ POINT INFO

Un délit est une infraction à la loi pour laquelle l'auteur est passible de peines correctionnelles (emprisonnement court, amendes).
Un crime est une infraction punie d'une peine de réclusion ou de détention criminelle pour une durée limitée ou à perpétuité.

2 ➔ OBJECTIF : Approfondir la compréhension écrite

Placer les apprenants en binômes, leur faire relire les chapeaux et leur faire faire l'exercice d'association. Vérifier les réponses en grand groupe.

➔ CORRIGÉ : **1.** être incarcéré = être mis en prison / être condamné = être jugé coupable / être interpellé = être arrêté par la police / être acquitté = être jugé innocent / être mis en examen = être considéré comme suspect − **2.** la garde à vue = le maintien d'une personne au commissariat / une enquête = une recherche des faits / une réclusion criminelle = un enfermement / faire appel = la demande d'une deuxième décision

Faire ensuite lire le cadre *Les mots pour comprendre les faits de justice*, afin d'enrichir le vocabulaire vu précédemment, et s'assurer de la compréhension du lexique.

3 ➔ OBJECTIF : Réemployer les acquis en s'exprimant oralement sur le thème

Former des groupes de trois ou quatre personnes, de profils différents si possible (âge, sexe, personnalité, …) et leur demander de discuter de leur expérience personnelle dans le domaine de la justice, en s'aidant des questions du manuel. Prévoir un retour en grand groupe pour constater les poins communs et les disparités.

4 ➔ OBJECTIF : Comprendre un échange entre un policier et un automobiliste

Faire écouter une première fois l'enregistrement et demander aux apprenants d'identifier la situation, puis procéder à une deuxième écoute et faire relever les trois documents nécessaires pour pouvoir conduire une voiture en France.

➔ CORRIGÉ : **a)** Il s'agit d'un échange entre un agent de police et un automobiliste, lors d'un contrôle routier. − **b)** permis de conduire / assurance / carte grise

5 ➔ OBJECTIF : Échanger oralement sur le thème

Proposer aux apprenants de discuter en grand groupe à propos de l'attitude de l'automobiliste dans le dialogue *(Cette attitude vous surprend-elle ? Vous semble-t-elle correcte ? Dans votre pays, comment réagirait un policier face à un tel comportement ?)*. Puis leur demander quels papiers sont nécessaires dans leur pays pour conduire un véhicule.

■ POUR ALLER PLUS LOIN : Inviter les apprenants à rejouer la scène en binômes en attribuant à chacun des automobilistes une personnalité différente (par exemple : *un grand timide, une séductrice, un jeune garçon sans permis, un acteur célèbre, etc.*). Leur laisser quelques minutes de préparation puis procéder au jeu de rôle en imposant un temps limite (une minute devrait suffire) et en insistant sur l'importance de l'intonation ainsi que des gestes.

6 ➔ OBJECTIF : Comprendre une lettre de contestation

Demander aux apprenants de lire la lettre et de répondre aux questions en binômes. Puis vérifier les réponses en grand groupe.

➔ CORRIGÉ : **a)** Expéditeur : Xavier Préval / Destinataire : Commissaire de police, chef de la circonscription d'Amiens / Motif de la lettre : L'expéditeur demande la révision d'un procès-verbal. − **b)** Il explique son cas : « En effet » → « le fonctionnaire de police ». Il fait un commentaire personnel : « Je conteste » → « ses droits ». Il présente l'objet de sa lettre : « Je me permets » → « le certificat de l'assurance ». Il formule sa demande : « Je m'en remets » → « favorablement ».

7

➔ OBJECTIF : Apprendre à rédiger une lettre de contestation

Avant de procéder à l'activité, faire lire le tableau *Stratégies pour écrire une lettre de contestation*. Vérifier sa compréhension. Ensuite faire lire l'énoncé de la situation et faire travailler les apprenants en binômes. Imposer un nombre de mots à respecter (environ 150 mots). Faire lire quelques productions en grand groupe.

Exemple de production :

David Duchosal
19, rue Voltaire
13000 Marseille

Monsieur Louis Grandet
Directeur de la SNCF
6, rue Jules Ferry
75006 Paris

.../...

.../...

Marseille, le 15 mars 2007

Objet : Contestation de frais de dossier

Monsieur le Directeur,
Je me permets de faire appel à vous afin de solliciter votre aide. Je viens de recevoir une injonction à payer 46 euros à la SNCF.
En effet, lors d'un voyage dans le TGV Paris-Marseille, le 2 février dernier, j'ai été contrôlé par un de vos agents, et ayant oublié de composter mon billet, il m'a été demandé de régler une amende de 20 euros. Étant donné que je n'avais ce jour-là aucun moyen de paiement sur moi, j'ai reçu cette amende par courrier et j'ai constaté alors avec stupéfaction que je devais payer 26 euros de « frais de dossier ».
N'ayant pas été informé par le contrôleur de ces frais supplémentaires, je refuse formellement de payer cette somme.
Je m'en remets à vous pour répondre favorablement à ma demande.
Recevez, Monsieur le Directeur, mes salutations distinguées.

Duchosal

Outils pour... `pp. 128 et 129`

EXPRIMER DES DOUTES ET DES CERTITUDES

➡ OBJECTIF : Comprendre le sujet d'un débat

Demander aux apprenants de lire la question du forum et de dire quel est le sujet du débat et ce qu'ils en pensent.

➡ CORRIGÉ : le sujet du débat est : « Que penser de la diffusion d'un feuilleton mettant en scène une affaire récente jamais élucidée et dont les protagonistes sont pour la plupart encore vivants ? »

➡ OBJECTIF : Comprendre l'opinion de téléspectateurs

Placer les apprenants en binômes, puis leur demander de lire rapidement les cinq opinions et de les classer en deux groupes : les « plutôt pour » la diffusion et les « plutôt contre ». Confronter les réponses en grand groupe.

➡ CORRIGÉ : Plutôt pour : François, Valérie, Alain – Plutôt contre : Catherine, Jean-Louis

Point **Langue** > EXPRESSION DE L'OPINION : LA CERTITUDE ET LE DOUTE

Ce Point Langue permet de revenir sur l'expression de l'opinion et sur l'utilisation du subjonctif ou de l'indicatif dans les subordonnées.
Faire relever dans le forum les phrases qui expriment une opinion certaine (a), puis celles exprimant le doute et l'incertitude (b) et en faire déduire la règle d'utilisation des deux modes dans l'expression de l'opinion (c).

➡ Corrigé : a) Il me semble que c'est une très bonne idée. / Je suis sûr que ça permettra de se poser des questions sur la médiatisation excessive des faits divers. / Je crois que les parents de cet enfant ont refait leur vie. / Je pense que les parents ont donné leur accord. / Vous croyez qu'on leur a donné de l'argent ? – **b)** Je doute que ça puisse les aider à oublier. / Croyez-vous vraiment que ça puisse apporter quelque chose de nouveau ? / C'est peu probable que la chaîne n'ait pas demandé leur autorisation... – **c)** – Je pense que, il me semble que + indicatif – Je doute que + subjonctif – Je ne crois pas, je ne pense pas, croyez-vous que + indicatif ou subjonctif

S'EXERCER n° 1 Corrigé ▶ p. 112

4 ◉ OBJECTIF : Réutiliser les expressions de l'opinion en échangeant sur le thème

Former des groupes de trois ou quatre personnes et les inviter à échanger leurs opinions sur le fait de retransmettre à la télévision des procès pendant leur déroulement. Prévoir une brève mise en commun pour constater les points communs et les disparités.

UTILISER DES OUTILS DE SUBSTITUTION

5 ◉ OBJECTIF : Comprendre des échanges entre des avocats et leurs clients

Faire lire la consigne, puis procéder à une première écoute de l'enregistrement et faire associer les problèmes aux quatre échanges. Confronter les réponses en grand groupe.

◉ CORRIGÉ : Divorce : n° 2 / Irresponsabilité du fils : n° 4 / Pension alimentaire : n° 1 / Indemnités de licenciement : n° 3

6

Point **Langue** › LA DOUBLE PRONOMINALISATION

Ce Point Langue permet de revenir sur l'usage et la place des doubles pronoms dans la phrase.

a) Procéder à une deuxième écoute de l'enregistrement de l'activité 5 et faire retrouver, pour chaque situation, à quoi se réfèrent les pronoms utilisés.

b) Faire relire les exemples et demander aux apprenants de retrouver l'ordre des pronoms dans la phrase. Faire donner toutes les combinaisons possibles en faisant remarquer que les pronoms des bulles 1 et 3 ne peuvent jamais être employés ensemble.

◉ **Corrigé : a)** b. en = de la pension alimentaire – c. les = les enfants / lui = à ma femme – d. les = les indemnités de licenciement – e. le = que ça finirait mal / lui = à mon fils – f. lui = à notre fils / en = de se faire soigner – **b)** b. 1-4 / c. 2-3 / d. 1-2 / e. 2-3 / f. 3-4

S'EXERCER n°s 2 et 3 **Corrigé** ▸ p. 112

› LES PRONOMS NEUTRES

Faire réécouter l'enregistrement et demander aux apprenants de relever les phrases où le pronom remplace une proposition ou un infinitif et d'en déduire quels sont les pronoms utilisés dans ces cas-là.

◉ **Corrigé :** Je *le* lui avais bien dit ! → Je lui avais bien dit *que ça finirait mal* ! Il disait qu'il *y* réfléchissait... → Il disait qu'il réfléchissait *à se faire soigner*...
Les pronoms qui peuvent remplacer une proposition ou un infinitif sont *le* et *y*.

1. a) veut **b)** serve **c)** doit **d)** puisse **e)** sera / puisse
2. les / les / lui / la lui / la / nous / nous en / les / lui / le
3. a) il ne me l'a pas montré **b)** nous vous l'avons réclamé **c)** je ne les lui ai pas apportées **d)** je te l'ai envoyée

Points de vue sur... `pp. 130 et 131`

→ OBJECTIF : Parler d'un procès célèbre

Inviter les apprenants à observer le dessin, puis à lire la légende et leur demander oralement en grand groupe s'ils ont entendu parler de ce procès.

● POINT INFO

Maurice Papon (1910-2007), haut fonctionnaire français du régime de Vichy, a été condamné en 1998 à 10 ans de réclusion criminelle pour complicité de « crime contre l'humanité ».

→ OBJECTIF : Comprendre le témoignage d'un juré

Faire écouter une première fois l'enregistrement et vérifier la compréhension globale à l'aide de questions simples. *Qui parle ? (Un juré.) De quoi ? (De son expérience de juré.)* Puis procéder à une réécoute et demander aux apprenants de répondre en binômes aux questions de l'activité 3. Confronter les réponses en grand groupe.

→ CORRIGÉ : a) 1. du tribunal du procès de Maurice Papon – 2. neuf jurés – 3. six mois – 4. ils sont tirés au sort – **b)** 1. inquiétude, timidité – 2. malaise, intérêt – 3. satisfaction, soulagement

→ OBJECTIF : Échanger oralement sur le thème

Former des groupes de trois ou quatre personnes, de profils différents si possible (âge, sexe, personnalité...) et leur demander d'échanger sur le thème, en s'aidant des questions du manuel. Prévoir un retour en grand groupe, pour constater les points communs et les disparités.

■ POUR ALLER PLUS LOIN : Inviter les apprenants à aller chercher sur Internet des informations sur des procès célèbres ayant défrayé la chronique en France ou dans d'autres pays. Leur demander de présenter à la classe, au cours suivant, sous forme d'exposé, un cas célèbre.

→ OBJECTIF : Lire une biographie

Avant de faire lire la biographie, demander aux apprenants ce qu'ils savent de Marie-Antoinette *(Est-elle très connue dans votre pays ? Étudie-t-on sa vie à l'école ? Que savez-vous de ses origines, de ses amours, de sa mort ? La voyez-vous comme une femme forte ou plutôt comme une victime ?).* Puis leur faire observer la photo. *Savez-vous d'où elle est extraite ? (C'est une photo du film de Sofia Coppola,* Marie-Antoinette, *présenté au festival de Cannes en 2006). Avez-vous entendu parler de ce film ? L'avez-vous vu ? Si oui, l'avez-vous apprécié ? Connaissez-vous d'autres films traitant de cette période de l'histoire ?* Puis placer les apprenants en binômes, leur faire lire la biographie et classer les points de vue exprimés en deux groupes, ceux de l'accusation et ceux de la défense. Confronter les réponses en grand groupe en demandant aux apprenants de justifier leurs choix.

→ CORRIGÉ : 2. a. Défense b. Accusation – **3.** a. Accusation b. Défense – **4.** a. Accusation b. Défense – **5.** a. Défense b. Accusation – **6.** a. Accusation b. Défense – **7.** a. Défense b. Accusation – **8.** a. Accusation b. Défense (L'accusation présente Marie-Antoinette comme une femme de pouvoir, dure, égoïste, prête à tout pour arriver à ses fins. La défense, elle, la décrit comme quelqu'un de fragile, de sensible, en proie à la peur, toujours soucieuse de protéger sa famille.)

→ OBJECTIF : Négocier le degré de culpabilité d'une accusée célèbre

Inviter les apprenants à évaluer individuellement par une note de 0 à 10 le degré de culpabilité de Marie-Antoinette. Puis les placer en petits groupes de trois ou quatre et leur demander de négocier une note commune. Enfin décider en grand groupe d'une note définitive.

RENDEZ-VOUS ALTERCULTUREL

Lire la situation à la classe, leur faire écouter une première fois l'enregistrement, puis leur faire lire les trois questions avant de procéder à une deuxième écoute. Faire répondre en grand groupe.

→ CORRIGÉ : 1. La présomption d'innocence, concept essentiel du droit anglais, qui permet à une personne d'être considérée comme innocente en attendant que sa culpabilité soit établie ou non. – **2.** Des preuves irréfutables. – **3.** En 1993, lors d'un procès criminel, la télévision ayant suggéré la culpabilité de l'accusé, la cour d'appel de Londres a annulé ce procès.

Outils *pour...* `pp. 132 et 133`

SITUER DES ÉVÉNEMENTS DANS UN RÉCIT

1 ▶ OBJECTIF : Lire les notes d'un journaliste historique

Faire lire rapidement les notes du journaliste de l'émission *Le Miroir de l'Histoire*, puis demander en grand groupe aux apprenants de quel événement il va être question.

▶ CORRIGÉ : Des derniers jours de Marie-Antoinette.

2 ▶ OBJECTIF : Comprendre une émission historique

a) Faire écouter une première fois l'enregistrement de l'émission aux apprenants et leur demander de noter les dates qui manquent dans les notes du journaliste. Confronter les réponses en grand groupe.

b) Puis procéder à une deuxième écoute et demander aux apprenants de relever les expressions de temps qui correspondent à celles de la liste. Corriger en grand groupe.

▶ CORRIGÉ : **a)** 14 octobre 1793 / 13 octobre 1793 / 14 et 15 octobre 1793 / 16 octobre 1793 / 19 octobre 1793 / 1794 **b)** hier – la veille / aujourd'hui – ce jour-là / demain – le lendemain / dans trois jours – trois jours plus tard / l'année prochaine – l'année suivante

S'EXERCER n° 1 ⟳ Corrigé ▶ p. 115

3 ▶ OBJECTIF : Réemployer les acquis de la leçon dans un récit oral

Placer les apprenants par groupes de trois ou quatre et leur demander de choisir une personnalité de leur pays au destin dramatique. Leur laisser quelques minutes pour se concerter et noter quelques dates importantes. Puis chaque groupe racontera à la classe, à la manière d'une émission historique, les derniers moments de la personnalité choisie, en taisant son nom, et les autres apprenants devront retrouver de qui il est question. Veillez à faire réutiliser dans le récit les marqueurs de temps vus précédemment et à faire parler tous les apprenants de chaque groupe (un apprenant commence, un deuxième continue, etc.).

FAIRE UNE DÉMONSTRATION

4 ▶ OBJECTIF : Comprendre un extrait de roman policier

Avant de procéder à l'activité, faire faire un remue-méninges à partir de l'illustration p. 133 afin d'introduire le lexique du roman policier *(Quelle est la profession de cet homme ? En quoi consiste son travail ? Qui rencontre-t-il au cours de ses enquêtes ?...)*. Écrire les propositions des apprenants au tableau au fur et à mesure. Puis faire lire le cadre *Le roman policier (le polar)* afin d'enrichir ce vocabulaire. Ensuite inviter les apprenants à lire individuellement l'extrait de roman policier et à retrouver à quel moment du récit se situe ce passage. Corriger en grand groupe en faisant justifier la réponse.

▶ CORRIGÉ : le dénouement (Dans l'extrait, le commissaire explique à ses collaborateurs comment il a procédé pour résoudre cette affaire. Il reprend les faits dans l'ordre et conclut son raisonnement par la phrase : « C'est ainsi que j'ai compris ce qui s'était passé ! »)

5 ▶ OBJECTIF : Approfondir la compréhension écrite

Demander aux apprenants de relire le texte et de relever les mots utilisés pour présenter des faits dans l'ordre, pour ajouter une information et pour conclure la démonstration. Vérifier les réponses en grand groupe puis faire lire le cadre *Les mots pour faire une démonstration* afin de découvrir d'autres articulateurs de la démonstration.

▶ CORRIGÉ : Présenter des faits dans l'ordre : en premier lieu / finalement / alors / d'abord / ensuite / enfin / au bout du compte – Ajouter une information : par ailleurs / d'ailleurs / d'autre part – Conclure la démonstration : donc / c'est ainsi que

■ POUR ALLER PLUS LOIN : Apporter en classe un Cluedo (Jeu de société où le but est de retrouver, à l'aide d'indices, le coupable, le lieu et l'arme d'un crime). Faire une ou plusieurs parties avec les apprenants en veillant à faire réutiliser le lexique du polar (par exemple : *« Je pense que Mademoiselle Rose est coupable de ce crime. Je l'accuse d'avoir tué le Docteur Lenoir dans la salle de bains, avec le chandelier. Je ne connais pas son mobile, mais je suis sûr que son acte était prémédité. »*).

S'EXERCER n°s 2 et 3 ➲ **Corrigé** ▶ p. 115

1. la veille au soir / deux jours plus tôt / ce jour-là / le lendemain / deux jours plus tard / les cinq jours suivants / cette semaine-là / le mois suivant / sept mois plus tard

2. d'abord / en second lieu / finalement / premièrement / ensuite / de plus / alors / finalement

3. suspect / empreintes / arme / mobile / alibi / coupable / indices / empreintes / crime / prémédité / enquête

Paroles en scène... `p. 134`

Sur tous les tons

1 ➲ OBJECTIF **:** Distinguer à l'oral différentes intonations dans l'expression de sentiments

Avant de procéder à l'écoute, faire produire en grand groupe une phrase d'exemple pour chacun des sentiments de l'activité (exemple : *Curiosité – « Mais qu'est-ce qui s'est passé ? Raconte-moi tout ! » Énervement – « Non, mais c'est pas possible ! Ça va pas recommencer ! » Surprise – « Sans blague ! Il a enfin réussi son permis ? » Satisfaction – « Je suis vraiment contente pour toi ! » Colère – « Arrête de me parler sur ce ton ! » Désespoir – « J'en peux plus... C'est trop dur ! » Indifférence – « Ah bon ! » Inquiétude – « Il est toujours pas rentré ? Mais où est-ce qu'il est passé ? »*). Puis, livres fermés, faire écouter l'interrogatoire et demander aux apprenants à quel sentiment correspond chacune des répliques. Procéder à autant d'écoutes que nécessaire pour bien faire sentir les nuances.

➲ CORRIGÉ **:** Curiosité : « Où étiez-vous entre 11 h et midi mardi dernier ? » / Énervement : « Non, alors je répète : où étiez-vous mardi dernier entre 11 h et midi ? » / « Ce n'est pas la peine d'insister ! » / Surprise : « Vous avez mis une heure pour acheter une baguette ? » / Satisfaction : « Ah ! Eh bien, elle ne s'en souvient pas du tout ! » Colère : « Mais je vous assure que je bavardais avec Madame Martin, même si elle ne s'en souvient pas !! / Désespoir : « Mais je vous assure, j'étais à la boulangerie, À – LA – BOU – LAN – GE – RIE ! » / Indifférence : « À la boulangerie, j'achetais du pain. » / « J'ai un peu parlé avec la boulangère, on se connaît. » / Inquiétude : « Elle ne s'en souvient pas ? »

2 ➲ OBJECTIF **:** Exprimer à l'oral différents sentiments

Placer les apprenants en binômes et les inviter à s'entraîner à répéter les répliques de l'interrogatoire de l'activité 1, avec l'intonation correcte. On pourra ensuite leur demander de jouer la scène devant la classe, comme dans un cours de théâtre, les auditeurs étant les examinateurs. Ce travail préparera à l'activité suivante.

Mise en scène

➲ OBJECTIF **:** Jouer une scène de film

Dans un premier temps, présenter Claude Miller aux apprenants (*cf.* **Point Info** ci-dessous). Puis faire lire la scène en grand groupe pour en vérifier la compréhension. Finalement faire relire l'extrait par plusieurs binômes en leur demandant d'utiliser le ton juste.

⬤ POINT INFO

Claude Miller (1942), réalisateur, acteur et scénariste, il a d'abord travaillé pour de grands metteurs en scène, tels que Marcel Carné, Jean-Luc Godard ou François Truffaut, avant de passer lui-même à la réalisation. Ses plus grands succès restent à ce jour *Garde à vue* (1981) et *L'Effrontée* (1985).

■ **POUR ALLER PLUS LOIN :** Passer l'extrait de *Garde à vue* à la classe, puis demander aux apprenants d'émettre des hypothèses à l'oral sur la fin du film *(Martinaud passera-t-il aux aveux ? Ou bien sera-t-il innocenté ? Si oui, pour quelles raisons ?...).* Ne pas dévoiler la fin du film aux apprenants *(le notaire est effectivement innocent des crimes dont on l'accuse)*, les inciter plutôt à voir ce film.

S'EXERCER – CORRIGÉ

➔ OBJECTIF : S'exprimer à l'oral dans un jeu de rôle

Faire faire d'abord, avec toute la classe, sous forme de remue-méninges, une liste de personnalités dont le comportement peut (ou a pu) prêter à la polémique ou au scandale. Faire noter leurs noms sur des petits papiers et les faire mettre de côté. Puis placer les apprenants par groupes de quatre, les inviter à lire la consigne et à choisir un rôle pour chacun. Puis faire tirer une identité à l'accusé. Laisser environ 15 minutes aux apprenants pour préparer ce jeu de rôle, puis faire passer les groupes devant la classe. Suite au jugement énoncé par Saint-Pierre, les autres apprenants peuvent approuver ou discuter sa décision en vue d'un appel possible.

JEU DE LA CHARADE DU POLAR : Placer les apprenants en binômes et leur faire lire la consigne. S'assurer de sa compréhension. Laisser quelques minutes aux apprenants pour imaginer leur charade. Puis faire lire les différentes productions et faire retrouver par les autres apprenants le nom caché.

À vos créations ! p. 135

➔ OBJECTIF : Écrire la scène de dénouement d'un téléfilm policier

Annoncer tout d'abord aux apprenants l'objectif de l'activité et leur faire lire la consigne en attirant particulièrement leur attention sur les points de l'**Autoévaluation**, et particulièrement sur les points grammaticaux à réemployer : les temps du passé et les articulateurs chronologiques. Puis placer les apprenants en groupes de trois ou quatre personnes. Cette activité de production écrite demande un temps de préparation assez long. Prévoir environ une heure pour la partie *Préparation* et 30 minutes pour la partie *Réalisation*. Pour la correction, procéder à un échange des productions, les groupes s'évaluant les uns les autres.

Au cours suivant, après correction par le professeur, on pourra exposer les différents scénarios et inviter les apprenants à voter pour le meilleur, en tenant compte de la présentation, de l'originalité, de la créativité ainsi que de la correction linguistique (Interdiction de voter pour son propre groupe). Le groupe gagnant reçoit un prix.

BILAN pp. 136 et 137

La partie écrite du BILAN peut être donnée à faire à la maison sous forme de devoir, tandis que la partie orale peut être traitée en classe. On peut également présenter ce bilan sous forme d'examen écrit, à faire donc en classe, puisqu'il s'agit d'une épreuve de type DELF niveau B1.

Compréhension écrite

Cette activité peut se faire en une vingtaine de minutes. Interdire l'usage du dictionnaire. À la fin de l'épreuve, revenir sur le texte et inviter les apprenants à indiquer les difficultés qu'ils ont rencontrées.

➔ CORRIGÉ : **1.** B – **2.** L'article traite de la demande judiciaire pour l'obtention de la garde des animaux domestiques. – **3.** Il y a eu deux jugements. – **4.** « C'est une tendance qui commence à encombrer les dossiers de la justice. » / « Les tribunaux ont à connaître des demandes grandissantes relatives à la garde de l'animal. » – **5.** Non, au Royaume-Uni également, de nombreux propriétaires d'animaux sont prêts à se lancer dans une bataille judiciaire pour obtenir la garde de leur favori. – **6.** « ... Il a été décidé que l'animal passerait une semaine chez le mari, une semaine chez la femme. » – **7.** C – **8.** Substitut affectif / Membre à part entière du foyer

Expression écrite

Faire écrire les apprenants individuellement. Leur faire lire la consigne et leur donner comme limite de temps 20 minutes et comme nombre de mots à respecter : 150 mots (± 10 %).
Pour l'évaluation, voir grille ci-après.

Exemple de production :

Julia Becker
33, avenue du 18 Juin
38000 Grenoble

Monsieur le commissaire de police
Chef de la circonscription de Grenoble
16, rue Victor Hugo
38000 Grenoble

Grenoble, le 2 février 2007

Objet : révision de procès-verbal

Monsieur le Commissaire,
Je me permets de m'adresser à vous afin de demander une révision de procès-verbal. Il m'a été reproché à tort d'avoir grillé un feu rouge, le 12 janvier dernier, à une centaine de mètres de mon domicile.
En effet, alors que je circulais à bicyclette, j'ai été arrêtée par un fonctionnaire de police qui m'a accusée d'être passée au feu rouge ; or, le feu était orange, j'en suis certaine ! J'ai eu beau discuter longuement avec cet agent, je n'ai pu lui faire entendre raison et je dois aujourd'hui payer une amende de 45 euros. N'ayant rien à me reprocher, je conteste formellement cette contravention.
Je m'en remets donc à votre bienveillance pour prendre en considération ma demande et y répondre favorablement.
Veuillez croire, Monsieur le Commissaire, en l'expression de mes sentiments distingués.

J. B.

P. J. : copie du procès-verbal.

EXPRESSION ÉCRITE	10 points
Adéquation au sujet	**5 points**
Rituel de la lettre formelle	2
Capacité à raconter des faits	1
Capacité à contester des faits	1
Capacité à demander réparation	1
Lisibilité de la production	**1 point**
Cohérence et enchaînements	1
Compétence linguistique	**4 points**
Exactitude de la syntaxe	2,5
Richesse et adaptation du lexique	1,5

Compréhension orale

Faire lire la consigne ainsi que la fiche à remplir puis procéder à une première écoute de compréhension globale. Repasser l'enregistrement afin de permettre aux apprenants de compléter leurs réponses. Corriger en grand groupe, en procédant à une réécoute.

▶ CORRIGÉ :

RETOUR DE VACANCES À L'ÉTRANGER

Faire attention aux produits alimentaires, **aux textiles** et **aux bijoux**
Lieux de contrôles douaniers : les aéroports, **les frontières avec les pays non membres de l'Union européenne, la route**
deux raisons pour lesquelles les contrefaçons sont réprimées : **c'est une atteinte à l'économie nationale, de plus certains de ces produits peuvent être dangereux pour le consommateur**
Peines encourues pour possession de contrefaçons : **amendes douanières (de 150 à 300 000 euros), sanctions pénales (jusqu'à 3 ans de prison, dans certains cas)**
Risques encourus pour dépassement des quantités autorisées de produits hors taxes : **saisie des marchandises, amende**

Expression orale

Faire lire la consigne, puis laisser deux ou trois minutes aux apprenants pour rassembler leurs arguments. Ensuite placer les apprenants en binômes et les faire débattre pendant deux minutes chrono sur ces propositions, à la manière de politiciens lors d'une campagne électorale (peu importe qu'ils soient ou non du même avis, l'essentiel étant d'argumenter le mieux possible). Faire jouer les débats devant le reste du groupe qui émettra ensuite une opinion sur la capacité à argumenter ainsi que la correction linguistique de chaque intervenant.

Pour l'évaluation, voir grille ci-dessous.

EXPRESSION ORALE	10 points
Capacité à communiquer dans la situation proposée	**4 points**
Capacité à exprimer son opinion	2
Capacité à exprimer ses doutes et ses certitudes	2
Capacité à interagir	**2 points**
Aisance et efficacité dans l'échange	2
Compétence linguistique	**4 points**
Correction syntaxique	2
Richesse du lexique	1
Correction phonétique	1

Je **voyage**

CONTENUS SOCIOCULTURELS – THÉMATIQUES

Les voyages
La francophonie

OBJECTIFS SOCIOLANGAGIERS

OBJECTIFS COMMUNICATIFS & SAVOIR-FAIRE Être capable de...	
Je voyage	– comprendre une nouvelle – rédiger une nouvelle – parler de voyages
La vie au quotidien	– comprendre des descriptifs de voyages – résoudre un problème au téléphone – rédiger un mél de confirmation
Points de vue sur...	– comprendre des points de vue différents sur le voyage
Outils pour...	– utiliser des indéfinis – utiliser des négations – faire des recommandations – faire une narration au passé
Paroles en scène	– imiter différentes intonations – lire et jouer une scène de théâtre
À vos créations	– rédiger un dépliant touristique
Bilan	

OBJECTIFS LINGUISTIQUES	
GRAMMATICAUX	– les indéfinis – la phrase négative – les expressions de recommandations – le passé simple
LEXICAUX	– le vocabulaire du voyage
PROSODIQUES	– l'intonation

SCÉNARIO
DU DOSSIER

Dans la première double page, les apprenants liront une nouvelle de science-fiction avant de rédiger à leur tour une courte nouvelle fantastique. Enfin, ils échangeront en petits groupes sur le thème des voyages.

Dans LA VIE AU QUOTIDIEN, ils seront amenés à analyser des pages extraites du catalogue d'une agence de voyages, puis écouteront un couple parler du choix d'une destination pour ses vacances ainsi qu'une conversation téléphonique entre un client et une employée d'agence de voyages. Ils auront alors l'occasion de découvrir comment régler un problème au téléphone. Enfin ils s'exerceront à rédiger un mél de confirmation d'un voyage.

Dans OUTILS POUR, les apprenants liront l'introduction d'un ouvrage sur le Maroc, ce qui les amènera à revoir l'utilisation des indéfinis. Puis, après avoir écouté le récit d'un voyageur malchanceux, ils reviendront sur la construction de la phrase négative.

Dans POINTS DE VUE SUR, ils découvriront plusieurs témoignages de voyages, écrits par des auteurs contemporains, et écouteront une jeune femme parler de son séjour en Colombie. Ce sera alors l'occasion pour eux de parler de leurs propres expériences de voyageurs.

➤➤➤

Dans OUTILS POUR, des extraits de guides touristiques leur permettront de travailler sur les différents moyens de faire des recommandations. Puis après avoir lu un extrait d'un grand roman français, ils seront amenés à découvrir un temps essentiel à la narration : le passé simple.

Dans PAROLES EN SCÈNE, les apprenants devront exercer leurs talents d'acteurs et d'actrices en imitant différentes intonations dans de petits dialogues et en jouant une scène d'une pièce de théâtre de Jean Tardieu. Ils testeront ensuite leurs connaissances des pays francophones à l'aide de quizs qu'ils créeront eux-mêmes.

Dans À VOS CRÉATIONS, ils feront appel à toute leur créativité pour rédiger un dépliant touristique destiné à des voyageurs étrangers qui souhaitent découvrir un pays francophone et s'exerceront à la critique en évaluant leurs productions.

Enfin dans BILAN, les apprenants mobiliseront les acquis de ce dossier à travers quatre activités écrites et orales, sous la forme d'un test de type DELF B1.

JE VOYAGE `pp. 140 et 141`

1 ➡ OBJECTIF : Comprendre une nouvelle

Dans un premier temps, faire un remue-méninges sur le thème du voyage. Écrire toutes les propositions au tableau. (Réponses possibles : *vacances, avion, partir, étranger, argent, valise, hôtel, aventure, guide...*)

Puis demander aux apprenants de trouver le maximum de mots rimant avec « voyage ». Les écrire au tableau au fur et à mesure. (Réponses possibles : *bagages, mariage, usage, sondage, passage, courage, fromage...*) Leur faire remarquer que les mots en *-age* sont du genre masculin, à quelques exceptions près *(une plage, une page, une image).*

Ensuite, placer les apprenants en binômes et les inviter à imaginer un proverbe sur le thème du voyage contenant un ou plusieurs mots en *-age* (par exemple : *« Le mariage est le plus beau mais aussi le plus difficile des voyages », « Partir en voyage est le meilleur des apprentissages », « À tout âge, voyage rime avec courage »...*). Faire lire les productions en grand groupe.

Puis inviter les apprenants à commenter les trois citations placées en exergue des pages 140 et 141.

Réponses possibles : *« Qui veut voyager loin ménage sa monture. »* La phrase signifie que pour réussir, pour mener un projet à terme, il faut savoir économiser ses forces, ses ressources.

« Partir c'est mourir un peu. » Cette phrase signifie que quand on quitte un endroit, on y laisse toujours un peu de soi.

« Le véritable voyage n'est pas d'aller vers d'autres paysages, mais d'avoir d'autres yeux. » Marcel Proust (1871-1922), écrivain français, a reçu le prix Goncourt en 1919 pour *À l'ombre des jeunes filles en fleurs*, qui constitue le deuxième volume de son œuvre principale *À la recherche du temps perdu* (publiée entre 1913 et 1927). La phrase signifie que dans la vie, tout dépend du regard que l'on porte sur les choses et les êtres.

Demander à présent aux apprenants de lire rapidement la présentation de Jacques Sternberg *(Avez-vous déjà entendu parler de cet auteur ? Quel style de littérature produisait-il ? Aimez-vous ce genre de littérature ?)*. Puis faire lire individuellement la nouvelle proposée et les inviter à répondre en binômes aux deux questions de l'activité. Confronter les réponses en grand groupe.

➡ **CORRIGÉ : a)** Les voyageurs viennent du fond de l'espace, à bord d'un engin spatial, totalement différent des astronefs connus des Terriens. – **b)** actives / étranges / indescriptibles / inoffensives (Ces êtres sont indéfinissables pour les humains, en marge de leurs critères, mais apparemment peu dangereux et pacifiques, bien qu'assez agités.)

2 ➡ OBJECTIF : Échanger oralement sur le thème

Demander aux apprenants de répondre en binômes aux trois questions de l'activité. Puis confronter les réponses en grand groupe.

➡ **CORRIGÉ : a)** réponse libre – **b)** Elles sont accueillies avec une énorme curiosité par de nombreuses personnes (des badauds aux militaires en passant par les journalistes). Elles choisissent comme interlocuteurs les engins motorisés ou électroniques. Probablement, parce qu'elles leur ressemblent. – **c)** réponse libre

3 ➡ OBJECTIF : Écrire une nouvelle

Placer les apprenants par groupes de trois ou quatre et les inviter à rédiger à leur tour une courte nouvelle qui ménage une surprise finale, en utilisant l'introduction proposée dans l'activité. Prévoir quinze minutes de préparation. Puis faire lire les productions en grand groupe.

Exemple de production :

> Le taxi intersidéral nous avait déposés sur une plate-forme et avait aussitôt décollé pour rejoindre sa base. Une rumeur légère et joyeuse montait d'une foule vêtue de ce que nous avons pensé être des déguisements. Nous nous sommes approchés à pas lents de ces êtres bizarres, guettant leurs réactions, cherchant à distinguer leurs traits derrière les étranges masques qui couvraient leurs visages. Soudain, l'un d'entre eux, leur chef probablement, à en juger par les deux cercles d'or qu'il portait par-dessus son masque, se dirigea vers nous et commença à émettre des sons rauques qui semblaient venir de très loin. Aaron me glissa à l'oreille : « Il cherche à communiquer, cours vite chercher la "machine à traduire" ! » J'obéis à ses ordres et revins rapidement, chargé du dernier modèle de « Polyglot ». Aaron le mit en marche et alors les sons rauques se transformèrent, tout devint clair. « Bienvenue sur Terre, disait la voix, bienvenue ! »

EGO QUESTIONNAIRE – VOUS ET LES VOYAGES

Proposer à présent aux apprenants d'échanger à propos des voyages.

Avant de procéder à cette activité, faire lire en grand groupe les questions de l'*Ego Questionnaire* et s'assurer que le lexique est compris de tous. Ensuite faire lire le cadre *Les mots pour le voyage* et vérifier la compréhension du lexique.

Enfin former des groupes de trois ou quatre personnes, de profils différents si possible (âge, sexe, personnalité...) et leur proposer d'échanger sur le thème. Il est essentiel que les apprenants utilisent le vocabulaire du cadre *Les mots pour* vu précédemment. Prévoir un retour en grand groupe, en demandant aux apprenants de citer ce qui les a surpris dans ce qu'ils ont entendu lors de l'échange.

■ **POUR ALLER PLUS LOIN :** Beaucoup de chansons parlent de voyages. On peut par exemple faire travailler les apprenants sur la chanson « *Puisque vous partez en voyage* » (1936), de *Jean Nohain* et *Mireille*, reprise dans les années 1990, par *Jacques Dutronc* et *Françoise Hardy*.

La vie au quotidien `pp. 142 et 143`

➡ OBJECTIF : **Comprendre le descriptif d'un voyage**

Avant de procéder à l'activité, demander aux apprenants de commenter le titre de cette double page « Les voyages forment la jeunesse ». *(Que pensez-vous de cette affirmation ? Vous paraît-elle fondée ? Quels enseignements avez-vous tirés de vos propres voyages ?)* Puis faire lire par un apprenant le **Point Info** sur les Français en voyage et le faire commenter en grand groupe *(Que pensez-vous de ces informations ? Qu'est-ce qui vous surprend ? Et dans votre pays, qu'en est-il ? Les chiffres sont-ils très différents ?)*.

Inviter ensuite les apprenants à observer le document proposé, à l'identifier *(Il s'agit d'une page extraite d'un catalogue d'une agence de voyages.)*, puis leur demander en grand groupe quel pays, quelle province et quel type de voyage il présente.

➡ CORRIGÉ : **Il présente un voyage au Canada, au Québec, il s'agit d'un séjour de deux semaines.**

➡ OBJECTIF : **Approfondir la compréhension écrite**

Demander aux apprenants de lire le document et de répondre aux questions en binômes. Puis vérifier les réponses en grand groupe.

➡ CORRIGÉ : **a) 1. Le vol et l'hébergement. 2. Pendant l'été indien (début de l'automne), c'est une époque où la nature est superbe. 3. Il allie les avantages d'un voyage organisé (l'itinéraire est préparé, les hôtels réservés) à ceux d'un voyage non organisé. (On peut voyager à son rythme, en toute liberté, sans les contraintes d'un circuit en groupe.)**
b) Les arbres offrent une palette de tons incroyablement riches de l'ocre au fauve. / Les lacs reflètent le rouge sompteux de l'emblématique érable. / Un festival de couleurs.

➡ OBJECTIF : **Comprendre un enregistrement**

Faire écouter le dialogue et demander aux apprenants de résumer oralement la situation. Ensuite procéder à une deuxième écoute et inviter les apprenants à suivre l'itinéraire du voyage sur une carte. (Faire situer le Québec sur la carte de la Francophonie p. 155 du manuel et prévoir des photocopies d'une carte du Québec à distribuer aux apprenants placés en binômes.) Puis leur faire compléter le tableau de la partie **b)**. Corriger en grand groupe.

➡ CORRIGÉ 3 : Un homme propose à sa femme de partir faire un voyage au Québec pendant l'été indien, accompagnés de leur fille. Il lui décrit le voyage, lui annonce qu'il a déjà réservé, ce qui pose un problème, car la femme n'est pas sûre que ce voyage plaise à leur fille.

➡ CORRIGÉ 4 : b)

Voyage	Informations
Mode de transport	**Voiture**
Hébergement	**Auberges de charme**
Paysage	**La forêt prend des tons extraordinaires**
Nourriture	**Pause gastronomique à Charlevoix**
Lieux de visite	**Québec et les cantons de l'est**
Histoire	**Quand les Indiens, protégés par Grand Manitou, se préparaient pour l'hiver**

5 ➡ OBJECTIF : Approfondir la compréhension orale

Faire réécouter le dialogue et demander aux apprenants de répondre en binômes aux questions posées. Confronter les réponses en grand groupe.

➡ CORRIGÉ : **1.** C'est une récompense pour leur fille qui vient de réussir son bac et qui rêve d'aller au Canada, c'est aussi l'occasion pour eux deux de faire un beau voyage et de se changer les idées. Et puis, il y avait une promotion très intéressante pour ce voyage au Québec. – **2.** Leur fille s'intéressait au Canada à l'époque où elle était amoureuse d'un musicien de Montréal, mais tout est fini, et elle sort maintenant avec Léo qui est d'origine sénégalaise. – **3.** réponse libre

6 ➡ OBJECTIF : Comprendre le descriptif d'un voyage

Demander aux apprenants de lire le document et de répondre aux questions en binômes. (Faire situer le Sénégal sur la carte de la Francophonie p. 155 du manuel et prévoir des photocopies d'une carte du Sénégal à distribuer aux apprenants.) Puis vérifier les réponses en grand groupe.

➡ CORRIGÉ : **1.** Ce circuit propose beaucoup de découvertes : désert, brousse, delta du Saloum, villes coloniales (Saint-Louis et Gorée). – **2.** Cette formule est proposée en circuit privatif, modulable à la convenance des voyageurs. Elle offre les services d'un chauffeur et d'un guide francophones. – **3.** réponse libre

7 ➡ OBJECTIF : Réemployer les acquis de la leçon dans une description orale

Placer les apprenants par groupes de trois ou quatre et leur demander de préparer oralement une rapide description publicitaire du circuit au Sénégal en utilisant les éléments donnés. Puis faire faire cette description par chaque groupe devant la classe, à la manière du père de Pauline (un apprenant commence, un deuxième continue, etc.).

8 ➡ OBJECTIF : Échanger oralement sur le thème

Diviser la classe en deux groupes, les partisans du voyage au Québec et ceux du voyage au Sénégal. Leur laisser quelques minutes pour rassembler leurs arguments en faveur de la destination choisie. Puis les faire débattre en grand groupe sur ces deux voyages. Le professeur jouera le rôle d'arbitre et désignera le groupe le plus convaincant.

À cette étape de la leçon, on peut faire le **Jeu de la francophonie**, p. 150 du manuel (voir la préparation p. 128 de ce guide).

9 ➡ OBJECTIF : Comprendre une conversation téléphonique

a) Avant de procéder à l'activité, faire lire le tableau *Stratégies pour résoudre un problème au téléphone*. Vérifier sa compréhension. Puis faire écouter une première fois la conversation téléphonique aux apprenants et faire répondre oralement en grand groupe aux deux questions. – **b)** Procéder ensuite à une réécoute et demander aux apprenants de numéroter par ordre d'apparition les éléments proposés. Corriger en grand groupe.

➡ CORRIGÉ : **a)** 1. Jean-François téléphone à l'agence Visa Voyages pour demander s'il est possible de changer la destination du voyage, de réserver pour le Sénégal au lieu du Québec. Pauline a choisi le voyage pour le Sénégal. 2. Oui, il peut obtenir ce qu'il demande, mais il devra payer le plein tarif pour la nouvelle destination et il aura une somme forfaitaire à verser pour le transfert de dossier. – **b)** 1 : une demande de patienter / 2 : une explication du problème / 3 : une incompréhension du problème / 4 : une reformulation de la demande / 5 : des excuses / 6 : des consignes de « marche à suivre » / 7 : des remerciements

➔ OBJECTIF : Écrire un mél

Faire lire l'énoncé de la situation, puis après la réécoute de l'enregistrement et la prise de notes, placer les apprenants en binômes et leur laisser quinze minutes de préparation. Imposer un nombre de mots à respecter (environ 150 mots). Faire lire quelques productions en grand groupe.

Exemple de production :

De : Jean-François Portal	**À** : Agence Visa Voyages

Objet : Confirmation du circuit Sénégal

Le 16 août dernier, j'ai réservé sur Internet trois places pour le périple été indien au Québec, du 2 au 15 octobre (Numéro de dossier : AX2543G), mais il y a eu un imprévu, c'est pourquoi je voudrais aujourd'hui changer de destination et réserver pour le Sénégal au lieu du Québec.
Je souhaite réserver trois places du 3 au 14 octobre pour le circuit Sénégal de 12 jours proposé à la page 24 de votre catalogue et demande le transfert de la somme payée pour le périple Québec sur le nouveau voyage.
Merci de votre compréhension.
Jean-François Portal

Outils *pour...* **pp. 144 et 145**

UTILISER DES INDÉFINIS

➔ OBJECTIF : Comprendre un extrait de guide touristique

Inviter les apprenants à lire le texte individuellement puis à répondre aux questions en binômes. Vérifier les réponses en grand groupe.

➔ CORRIGÉ : **1.** Le Maroc présente des aspects pittoresques, il est à la fois un condensé du Maghreb et un avant-goût de la terre africaine, on en revient bardé de bijoux clinquants et la tête remplie de souvenirs fantaisistes, ce pays a été de tout temps source d'inépuisables romans d'aventures, c'est un inégalable réservoir de traditions et de coutumes.
2. L'auteur du guide a choisi de présenter des instantanés de la réalité marocaine d'aujourd'hui.

Point **Langue** › LES INDÉFINIS

Ce Point Langue permet de travailler sur les différents indéfinis, qu'ils soient pronoms ou adjectifs.

a) Faire relire le texte sur le Maroc et y faire relever les indéfinis afin de compléter le tableau. Corriger en grand groupe.
b) En grand groupe, faire lire les exemples, puis compléter les phrases.

➔ Corrigé : a)

Quantité nulle	Quantité indéterminée au singulier	Quantité indéterminée au pluriel	Totalité
Aucun	**On**	**Plusieurs**	**Tout,** tous,
Nul	**Quelqu'un**	**Quelques-un(e)s**	**toutes**
Personne	Quelque chose	**La plupart**	Chacun, **chacune**
Rien		**Les un(e)s... les autres**	
		Certains	
		D'autres	
Nulle part	**Quelque part**		Partout

b) **N'importe lequel / n'importe où / n'importe quoi / quiconque / n'importe qui**   **S'EXERCER n° 1**   Corrigé
▶ p. 124

3 ➔ OBJECTIF : Comprendre un enregistrement

Faire écouter une première fois l'enregistrement et vérifier la compréhension globale à l'aide de questions simples *(Qui parle ? Deux amis. De quoi ? L'un des deux raconte à l'autre ses vacances ratées.).* Puis procéder à une réécoute et demander aux apprenants, placés en binômes, de cocher les éléments du voyage évoqués dans le dialogue, puis pour chaque élément évoqué de retrouver le problème exposé par Gilles. Confronter les réponses en grand groupe.

➔ **CORRIGÉ : a)** hébergement / vol / accueil / déplacements / santé − **b)** hébergement : pas d'air conditionné à l'hôtel, beaucoup de moustiques / vol : pas de vol régulier, trois escales, dix heures de retard à l'arrivée / accueil : en raison du retard de l'avion, les amis qui devaient attendre Gilles à l'aéroport n'étaient plus là et il n'a pu les joindre au téléphone que beaucoup plus tard / déplacements : pas de problème / santé : piqûres de moustiques, puis problèmes d'estomac

4

Point **Langue** › **LA PHRASE NÉGATIVE**

Ce Point Langue revient sur les différentes manières de construire une phrase négative.

a) Faire réécouter l'enregistrement de l'activité 3 et faire compléter les phrases extraites du dialogue. Puis placer les apprenants en binômes et leur demander de se corriger mutuellement.

b) et **c)** Faire répondre aux questions en grand groupe.

➔ **Corrigé : a)** ne m'en parle pas / n'a pas eu / n'allait jamais / n'étaient plus là / n'avais pas / n'avais nulle part / rien ne / n'ai … que / personne ne / ne pas / n'ai plus rien / plus jamais / ne plus / n'as jamais eu aucune − **b)** 1. J'ai décidé de ne plus bouger. 2. Tu n'as jamais eu aucune disposition pour devenir explorateur. 3. Rien ne pouvait se faire avant le matin. (Sujet) / Je n'ai plus rien fait. (Objet) / Personne ne répondait. (Sujet) 4. Je n'ai réussi à les joindre que deux heures plus tard. 5. Je n'ai plus rien fait. − **c)** La négation *ni… ni…* permet de placer la négation sur plusieurs éléments de la phrase. C'est la négation de *ou* et de *et*.

S'EXERCER nos 2 et 3 ➔ Corrigé ▶ p. 124

5 ➔ OBJECTIF : Réemployer les acquis de la leçon dans un récit écrit

Avant de procéder à l'activité, demander oralement en grand groupe quels autres problèmes Gilles aurait pu rencontrer pendant son voyage (par exemple : *perte de ses bagages, vol de ses papiers, employés de l'aéroport antipathiques, problèmes de communication dans la langue du pays, accident de voiture…*). Puis placer les apprenants en binômes et leur demander de faire à l'écrit le récit en quelques lignes d'un voyage raté du début à la fin. Les apprenants peuvent adopter le point de vue d'une personne de bonne foi ou d'un râleur / d'une râleuse jamais content(e) qui a tendance à exagérer. Faire lire les productions en grand groupe.

Exemple de production :

> L'été dernier, ma femme et moi avons décidé d'aller passer quelques jours à Rome pour fêter notre dixième anniversaire de mariage. Première surprise à l'arrivée à l'aéroport : aucune valise en vue ! Après d'interminables discussions avec un employé de la compagnie, nous avons appris que nos bagages avaient été embarqués par erreur dans un avion en direction de Montréal. Nous ne pourrions les récupérer que trois jours plus tard… Ensuite arrivée à l'hôtel Dolce Vita où nous avions réservé des mois auparavant la plus belle des chambres. Catastrophe : suite à un problème informatique, notre réservation avait été annulée ! Étant donné qu'il n'y avait plus aucune chambre de libre dans l'hôtel, nous avons dû nous installer dans une petite pension voisine, et là, pas d'eau chaude… Ni une, ni deux, nous sommes repartis immédiatement pour l'aéroport !

1. a. quelqu'un − **b.** on − **c.** n'importe où − **d.** quelque part − **e.** quelque chose − **f.** certains / d'autres / chacun − **g.** tous
2. a. Non, je n'ai aucun point de chute, nulle part où aller. − **b.** Non, je ne suis jamais allé dans des pays d'Asie. − **c.** Non, je n'ai rien fait pour préparer mon voyage. − **d.** Non, je n'ai aucun désir particulier de circuit à réaliser. − **e.** Non, je ne veux visiter que le Vietnam. − **f.** Non, je ne veux ni guide ni chauffeur.
3. quelque part / plusieurs / ne … que / ne … pas / n' … jamais / tout / quelques-unes / chacun / tous / nulle part / ne … rien / ne … jamais

Points de vue sur... pp. 146 et 147

➡️ OBJECTIF : Comprendre des témoignages de voyage

Inviter les apprenants à lire individuellement les trois témoignages de voyage puis à répondre aux deux questions de l'activité. Corriger en grand groupe.

➡️ **CORRIGÉ : 1.** Le texte de Jemia et J. M. G Le Clézio évoque les paysages, celui de Nicolas Fargues les coutumes, celui de Vassilis Alexakis les habitants. – **2.** Jemia et J. M. G Le Clézio expriment de l'émotion, Nicolas Fargues un constat neutre, Vassilis Alexakis de l'étonnement.

➡️ OBJECTIF : Approfondir la compréhension écrite des témoignages de voyages

Placer les apprenants en binômes et leur demander de répondre aux questions des activités. Confronter les réponses en grand groupe.

➡️ **CORRIGÉ 2 : 1.** Avant le départ pour le désert, au moment des préparatifs. – **2.** « Nous scrutions chaque détail, nous lisions chaque nom, nous lisions le tracé en pointillé des rivières qui s'enlisent dans le sable, nous repérions les diverses sortes de puits. » – **3.** Les vents violents, le sable, la chaleur, les mirages, la solitude. – **4.** « Et tous ces noms comme une musique, comme une poésie. Ces noms étaient magiques. »

➡️ **CORRIGÉ 3 : 1.** « J'étais si convaincu d'avoir pénétré dans un autre monde que ses aspects les moins exotiques me frappaient également. » – **2.** les taxis, les vêtements, les portables, le temps. – **3.** En Afrique, une foule de gens se presse dans les rues, mais il y a très peu de constructions, à tel point que l'auteur se demande où tous ces gens peuvent loger.

➡️ **CORRIGÉ 4 : 1.** « On rentre deux ans après comme si on était parti la veille. » – **2.** « Ici, personne ne demande "Et vous, qu'est-ce que vous faites dans la vie ?" » – **3.** « Ici » s'oppose à « En France ».

⬤ POINT INFO

Jemia Le Clézio est l'épouse de J. M. G. Le Clézio, présenté dans le Dossier 3, à la page 44 du manuel.
Nicolas Fargues, écrivain français né en 1972, est un jeune espoir de la littérature française.
Vassilis Alexakis, écrivain né en Grèce en 1943, a commencé à écrire en français, puis a écrit dans sa langue maternelle.

➡️ OBJECTIF : Réemployer les acquis de la leçon à l'oral puis à l'écrit

Faire répondre en grand groupe à l'oral à la question **a)**, puis demander aux apprenants de répondre en binômes à la question **b)**. Prévoir un retour en grand groupe pour débattre des différentes propositions. Puis laisser environ dix minutes aux apprenants, toujours placés en binômes, pour écrire un petit texte à la manière de Nicolas Fargues (**c)**). Faire lire les différentes productions devant le reste de la classe qui devra deviner quel est le pays (ou la région) désigné par « Ici ».

■ **POUR ALLER PLUS LOIN :** Inviter les apprenants à présenter à la classe au cours suivant, sous forme d'exposé, un pays qu'ils ont visité et particulièrement aimé.

RENDEZ-VOUS ALTERCULTUREL

Lire la situation aux apprenants, leur faire écouter une première fois l'enregistrement, puis leur faire lire les trois questions avant de procéder à une deuxième écoute. Faire répondre en grand groupe.

➡️ **CORRIGÉ : 1.** Au lieu d'atterrir à Carthagène, dans les Caraïbes, l'avion s'est posé à Medellín, une ville où le paysage est totalement différent de celui auquel ils s'attendaient. – **2.** Il faisait des listes de mots qu'il apprenait tous les jours et tous les soirs, il allait dans les magasins et il utilisait ce vocabulaire. – **3.** Un de leurs amis a découvert qu'il y avait un scorpion dans les fleurs qu'ils avaient utilisées pour décorer leur studio.

Outils *pour...* `pp. 148 et 149`

FAIRE DES RECOMMANDATIONS

1 ➡ OBJECTIF : **Commenter des photos**

Textes cachés, demander aux apprenants d'observer les photos, de les décrire oralement et de faire en grand groupe des hypothèses sur le pays qu'elles présentent.

2 ➡ OBJECTIF : **Associer des photos à des extraits de guides touristiques**

Faire lire aux apprenants les trois extraits de guides touristiques et leur demander d'associer à chaque texte une des trois photos de l'activité précédente. Corriger en grand groupe.

➡ CORRIGÉ : 1b – 2c – 3a

3 ➡ OBJECTIF : **Approfondir la compréhension écrite des extraits**

Placer les apprenants en binômes, leur demander de relire les trois extraits et de relever les verbes qui invitent à la découverte ainsi que les expressions de recommandations. Vérifier les réponses en grand groupe puis faire lire le cadre *Les mots pour faire des recommandations* afin d'enrichir le lexique.

➡ CORRIGÉ : **Invitations à la découverte : Naviguez, découvrez, laissez-vous conter, promettent, avant de s'aventurer, s'offre à vous, vous découvrirez. Recommandations : Ne manquez pas, il est souhaitable de, il est préconisé de, préférez, attention, à ne pas manquer, faites une sélection, évitez de, il est d'usage de.**

4 ➡ OBJECTIF : **Réemployer les acquis de la leçon à l'écrit puis à l'oral**

Placer les apprenants par groupes de trois ou quatre personnes et leur demander de rédiger quelques recommandations à un touriste qui viendrait visiter leur pays. Veillez à ce qu'ils utilisent pour chaque phrase une expression de recommandation différente. Puis faire lire les propositions en grand groupe et faire discuter ces recommandations.

S'EXERCER n° 1 ➡ Corrigé ► p. 127

FAIRE UNE NARRATION AU PASSÉ

5 ➡ OBJECTIF : **Comprendre un extrait d'un roman de voyage**

Faire lire l'extrait par un ou plusieurs apprenants, tout en vérifiant la compréhension du lexique. Puis faire répondre aux questions en grand groupe.

➡ CORRIGÉ : **1.** Phileas Fogg. – **2.** À Bombay. – **3.** Il dîne.

6 ➡ OBJECTIF : **Échanger oralement sur le thème**

Demander aux apprenants d'exprimer à l'oral en grand groupe leurs impressions sur le caractère du personnage principal *(Que pensez-vous de son attitude envers le maître d'hôtel ? Du fait qu'il reste calme en toutes circonstances ? Comment expliquez-vous le fait qu'il ne veuille rien visiter des merveilles de la ville ?).*

● POINT INFO

Jules Verne (1828-1905), est un écrivain français qui a laissé derrière lui une œuvre riche, constituée en grande partie de romans d'aventures et de science-fiction. Ses ouvrages les plus connus sont *Vingt mille lieues sous les mers* (1869), *Le Tour du monde en 80 jours* (1873), *Michel Strogoff* (1876).

Point **Langue** › LE PASSÉ SIMPLE

Ce Point Langue a pour objectif de présenter la formation ainsi que l'utilisation du passé simple.
Faire répondre aux questions **a)** et **b)** en grand groupe, puis systématiser à l'aide des S'exercer n°s 2 et 3.

▶ **Corrigé : a)** La narration : passé simple, plus-que-parfait, imparfait / Le dialogue : présent, passé composé, imparfait

b)

Les verbes en -*er*	– Les verbes en -*ir* – La plupart des verbes en -*re* – Asseoir et voir	Autres verbes
-ai -âmes -as -âtes **-a** -èrent	-is -îmes -is -îtes **-it** -irent	-us -ûmes -us -ûtes **-ut** -urent
Exemples : Il quitta le paquebot. Ils se rencontrèrent à la gare.	Exemples : Il répondit à leur commande. Elles se firent servir à dîner. Elles fleurirent sa chambre.	Exemples : Il crut devoir le lui conseiller. Les explorateurs moururent de la fièvre.

S'EXERCER n°s 2 et 3 **Corrigé**
▶ p. 127

■ **POUR ALLER PLUS LOIN :** Former des groupes de trois personnes et leur annoncer que chacun d'entre eux devra raconter au reste de la classe une anecdote de voyage insolite et que dans chaque groupe une seule personne dira la vérité, les deux autres mentiront. Puis laisser quelques minutes aux apprenants pour décider qui dira la vérité et préparer les trois histoires. Ensuite faire passer le premier groupe. Chaque apprenant présente son anecdote en une phrase (par exemple : *Apprenant 1 « Lors d'un voyage aux États-Unis, j'ai rencontré Brad Pitt. »*, *Apprenant 2 « Alors que je partais pour Londres, mes bagages ont été chargés à bord d'un avion à destination de Dublin. »*, *Apprenant 3 « Lors d'une escale à Amsterdam, on m'a volé tous mes papiers. »*). Le reste de la classe a une minute chrono pour interroger chacun des trois apprenants sur son histoire afin de déterminer qui a dit la vérité (par exemple : *« À quelle occasion as-tu rencontré Brad Pitt ? »*, *« Lui as-tu parlé ? »*, *« Comment était-il ? »*...). Cette activité permet de réemployer les temps du passé.

1. a. Attention ! N'oubliez pas que, sauf entre jeunes, le tutoiement n'est acceptable que si quelqu'un en fait clairement la demande.
b. Dans les couloirs du métro, il est préconisé de tenir la porte ouverte pour la personne qui arrive derrière soi.
c. Il est d'usage pour les hommes de laisser passer les femmes devant eux.
d. Invité, il est essentiel d'apporter des fleurs à la maîtresse de maison.
d. À table, on vous propose de vous servir d'abord. Cependant, avant de vous servir, il est indispensable de présenter le plat à la maîtresse de maison.
f. Il est souhaitable de faire un compliment sur un vêtement ou une nouvelle coiffure.
g. Les Français parlent beaucoup de nourriture et il est recommandé de leur faire quelques compliments sur leur cuisine.
h. Sachez que les Français n'aiment pas qu'on leur demande combien ils gagnent.
2. a. donna / invita – **b.** se marièrent / eurent – **c.** conquit / devint – **d.** perdit – **e.** découvrit / mourut
3. est né / a publié / a fait / a découvert / l'a fait / a été / est mort / a laissé

Paroles en scène... `p. 150`

Sur tous les tons

1 ➜ OBJECTIF : Distinguer à l'oral différentes intonations

Livres fermés, faire écouter les trois dialogues et demander aux apprenants d'identifier les situations et les personnages. Confronter les réponses en grand groupe. Puis, livres ouverts, faire réécouter les dialogues phrase par phrase et inviter les apprenants à répéter chaque réplique avec la bonne intonation. Enfin, faire lire les échanges devant la classe par plusieurs binômes.

➜ CORRIGÉ : **1.** Une vieille dame et sa petite-fille, avant leur départ en voyage. La grand-mère est un peu sourde et ne comprend pas la question de sa petite-fille. Elle entend « tour des étages » et « aventures en voyage » au lieu de « couverture de voyage » (ton surpris). – **2.** Un couple qui vient de quitter le camping où ils ont passé leurs vacances. Le mari, peu attentif aux paroles de sa femme, répond de travers à sa question. Il entend « vase » au lieu de « gaz » (ton distrait). – **3.** Deux amis qui parlent des projets de vacances de l'un d'eux, peu enthousiaste à l'idée de partir en voyage en famille (ton désabusé).

Mise en scène

2 ➜ OBJECTIF : Jouer une scène de théâtre

Présenter tout d'abord Jean Tardieu aux apprenants en quelques mots (*cf.* **Point Info** ci-dessous). Puis faire lire la scène en grand groupe afin d'en vérifier la compréhension. Enfin faire relire l'extrait par plusieurs trios en leur demandant d'utiliser le ton juste.

● POINT INFO

Jean Tardieu (1903-1995), écrivain français, était poète avant tout, mais il a aussi écrit pour le théâtre.

3 ➜ OBJECTIF : S'exprimer à l'oral dans un jeu de rôle

Faire lire la consigne et s'assurer de sa compréhension. Puis laisser quelques minutes aux apprenants pour choisir les deux objets qu'ils souhaitent emporter et préparer leurs arguments. Ensuite former des groupes de trois personnes et procéder au jeu de rôle sous forme d'improvisation devant le reste de la classe, laquelle délivrera une note selon un barème établi à l'avance (spontanéité, prononciation, grammaire, vocabulaire). Imposer un temps limite (deux minutes devraient suffire).

JEU DE LA FRANCOPHONIE : Demander tout d'abord aux apprenants de citer à l'oral les pays francophones qu'ils connaissent. (Une carte des pays francophones est située à la page 155 du manuel.) Le professeur écrira ces pays au fur et à mesure sur de petits papiers. Puis placer les apprenants par groupes de trois ou quatre et leur faire lire la consigne. S'assurer de sa compréhension. Ensuite faire tirer à chaque groupe un petit papier et laisser environ dix minutes aux apprenants pour préparer leur questionnaire. (Le professeur apportera en classe plusieurs dictionnaires encyclopédiques.) Cette activité peut également être préparée à la maison, on invitera alors les apprenants à aller à la bibliothèque pour faire leurs recherches et élaborer leurs questionnaires. Puis faire lire les questions en grand groupe en procédant comme dans un jeu télévisé, avec le professeur ou un élève dans le rôle de l'animateur. Le groupe qui a répondu au plus grand nombre de questions a gagné.

À vos créations ! `p. 151`

➜ OBJECTIF : Rédiger un dépliant touristique

Informer les apprenants de la tenue et de l'objectif de cette activité quelques jours à l'avance afin de leur laisser le temps de rassembler des informations et des illustrations sur des pays francophones. (De son côté, le professeur apportera en classe des dictionnaires ainsi que des guides de voyages.)

Faire lire la consigne aux apprenants en attirant particulièrement leur attention sur les points de l'**Autoévaluation**. Puis diviser la classe en groupes de trois ou quatre personnes et demander à chaque groupe de choisir un pays francophone. (Veiller à ce que chaque groupe choisisse un pays différent.) Prévoir un peu plus d'une heure pour cette activité. Pour la correction, procéder à un échange des productions, les groupes s'évaluant les uns les autres.

Au cours suivant, après correction par le professeur, procéder à une exposition des différentes productions et inviter les apprenants à voter pour la meilleure. (Interdiction de voter pour son propre groupe.) Le groupe gagnant reçoit un prix.

BILAN `pp. 152 et 153`

La partie écrite du BILAN peut être donnée à faire à la maison sous forme de devoir, tandis que la partie orale peut être traitée en classe. On peut également présenter ce bilan sous forme d'examen écrit, à faire donc en classe, puisqu'il s'agit d'une épreuve de type DELF niveau B1.

Compréhension écrite

Cette activité peut se faire en une vingtaine de minutes. Interdire l'usage du dictionnaire. À la fin de l'épreuve, revenir sur le texte et inviter les apprenants à indiquer les difficultés qu'ils ont rencontrées.

▶ CORRIGÉ : **1.** C – **2.** Ce sont deux sœurs jumelles. – **3.** Elles sont parties de Moscou, ont traversé la Russie, la Mongolie, puis la Chine, avant d'arriver finalement à Pékin. Elles ont voyagé à bord du *Transsibérien*, devenu le *Transmandchourien* à la frontière sino-russe. – **4.** Parcours ferroviaire hors du commun. / Vues inoubliables. – **5.** C'est alors que nous avons oublié les jours qui passent, le confort simple des couchettes, la salle de bains plutôt rudimentaire. / Et si quelques Chinois, l'air affolé, ne nous avaient pas donné l'alerte de remonter dans le train, bien souvent nous serions restées sur le quai. – **6.** La rencontre avec les autres passagers et l'aide précieuse des hôtesses du train. – **7.** A / G

Expression écrite

Faire écrire les apprenants individuellement. Leur faire lire la consigne et leur donner comme limite de temps 20 minutes et comme nombre de mots à respecter : 150 mots (± 10 %).
Pour l'évaluation, voir grille ci-après.

Exemple de production :

Laetitia Delvaux
10, rue Molière
75018 Paris

Agence Solymar
56, rue Descartes
75016 Paris

Paris, le 2 avril 2007

Objet : demande de remboursement

Monsieur le Directeur,
Je me permets de vous adresser ce courrier pour vous faire part de la colère que je ressens suite au voyage en Turquie que je viens d'effectuer.
En effet, en janvier dernier, j'ai réservé dans votre agence un voyage organisé d'une semaine à Istanbul. Ayant déjà fait appel aux services de Solymar et ayant toujours été satisfaite, c'est sans appréhension que, le 24 mars, j'ai embarqué à bord de l'avion.
Quelle surprise à l'arrivée ! Personne pour m'accueillir ! J'ai dû me rendre seule à l'hôtel et là, le choc ! L'aéroport était si près que j'entendais les avions atterrir ou décoller. Bien sûr, le trafic cessait la nuit, mais ma chambre étant située juste au-dessus de la discothèque de l'hôtel, je n'ai pu goûter à la tranquillité promise dans votre catalogue. Quant aux excursions, elles étaient toutes payantes, ce que votre employé s'était bien gardé de me dire.
Ayant été victime de publicité mensongère, je tiens à obtenir le remboursement de ce voyage.
Je m'en remets à votre bienveillance pour répondre favorablement à ma demande.

Recevez, Monsieur le Directeur, mes salutations distinguées.

Laetitia Delvaux

EXPRESSION ÉCRITE	10 points
Adéquation au sujet	**5 points**
Capacité à présenter la situation	3
Capacité à exprimer la réclamation	2
Lisibilité de la production	**1 point**
Cohérence et enchaînements	1
Compétence linguistique	**4 points**
Exactitude de la syntaxe	2,5
Richesse et adaptation du lexique	1,5

Compréhension orale

Faire lire la consigne ainsi que les questions puis procéder à une première écoute de compréhension globale. Repasser l'enregistrement afin de permettre aux apprenants de compléter leurs réponses. Corriger en grand groupe, en procédant à une réécoute.

➔ CORRIGÉ : **1.** A – **2.** B – **3.** Pierre : Danemark / Rachid : Finlande / Marina : Hongrie – **4.** Pierre : Agriculture / Rachid : Informatique / Marina : Entreprise de production de tapis – **5.** Ce qui a étonné Pierre : La facilité d'intégration dans un pays qui a la réputation d'être assez « froid » et pas seulement par le climat. Pourquoi Pierre est satisfait : Il a appris un tas de choses et mène maintenant une vie qu'il aime dans un cadre rural qui lui convient parfaitement. Une difficulté de Rachid : Quitter le soleil marseillais. Ce que Rachid apprécie chez les gens de son pays d'accueil : Ils sont extrêmement chaleureux et ont beaucoup d'humour. Une difficulté de Marina : S'intégrer au rythme d'une capitale. – **6.** *Jobeuro* est un organisme qui aide les jeunes Français à partir travailler dans un autre pays d'Europe.

Expression orale

Faire lire la consigne, puis placer les apprenants en binômes et leur laisser deux ou trois minutes pour s'interroger mutuellement sur leurs goûts quand ils voyagent. Laisser ensuite le temps à chacun de préparer un itinéraire touristique adapté aux goûts de son partenaire. Puis inviter les binômes à présenter leurs propositions devant le reste du groupe, qui émettra ensuite une opinion sur ce qu'il vient d'entendre : capacité à présenter un itinéraire touristique, clarté de la présentation, correction linguistique... Temps limite : 3 ou 4 minutes par candidat.

Pour l'évaluation, voir grille ci-dessous.

EXPRESSION ORALE	10 points
Capacité à communiquer dans la situation proposée	**4 points**
Capacité à poser des questions à un voyageur sur ses goûts	2
Capacité à présenter un itinéraire touristique	2
Capacité à interagir	**2 points**
Aisance et efficacité dans l'échange	2
Compétence linguistique	**4 points**
Correction syntaxique	2
Richesse du lexique	1
Correction phonétique	1

 Il est recommandé à ce stade de l'apprentissage de faire faire le TEST 3 (*cf.* p. 144 de ce guide) afin d'évaluer les acquis des dossiers 7, 8 et 9.

TESTS

TEST 1

COMPRÉHENSION ORALE 1

(10 pts)

 Vous allez entendre trois messages sonores laissés sur des répondeurs téléphoniques. Avant d'écouter chaque message, vous aurez quelques secondes pour lire les questions correspondantes. Vous entendrez chaque message deux fois. Puis vous aurez quelques secondes pour cocher <u>la ou les</u> bonne(s) réponse(s) ou noter votre/vos réponse(s).

Message 1

1. Ce message est : (1 pt)

a. ☐ professionnel.

b. ☐ publicitaire.

c. ☐ amical.

2. L'offre concerne : (1 pt)

a. ☐ des produits domestiques.

b. ☐ des textiles.

c. ☐ des bons d'achat.

3. On propose : (3 pts)

– des .... 100 % laine en provenance d'...................... ;

– des .... en .... venant d'...................... à .... euros pièce.

Message 2

1. Ce message est : (1 pt)

a. ☐ amical.

b. ☐ familial.

c. ☐ professionnel.

2. Fabienne téléphone pour : (2 pts)

a. ☐ demander des conseils.

b. ☐ annoncer une bonne nouvelle.

c. ☐ manifester son angoisse.

d. ☐ remercier d'une aide.

e. ☐ exprimer sa déception.

Message 3

1. Patrick appelle pour : (1 pt)

a. ☐ accuser réception d'une commande.

b. ☐ vendre une machine à café.

c. ☐ faire des réclamations.

2. À propos de la machine, il évoque : (1 pt)

    a. ☐ le système de fermeture.

    b. ☐ la qualité du chauffage.

    c. ☐ la complexité du mode d'emploi.

COMPRÉHENSION ORALE 2

(10 pts)

Vous allez entendre un document sonore. Avant d'écouter le document, vous aurez quelques secondes pour lire les questions correspondantes. Vous entendrez le document deux fois. Puis vous aurez quelques secondes pour cocher <u>la ou les</u> bonne(s) réponse(s) ou noter votre/vos réponse(s).

1. L'objectif du document est de : (1 pt)

    a. ☐ faire de la publicité pour une fac.

    b. ☐ informer sur les démarches d'inscription.

    c. ☐ donner des conseils pour s'adapter.

2. Le message s'adresse à : (1 pt)

    a. ☐ des professionnels en formation universitaire.

    b. ☐ des étudiants pendant leur cursus.

    c. ☐ de futurs étudiants universitaires.

3. L'université a créé : (1 pt)

    a. ☐ une formation professionnelle.

    b. ☐ une aide pour s'orienter.

    c. ☐ des cours du soir facultatifs.

4. Quels conseils donne-t-on ? (3 pts)

    a. ☐ s'inscrire très à l'avance.

    b. ☐ avoir défini sa future profession.

    c. ☐ présenter son projet professionnel.

    d. ☐ être capable d'organiser son travail seul(e).

    e. ☐ noter tous les cours en dictée.

    f. ☐ assister régulièrement aux cours.

5. Quel conseil donne-t-on en ce qui concerne : (4 pts)

    a. les cours en petits groupes ? ....

    b. les exposés ? ....

TEST 1

COMPRÉHENSION ÉCRITE 1

(10 pts)

 Lisez ce mél puis cochez ou notez votre/vos réponse(s).

De : Daniel	**À :** Julien

Objet : ....

Merci de ton message et de tes questions auxquelles je vais rapidement essayer de répondre bien que ce soit difficile de te conseiller sur le choix que tu vas faire. Avant tout, aie confiance en toi et décide-toi en fonction de ton désir profond ; ce qui est important, c'est ton envie, le reste suivra. Évidemment ton avenir sera plus certain si tu entres dans une école d'ingénieurs, comme ta mère te l'a dit, mais la fac te donnera davantage de liberté et des options plus larges ; même si les études sont théoriques, et que tu auras du mal à trouver des stages professionnels, ça te laissera la possibilité de faire de la recherche. Le plus important est que tu sois bien dans ta peau, et c'est notre plus grand souhait.

On en parle plus longuement ce week-end à la maison, je rentre vendredi... Le colloque était passionnant !
Je t'embrasse.
Daniel

1. Complétez l'objet du message. (2 pts)

Objet : ....

2. Daniel est : (1 pt)

  a. ☐ un copain de Julien.   **b.** ☐ un parent.   **c.** ☐ un professeur.

3. Quelle phrase du texte montre l'embarras de Daniel ? (1 pt)

....

4. Dans la liste suivante, quels sont les avantages de la fac selon Daniel ? (3 pts)

  a. ☐ l'autonomie.

  b. ☐ une assurance pour l'avenir professionnel.

  c. ☐ les stages en entreprise.

  d. ☐ du temps pour les investigations personnelles.

  e. ☐ des choix ouverts.

5. Quelle autre option pourrait choisir Julien ? (1 pt)

....

6. Trouvez dans le texte 2 conseils de Daniel à Julien. (2 pts)

....

....

COMPRÉHENSION ÉCRITE 2

 Lisez l'article puis cochez ou notez votre/vos réponse(s).

Tendances

Cette année, les organisateurs de la Pasarela Cibeles, grand rendez-vous de la mode à Madrid, ont fait le sujet principal des conversations en interdisant la participation de mannequins jugées trop maigres. Cette décision vient saluer la politique de lutte contre l'obésité et l'anorexie engagée par le ministre de la Santé espagnole Elena Salgado. Les associations contre les troubles alimentaires militent contre l'image qu'imposent des mannequins maigres aux jeunes femmes de notre société, les incitant à développer des habitudes alimentaires de type anorexique. Le sujet avait déjà été mis en évidence en Allemagne par des téléspectateurs après une émission télévisée portant sur la sélection de futures mannequins au cours de laquelle l'une des concurrentes n'avait pas été retenue parce qu'elle était considérée « trop grosse ». Le monde de la mode, supposé pourtant véhiculer des images de beauté, de glamour et de vie serait-il en train de devenir un milieu favorisant la dégradation physique avec ses images de femmes fantômes ? Dans nos sociétés occidentales où le confort et la profusion des aliments favorisent le surpoids et l'obésité, le culte de la maigreur apparaît de plus en plus comme un « contrepoids » extrême aux tendances de la société.

Heureusement, la mode présente aussi des vêtements d'inspiration ethnique ou orientale qui rehaussent les défilés de mode de couleurs chatoyantes et de formes souples pouvant convenir à toutes les femmes. Tous les goûts sont dans la nature et, de ce fait, la mode et les médias devraient en tenir compte et présenter des modèles mixtes, portés par des mannequins de morphologies diverses véritablement représentatifs de la diversité humaine.

D'après Frédérique Privat, *La Grande Époque*, 11-17 octobre 2006.

1. Cet article concerne : (1 pt)

   a. ☐ le régime alimentaire des mannequins.

   b. ☐ les modèles présentés par les mannequins.

   c. ☐ l'image donnée par les mannequins.

2. a. Qu'est-ce que la mode impose aux femmes ? (1 pt)

....

   b. Relevez une image qui évoque ce phénomène. (1 pt)

....

3. Qui a fait pression pour que les choses changent ? Citez 3 influences décisives. (3 pts)

....

....

....

4. Entourez les 2 adjectifs qui conviennent à la mode actuelle selon la journaliste : (2 pts)

ajustée – colorée – dépouillée – exotique – sombre – stricte

5. Quels conseils la journaliste donne-t-elle aux créateurs et aux magazines de mode ? (2 pts)

....

EXPRESSION ORALE

(10 pts)

Jeu de rôle à deux : vous voulez offrir un sac de voyage à votre fiancé(e). Dans un catalogue de vente par correspondance, vous en avez sélectionné deux et vous ne savez pas encore lequel choisir.

1. pratique, léger, en toile, rehaussé de décorations en imitation cuir, ce sac indispensable pour les week-ends, 2 poches extérieures, peut se porter avec une bandoulière. Saco. 59 euros (couleurs au choix : vert, noir ou beige)

2. chic et maniable, en cuir vachette souple, le bagage de qualité qui vous accompagne dans tous vos déplacements. 4 poches extérieures, un compartiment zippé à l'intérieur, doubles coutures. Existe en marron ou noir. Baggy. 99 euros.

Vous allez voir un(e) ami(e) de votre fiancé(e) et vous lui parlez de votre choix. Comparez les deux sacs. Cet(te) ami(e) insiste sur les goûts et les particularités de caractère de votre fiancé(e). Il / elle vous conseille et fait aussi des comparaisons.

Pour cette activité, vous devez savoir :

- comparer deux produits ;
- décrire des objets ;
- demander / donner des conseils ;
- caractériser une personne et ses goûts.

EXPRESSION ÉCRITE 1

(10 pts)

 Vous avez acheté une machine à laver dont le vendeur vous a garanti la consommation d'eau modeste, la programmation automatique facile et un fonctionnement très silencieux. Vous avez constaté que ces trois qualités ne sont pas à la mesure de vos attentes. Vous écrivez un mél de réclamation d'une soixantaine de mots, en rappelant les assurances du vendeur et en insistant sur votre déception.

De : Éric Froment	**À :** Lavenpro
Objet : Machine à laver Sereine	

....
....
....

Pour cette activité, vous devez savoir :

% respecter le rituel de la correspondance par mél ;

% savoir présenter l'objet du message ;

% savoir réclamer ;

% exprimer votre déception ;

% demander réparation.

EXPRESSION ÉCRITE 2

(10 pts)

Dans le magazine La Fac, *vous avez lu l'annonce suivante qui vous intéresse. Vous envoyez au magazine une lettre d'environ 150 mots dans laquelle vous demandez des informations sur l'université et vous présentez rapidement votre parcours pour justifier votre intérêt. Vous terminez par une demande de conseils sur les démarches administratives à faire pour venir en France.*

ULM UNIVERSITÉ LIBRE DE MELUN

RECHERCHE

ÉTUDIANTS ÉTRANGERS NIVEAU MASTER POUR

POSTES DE LECTEURS

(COURS ET ÉCHANGES AVEC LES ÉTUDIANTS FRANÇAIS)

TOUTES DISCIPLINES

BON NIVEAU DE FRANÇAIS EXIGÉ.

S'adresser au journal

Pour cette activité, vous devez savoir :

% respecter le rituel de la lettre formelle ;

% demander des informations sur l'organisme concerné ;

% présenter un parcours en adéquation avec l'annonce ;

% demander des conseils.

COMPRÉHENSION ORALE 1

 Vous allez entendre trois documents. Avant d'écouter chaque document, vous aurez quelques secondes pour lire les questions correspondantes. Vous entendrez chaque document deux fois. Puis vous aurez quelques secondes pour cocher la ou les bonne(s) réponse(s) ou noter votre/vos réponse(s).

Document 1

1. Léo appelle pour : (1 pt)

a. ☐ s'inscrire à une association de consommateurs.

b. ☐ donner des informations sur un événement.

c. ☐ décider d'un cadeau pour une œuvre caritative.

2. Quel est le nom du mouvement ? (1 pt)

....

3. Quel est son objectif ? (1 pt)

....

4. À quelle date aura-t-il lieu ? (1 pt)

....

5. Léo évoque des raisons : (2 pts)

a. ☐ historiques.   **b.** ☐ écologiques.   **c.** ☐ géographiques.

d. ☐ budgétaires.   **e.** ☐ culturelles.

Document 2

1. Quelle est la particularité de l'aérogare inaugurée à Marseille ? (0,5 pt)

a. ☐ Elle pourra accueillir trois fois plus de passagers.

b. ☐ Le coût sera réduit pour les passagers.

c. ☐ Les passagers bénéficieront d'un très grand confort.

2. Combien d'avions et de passagers pourra-t-elle recevoir ? (1 pt)

.... avions et .... passagers

Document 3

Compléter les notes du journaliste. (2,5 pts)

Nom du journal : *Jasmin*	Type de journal : .... (0,5 pt)
Sujets traités : ...., ..., ..., la mode et la beauté (1 pt)	
Prix de vente : .... euros (0,5 pt)	Principaux concurrents : .... et *Madame Figaro* (0,5 pt)

COMPRÉHENSION ORALE 2

Vous allez entendre une interview. Avant l'écoute, vous aurez quelques secondes pour lire les questions correspondantes. Vous entendrez cette interview deux fois. Puis vous aurez quelques secondes pour noter vos réponses sur la fiche.

Complétez la fiche.

Nom : *Alex Prévôt*
Profession : *compositeur*
Instrument de prédilection : *le piano*
Apprentissage de la musique dans son enfance grâce à sa famille et à .... (0,5 pt)
Premier concert à l'âge de .... (0,5 pt)
Études au .... pendant .... (1 pt)
Carrière : *professeur au Conservatoire et débuts comme compositeur dans les années 1960*
Rôle du compositeur : *dire les choses et* .... (1 pt)
Œuvre en cours : .... (1 pt)
Date prévue : *le 5 novembre*
Trois conseils donnés aux jeunes : (6 pts)
1. *Je conseille à tous d'* .... *parce que* ....
2. *Il ne faut pas* .... *car* ....
3. *Il est indispensable d'* .... *pour* ....

COMPRÉHENSION ÉCRITE 1

Lisez le document puis répondez aux questions.

Molière

À 22 ans, Molière peine à faire vivre sa troupe. Il n'a pas d'argent. Poursuivi par ses créanciers, il est jeté en prison. Libéré, il disparaît. C'est en tout cas ce que les historiens s'accordent à dire, qui ne retrouvent plus sa trace avant plusieurs mois. Que s'est-il passé pendant la disparition de Molière ? Ce film se propose de répondre à cette question, en plongeant le jeune auteur au cœur d'une aventure qui va lui ouvrir les yeux et l'esprit, à la fois sur sa vie d'homme et sur son travail d'artiste. Ce *Molière* n'est pas un récit de la vie de l'écrivain, les auteurs s'étant amusés à imaginer ce qui est arrivé au jeune homme, âgé de 22 ans.

Pauvre Molière ! On lui contestait, depuis peu, la paternité de ses pièces : elles auraient été écrites par l'écrivain de théâtre Corneille en perte de vitesse qui cherchait un renouveau et voulait mystifier ses contemporains. Et voilà que Laurent Tirard et son scénariste en remettent une couche : ce stupide Molière n'était, en fait, qu'un copieur. Il avait zéro imagination… Enfin si ! Laurent Tirard et son scénariste concèdent que la réplique « Le petit chat est mort », c'est bien Molière qui l'a inventée mais, par hasard, attention, parce qu'il ne savait trop comment échapper aux soupçons d'un mari jaloux.

En revanche, « Que diable allait-il faire dans cette galère ? » ou « Cachez ce sein que je ne saurais voir », ces deux répliques ont été fournies à Molière, figurez-vous – et sans droits d'auteur, encore –, par un certain Jourdain, un bon bourgeois désireux de séduire une précieuse ridicule prénommée Célimène. Le personnage de Célimène est interprété par Ludivine Sagnier, très mal dirigée ou totalement à côté de la plaque, on ne sait pas trop. Jourdain engage le jeune Molière comme professeur de comédie et le fait passer, aux yeux de sa femme, Elmire, pour un homme attaché à la religion, nommé Tartuffe.

La vie de Molière nourrissant son œuvre : c'est génial ! ont dû se dire les producteurs. Fausse bonne idée, en fait. Passons – ou plutôt ne passons pas – sur les erreurs : *Tartuffe* a-t-il été applaudi à la cour, vraiment ? Et regrettons que Laurent Tirard, qui, en 2004, avait réussi un joli *Mensonges et trahisons* ait accepté cette reconstitution « qualité France » années 50, peu crédible et manquant d'authenticité. Face à deux acteurs cabots*, Romain Duris et Fabrice Luchini, le premier tentant d'en faire encore plus que l'autre, seule se détache l'actrice Laura Morante, dans le rôle d'une Elmire troublée, donc troublante, et digne de Molière.

Pierre Murat

D'après *Télérama* n° 2977, 3 février 2007.

* cabot : personne qui cherche à se faire valoir par des manières affectées.

1. Dans quelle rubrique du journal *Télérama* se trouve l'article de Pierre Murat ? (1 pt)

....

2. Quel est le genre du film *Molière* ? (0,5 pt)

   a. ☐ comédie.   **b.** ☐ biographie.   **c.** ☐ drame.

3. L'avis du journaliste est plutôt : (0,5 pt)

   a. ☐ positif.   **b.** ☐ mitigé.   **c.** ☐ négatif.

4. D'après le résumé, quel passage de la vie de Molière est reconstitué ? (1 pt)

   a. ☐ un temps de formation.

   b. ☐ ses aventures sentimentales.

   c. ☐ sa jeunesse en prison.

5. De quoi accuse-t-on Molière ? (2 pts)

....

6. D'après l'article, quelle réplique a-t-il vraiment créée ? (1 pt)

« .... »

7. Relevez :

   a. deux critiques concernant les acteurs. (2 pts)

....

....

   b. deux critiques concernant le scénario. (2 pts)

....

....

COMPRÉHENSION ÉCRITE 2

(10 pts)

 Lisez le texte ci-dessous puis répondez aux questions en cochant la bonne réponse ou en écrivant l'information demandée.

L'artiste post-dada Pierre Pinoncelli a été condamné vendredi en appel à trois mois de prison avec sursis. Le jugement confirme la condamnation pénale de première instance contre cet artiste accusé d'avoir entaillé à l'aide d'un couteau et d'un petit marteau l'urinoir de Marcel Duchamp au Centre Pompidou.

En revanche, le juge a refusé d'accorder des dommages et intérêts au musée, se bornant à réclamer à Pinoncelli les 14 352 euros que le musée Beaubourg assure avoir dépensés pour restaurer l'œuvre. Le Centre Pompidou réclamait 200 000 euros de dommages et intérêts. Selon l'avocat de l'artiste, le juge s'est basé sur le fait que, selon ses statuts, le musée n'est pas propriétaire des œuvres qu'il expose, et ne « peut donc pas invoquer une perte de valeur ». D'autant que cet urinoir n'est pas l'original de 1917, qui s'est perdu, mais l'un des huit exemplaires que Duchamp avait fait refaire en 1964. Cependant, l'un de ceux-ci s'est vendu 1,9 million de dollars en 1999, avait fait valoir le Centre Pompidou.

Le véritable propriétaire de l'œuvre est l'État et il n'est pas exclu que celui-ci engage une nouvelle action, cette fois-ci au civil.

Tout en se réjouissant côté pécunier, Pierre Pinoncelli, 77 ans, a regretté que le tribunal ne soit pas allé sur le fond en reconnaissant la qualité artistique de son geste.

Car cet artiste conceptuel qui s'en est pris par deux fois à l'urinoir de Duchamp, œuvre datée de 1917, se défend de tout vandalisme. En 2006, il avait entaillé l'urinoir avec un petit marteau avant d'y apposer le mot « dada » à côté de la signature R. Mutt, pseudonyme occasionnel de Duchamp.

Il avait expliqué à l'audience avoir « voulu rendre hommage à Duchamp, faire un geste post-dada, redonner à son œuvre ses vertus de provocation », quand le monde de l'art en a fait « un veau d'or ».

1. De quoi est accusé Pierre Pinoncelli à propos de l'urinoir de Marcel Duchamp ? (1 pt)

a. ☐ de l'avoir copié.   **b.** ☐ de l'avoir détérioré.   **c.** ☐ de l'avoir revendu à prix d'or.

2. Le jugement oblige l'accusé : (1 pt)

a. ☐ à rembourser des frais de remise en état.

b. ☐ à payer une somme pour dédommager le musée.

c. ☐ à régler le prix estimé de cette œuvre.

3. L'urinoir en question était : (1 pt)

a. ☐ l'œuvre authentique.

b. ☐ seulement une copie.

c. ☐ la propriété de Marcel Duchamp.

4. Pour quelle raison Pierre Pinoncelli a-t-il été déçu par le jugement ? (2 pts)

....

5. Relevez la phrase qui signifie que Pierre Pinoncelli avait agi dans une bonne intention. (2 pts)

....

....

6. a) Il a agi pour attirer l'attention du public : (1 pt)

a. ☐ sur la grande valeur esthétique de cette œuvre.

b. ☐ sur la mauvaise influence de cette œuvre sur l'art.

c. ☐ sur ce qu'a voulu faire son créateur à l'origine.

b) Justifiez avec une phrase du texte. (2 pts)

....

....

EXPRESSION ÉCRITE

(10 pts)

Deux sujets au choix.

Premier sujet

Vous avez participé à une semaine culturelle intéressante intitulée « peintures, spectacles et conférences venus d'ailleurs » dans votre pays et vous aimeriez en parler dans un journal sur Internet. Vous présentez les trois manifestations les plus importantes de la semaine et en faites la critique, puis vous racontez votre expérience en tant que participant.

Deuxième sujet

Quels ont été le ou les événements les plus marquants dans votre pays ou dans le monde ces dernières années ? Quels sentiments avez-vous ressentis à l'annonce de ces événements ? Qu'ont-ils entraîné de positif et de négatif selon vous ? Écrivez un texte construit et cohérent sur ce sujet pour le courrier des lecteurs d'un journal.

Pour le premier sujet, vous devez savoir :
- présenter un spectacle ;
- faire une critique ;
- raconter une expérience passée.

Pour le deuxième sujet, vous devez savoir :
- relater un événement ;
- exprimer vos sentiments ;
- articuler un texte.

EXPRESSION ORALE

 Vous tirez au sort l'un des deux documents que vous présente l'examinateur. Vous jouez le rôle qui vous est indiqué.

Sujet 1

Un(e) ami(e) a l'intention de venir visiter votre région pour une semaine. Il/elle prend des renseignements auprès de vous pour organiser un programme culturel (visites, spectacles, musées...). L'examinateur joue le rôle de votre ami(e).

Sujet 2

Lisez la pétition. Vous habitez à Pompaples. Comment réagissez-vous ? Allez-vous la signer ou non ? Vous présentez vos arguments et vous justifiez votre choix.

Pétition
Fermeture de l'hôpital Saint-Loup : vous êtes concernés !

Non à la fermeture de l'hôpital !

Sous prétexte d'économies, l'État s'apprête à démanteler l'hôpital de Saint-Loup.
Dès le mois de juillet de cette année, selon ce projet, la maternité et le service de pédiatrie seront supprimés à Pompaples, les patients dirigés sur l'hôpital d'Yverdon, à 40 km.
Par ailleurs, le bloc opératoire (service des urgences) sera fermé la nuit et le week-end.

Ne laissons pas disparaître notre hôpital !
Dans le cas d'une blessure grave ou d'un accouchement qui se passe mal, chaque minute compte !
Le sacrifice qui nous est demandé, à nous, gens de la région, est énorme.
Un tel sacrifice ne peut être acceptable que si les bénéfices que l'on peut en attendre sont, eux aussi, énormes. Or il n'en est rien !

Pour le premier sujet, vous devez savoir :

- donner des informations ;
- donner votre avis ;
- conseiller et convaincre.

Pour le deuxième sujet, vous devez savoir :

- présenter le contenu d'un document ;
- prendre position ;
- donner des arguments.

TEST 3

COMPRÉHENSION ORALE 1

(10 pts)

 Vous allez entendre trois messages sonores. Avant d'écouter les messages, vous aurez quelques secondes pour lire les questions correspondantes. Vous entendrez le document deux fois et vous aurez quelques secondes pour cocher la ou les bonne(s) réponse(s) ou noter votre/vos réponse(s).

Message 1

1. Où est diffusé ce message ? (1 pt)

....

2. Les deux obligations concernent : (1 pt)

– ....

– ....

3. Il est interdit de fumer : (0,5 pt)

   a. ☐ seulement dans les voitures.   **b.** ☐ dans tout le véhicule.   **c.** ☐ dans les espaces non fumeurs.

sous peine .... (1 pt)

Message 2

1. Ce message : (0,5 pt)

   a. ☐ décrit un parcours touristique.

   b. ☐ donne des consignes à respecter.

   c. ☐ informe sur différentes activités.

2. Que vont découvrir les visiteurs ? (1 pt)

   .... et ....

3. On ne peut pas ...., cueillir des plantes, ... (2 pts)

Message 3

1. Pourquoi faut-il faire attention ? (1 pt)

....

2. Qui faut-il alerter ? (1 pt)

....

3. Citez une précaution à prendre. (1 pt)

....

COMPRÉHENSION ORALE 2

(10 pts)

Vous allez entendre une conversation téléphonique. Avant d'écouter la conversation, vous aurez quelques secondes pour lire les questions correspondantes. Vous entendrez le document deux fois et vous aurez quelques secondes pour compléter les notes de Bertrand.

Martinique, infos Mélissa

Fort-de-France : promenade dans .... (1 pt)

Hébergement : hôtel

Périple en voiture : .... (1 pt)   *Hébergement :* .... (1 pt)

Dans le sud, ne pas manquer d'observer .... (1 pt)

Dans le nord, aller voir .... (1 pt)

Conseil pour communiquer avec les habitants : .... (2 pts)

Objets à ne pas oublier : .... *, chapeau de soleil,* .... (1 pt)

Spécialités gastronomiques : .... *, crabes de terre farcis.* (1 pt)

Site pour infos : .... (1 pt)

COMPRÉHENSION ÉCRITE 1

(10 pts)

Lisez cette lettre puis entourez ou notez votre/vos réponse(s).

Jean-Marie Bugeaud
25, allée des Tilleuls
45000 Orléans

Maître Cormon
18, rue de l'Odéon
75006 Paris

Orléans, le 26 novembre 2006

Maître,

Il me faut vous faire connaître les faits suivants, afin que vous m'apportiez votre conseil sur les éventuelles poursuites en justice que nous pourrions envisager.

Il y a un mois, le 25 octobre, j'ai constaté des dégradations sur le mur droit de ma maison, mur mitoyen avec la cour de la maison voisine. Renseignements pris auprès des nouveaux propriétaires dès le lendemain, ceux-ci m'ont informé qu'ils avaient l'intention de construire un garage couvert s'appuyant sur ce mur. J'ai le jour-même envoyé une lettre recommandée avec avis de réception leur rappelant qu'ils n'étaient pas en droit de faire une construction sur une partie privée m'appartenant. Trois jours plus tard, j'ai pu observer divers mouvements d'une entreprise du bâtiment venant apporter du matériel. J'ai recontacté mes voisins et ils prétendent que leur projet est en attente... Je n'ai, à ce jour, reçu aucune réponse écrite de leur part à ma lettre et j'affirme que des travaux sont en train de se réaliser. Pourriez-vous m'informer sur les textes juridiques auxquels je peux avoir recours pour les stopper ? Par ailleurs, dans le cas d'une impossibilité de résoudre le problème, faites-moi savoir dans quels termes et auprès de qui je peux porter plainte pour construction illicite et dégradation de ma propriété.

Vous remerciant à l'avance, je vous prie de croire, Maître, à ma parfaite considération,

J.-M. Bugeaud

P. J. : copie de la lettre recommandée et photos du mur mitoyen avant les travaux en cours.

Test 3

1. À qui s'adresse cette lettre ? (1 pt)

   a. ☐ un juge.

   b. ☐ un avocat.

   c. ☐ une administration.

2. Jean-Marie Bugeaud écrit pour : (1 pt)

   a. ☐ porter plainte pour un dommage.

   b. ☐ témoigner contre ses voisins.

   c. ☐ demander une aide professionnelle.

3. Notez les 3 événements manquants survenus en octobre (3 pts)**, et datez-les** (1 pt)**.**

   – Le 25 octobre : constat de dégradations sur le mur

   – Le .... : conversation avec les propriétaires et ....

   ....

   – Le .... : .... et ....

   ....

4. Quelles expressions de la lettre montrent que Jean-Marie : (2 pts)

   a. a su réclamer son droit : ....

   b. cherche à s'appuyer sur des références précises : ....

5. Notez les phrases où Jean-Marie : (2 pts)

   a. exprime sa conviction personnelle : ....

   b. met en cause la bonne foi des voisins : ....

COMPRÉHENSION ÉCRITE 2

(10 pts)

 Lisez le document puis entourez ou notez votre/vos réponse(s).

Le Grau-du-Roi et ses environs

La plage de l'Espiguette, qui court vers la Camargue à l'est du Grau-du-Roi, est l'un des seuls cordons de dunes naturelles du littoral méditerranéen français, derniers vestiges du temps où les rivages et les étangs étaient livrés aux vents et aux moustiques. Dans les années soixante, l'État, soucieux de créer un pôle touristique majeur, a multiplié les stations balnéaires mais leur urbanisme galopant a entraîné un ensemble de nuisances liées à l'activité humaine (déchets, bruit, éloignement de la faune naturelle...). Le pari économique était gagné, à tel point que les 200 km de rivages sont désormais urbanisés. Il a fallu créer un conservatoire du Littoral pour sauver ce qui peut l'être encore et les 26 espaces actuellement « protégés » auraient disparu si ce conservatoire n'avait pas été mis en place...

Il nous reste encore quelques kilomètres pour rêver le passé de l'Espiguette...

Le Grau-du-Roi est surtout célèbre pour ses cités balnéaires et ses campings. Il y avait pourtant une vie très active avant les « marinas » touristiques dans ce couloir ouvert dans le cordon littoral séparant la mer de la lagune et aménagé sous Henri IV à la fin du XVIe siècle.

C'était un port... qui continue tant bien que mal son activité. Il est le 2e port de pêche du sud de la France derrière celui de Sète, faisant vivre encore deux cent familles qui complètent leur revenu de la pêche en mer par la cueillette de coquillages réputés. L'état de plus en plus dégradé de la Méditerranée est en train de tuer cette activité économique... et les fréquentes interdictions sanitaires à consommer poissons et coquillages tendent à confirmer cette tendance peu réjouissante. Pourrait-on imaginer le Grau-du-Roi livré entièrement à l'activité saisonnière du tourisme, privé de toutes ressources propres ? C'est ce qui se profile pour les années à venir si les autorités de la Région ne réagissent pas.

D'après *Géo*, août 2005.

1. Ce document est : (1 pt)

   a. ☐ une publicité touristique.

   b. ☐ un article critique.

   c. ☐ un manifeste de protestation.

2. Quels aspects écologiques évoque le document ? (3 pts)

   a. ☐ le réchauffement climatique.

   b. ☐ l'empreinte écologique.

   c. ☐ la disparition de l'habitat traditionnel.

   d. ☐ la pollution marine.

   e. ☐ le bétonnage des côtes.

3. Notez la phrase qui explique historiquement la transformation de la plage de l'Espiguette. (2 pts)

....

....

4. Citez la phrase qui évoque la prospérité passée du Grau-du-Roi. (1 pt)

....

....

5. Relevez dans le document : (3 pts)

– une hypothèse positive : ....

– une hypothèse inquiétante : ....

EXPRESSION ORALE

(10 pts)

 Jeu de rôle à 2 : un accusateur, un défenseur. Choisissez l'un des cas suivants. L'un de vous est l'accusateur, l'autre le défenseur. Préparez votre réquisitoire et votre plaidoirie et faites votre prestation (2 minutes pour chacun) devant votre professeur.

Cas n° 1 :

Plaignant : Monsieur T. prend sa bicyclette pour se balader dans les quartiers tranquilles de sa ville. En passant devant une villa, il est pris en chasse par un gros chien ; il accélère, le chien le rattrape et plante ses crocs dans le mollet du cycliste qui chute et est sauvé par des passants.

Contrevenant : À l'audience, le propriétaire affirme que le portail était fermé et qu'il n'est pas fautif si le chien l'a franchi. D'autre part, il jure que le chien n'est pas dangereux et que le cycliste a dû l'exciter. Les témoins disent que le fait s'était déjà produit (sans blessure).

Cas n° 2 :

Plaignant : Le propriétaire d'un petit supermarché est contrôlé par les agents des services vétérinaires qui constatent plusieurs infractions aux règles d'hygiène. Monsieur B. est poursuivi pour avoir laissé en vente des produits frais après leur date de péremption.

Contrevenant : Devant le tribunal, Monsieur B. conteste sa responsabilité : c'est le chef de rayon qui devait surveiller les produits et retirer ceux qui étaient périmés. Le chef de rayon reconnaît que cela relevait de son travail.

Pour cette activité, vous devez savoir :

▨ résumer le cas favorablement ou défavorablement ;

▨ accuser ou défendre ;

▨ argumenter votre intervention.

EXPRESSION ÉCRITE 1

(10 pts)

Vous avez fait un voyage organisé par une agence dans un pays étranger. Vous avez rencontré plusieurs problèmes différents et vous écrivez un mél de 150 mots environ à l'agence pour en faire part et demander réparation.

Pour cette activité, vous devez savoir :

% relater un ou des problèmes rencontrés en voyage ;

% vous plaindre et réclamer.

EXPRESSION ÉCRITE 2

(10 pts)

Le magazine Je voyage a lancé un concours de « la meilleure anecdote de voyage ». La plus originale sera récompensée par un séjour d'une semaine pour deux personnes vers une destination ensoleillée. Vous avez décidé de participer au concours. Racontez, en 250 mots, votre plus pittoresque aventure de voyage...

Pour cette activité, vous devez savoir :

% raconter une anecdote de voyage ;

% ménager l'intérêt du lecteur ;

% structurer et articuler votre récit.

TESTS

Corrigés et transcriptions

TEST 1

COMPRÉHENSION ORALE 1 (10 pts)

Message 1

Chère Madame, nous sommes heureux de vous informer que notre nouvelle centrale d'achat Europrix vient d'ouvrir ses portes dans votre quartier. Compétitive, moins chère et mieux achalandée, Europrix est présente dans plus de 60 villes en France. Soyez une des premières à découvrir à partir de mercredi nos marchandises à des prix défiant toute concurrence. Vous trouverez nos meilleures sélections choisies par nos acheteurs à travers toute l'Europe : des pulls 100 % laine, venus directement d'Irlande, un grand choix de chemisiers en pur coton à 10 euros la pièce faits en Italie, par exemple. Europrix est moins cher et propose le meilleur rapport qualité-prix sur tout l'habillement. Ne manquez pas votre rendez-vous !

Message 2

Bonsoir mon petit papa, tu n'es pas là... c'est ta Fabienne... Je voulais te le dire tout de suite : j'ai été embauchée chez Duflox ! Je crois que l'entretien a été très déterminant ! Je suis très contente que ça ait marché ! Je sais comme tu étais angoissé de ne pas savoir comment ça s'était passé... Eh ben voilà ! Je te remercie de tous tes conseils, je suis si contente d'avoir ce boulot, tu peux pas savoir... Alors je te rappelle dès que possible mon petit papa chéri. Des bisous et merci encore...

Message 3

Bonsoir, c'est Patrick... J'ai bien reçu la machine à café. Écoute, je suis un peu embêté parce que le couvercle qui doit être très étanche n'est pas en très bon état, le filtre de remplacement n'est pas là et j'ai bien cherché le mode d'emploi que tu devais joindre, et je l'ai pas trouvé... Ça m'ennuie un peu de te dire ça mais je ne peux vraiment pas te racheter un appareil auquel il manque des éléments, alors, s'il te plaît, rappelle-moi au plus vite et si tu n'as pas les trucs sans lesquels je ne peux pas utiliser la machine, on oublie cette histoire... hein, d'accord ? À bientôt.

Message 1
1. Réponse b (1 pt)
2. Réponse b (1 pt)
3. des *pulls...* en provenance *d'Irlande*, des *chemisiers* en *coton* venant *d'Italie* à *10 euros* la pièce. (3 pts)

Message 2
1. Réponse b (1 pt)
2. Réponses b et d (2 pts)

Message 3
1. Réponse c (1 pt)
2. Réponse a (1 pt)

COMPRÉHENSION ORALE 2 (10 pts)

Vous allez bientôt faire vos premiers pas à l'université et partir à la découverte d'un monde inconnu. Le fait d'avoir un projet d'orientation très clair dès le début du cursus est un élément de motivation important, alors essayez de vous déterminer clairement dans vos choix. Pour ceux qui hésitent encore entre plusieurs voies, les universités ont mis en place des unités d'enseignement consacrées à la réflexion sur le projet professionnel. D'autre part, sachez que vous serez beaucoup moins encadré qu'au lycée, vous devez donc apprendre à être autonome ; bien que la présence aux cours magistraux soit facultative, vous devrez cependant y être assidu pour bien assimiler l'ensemble de la matière étudiée. Les cours ne sont pas dictés, habituez-vous à prendre des notes et à relire vos cours le soir-même. Inscrivez-vous au plus vite dans les cours en petits groupes et n'hésitez pas à vous présenter dès le début comme volontaire pour les exposés, cela vous aidera à vous intégrer à un groupe.

1. Réponse c (1 pt)
2. Réponse c (1 pt)
3. Réponse b (1 pt)
4. Réponses b, d, f (3 pts)
5. a. s'inscrire très à l'avance (2 pts)
b. se présenter comme volontaire au début (2 pts)

COMPRÉHENSION ÉCRITE 1 (10 pts)

1. objet : ta demande de conseils (sur ton orientation) (2 pts)
2. Réponse b (1 pt)
3. *« bien que ce soit difficile de te conseiller »* (1 pt)
4. Réponses a, d, e (3 pts)
5. une grande école d'ingénieurs (1 pt)
6. Phrases possibles : *« aie confiance en toi »*, *« décide-toi en fonction de ton désir »*, *« le plus important est que tu sois bien dans ta peau »* (2 pts)

COMPRÉHENSION ÉCRITE 2 (10 pts)

1. Réponse c (1 pt)
2. a. développer l'anorexie/des comportements alimentaires dangereux (1 pt)
b. *« femmes fantômes »* (1 pt)
3. les organisateurs d'un rendez-vous de la mode (en Espagne), la ministre de la Santé espagnole, les téléspectateurs allemands (3 pts)
4. colorée, exotique (2 pts)
5. présenter des modèles mixtes et choisir des mannequins de morphologies différentes (2 pts)

GRILLE D'ÉVALUATION DE L'EXPRESSION ORALE SUR 10 POINTS

Capacité à communiquer dans la situation proposée	4 points
Capacité à décrire et comparer	1
Capacité à s'assurer de la compréhension de l'autre	1
Capacité à donner/demander des conseils	2
Capacité à interagir	**2 points**
Aisance et efficacité dans l'échange	2
Compétence linguistique	**4 points**
Correction syntaxique	2
Richesse du lexique	1
Correction phonétique	1

GRILLE D'ÉVALUATION DE L'EXPRESSION ÉCRITE 1 SUR 10 POINTS

Adéquation au sujet	5 points
Respect du rituel du mél	1
Capacité à présenter une situation	1
Capacité à réclamer et demander réparation	2
Lisibilité de la production (cohérence et enchaînements)	1
Compétence linguistique	**5 points**
Exactitude de la syntaxe	2,5
Degré d'élaboration des phrases	0,5
Richesse et adaptation du lexique	2

GRILLE D'ÉVALUATION DE L'EXPRESSION ÉCRITE 2 SUR 10 POINTS

Adéquation au sujet	5 points
Respect du rituel de la lettre formelle	1
Capacité à demander des informations	1
Capacité à présenter un parcours scolaire	1
Demander des conseils	1
Lisibilité de la production (cohérence et enchaînements)	1
Compétence linguistique	**5 points**
Exactitude de la syntaxe	2,5
Degré d'élaboration des phrases	0,5
Richesse et adaptation du lexique	2

TEST 2

COMPRÉHENSION ORALE 1 (10 pts)
Document 1 (6 pts)

TRANSCRIPTION

Salut Louis, c'est Léo, à l'appareil. C'est sympa que tu te joignes à notre mouvement le 25 novembre prochain. Tu m'as demandé un peu plus de détails alors en fait, c'est un mouvement qui existe déjà depuis deux ans et qui s'appelle « Journée sans achat ». C'est pour freiner un peu la consommation parce que d'une part notre planète est menacée, ensuite il y a plein de gens qui ne mangent pas à leur faim et qui sont exploités à cause de nous, et puis plus ça va plus les familles s'endettent pour maintenir le rythme effréné de leur consommation. Y a tellement de choses mieux à faire plutôt que de courir les magasins pour acheter un cadeau à des gens qui n'en ont vraiment pas besoin. Je suis content que tu partages ça. Je te rappelle un peu plus tard. OK ?

1. Réponse : b (1 pt)
2. Journée sans achat (1 pt)
3. freiner la consommation (1 pt)
4. le 25 novembre prochain (1 pt)
5. écologiques et budgétaires (2 pts)

Document 2 : (1,5 pt)

TRANSCRIPTION

L'aéroport de Marseille-Provence inaugurera bientôt une aérogare entièrement conçue pour les compagnies à bas coûts. Cette nouvelle infrastructure, totalement indépendante, pourra accueillir six avions simultanément et 3,5 millions de passagers. Elle a été aménagée en deux ans, à partir d'un ancien hall, en offrant des services réduits au minimum, dans le respect des règles de sécurité : décoration sommaire, pas de moquette au sol, ni climatisation, des voyageurs qui transportent eux-mêmes leurs bagages au contrôle, pas de passerelle, ni bus pour se rendre au pied de l'avion.

1. Réponse b (0,5 pt)
2. six avions et 3,5 millions de passagers (1 pt)

Document 3 (2,5 pts)

TRANSCRIPTION

Lundi prochain, *Jasmin*, le premier hebdomadaire féminin créé en France depuis 20 ans, va être lancé. Ce journal entend s'imposer sur un marché encombré grâce à un ton résolument positif, un peu décalé, un peu moqueur. La spécificité de *Jasmin* est d'être un magazine généraliste au contenu extrêmement riche et divers et qui coiffe de nombreux sujets : l'actualité, la décoration, le tourisme, la cuisine, la mode et la beauté.
Jasmin sera vendu 2 euros pour une diffusion moyenne de 250 000 exemplaires pour cette année. Il va se trouver en concurrence avec *Elle* et *Madame Figaro*.

Réponses :
Nom du journal : *Jasmin*
Type de journal : *hebdomadaire féminin* (0,5 pt)
Sujets traités : *l'actualité, la décoration, le tourisme, la cuisine*, la mode et la beauté (1 pt)
Prix de vente : *deux euros* (0,5 pt)
Principaux concurrents : *Elle* et *Madame Figaro* (0,5 pt)

COMPRÉHENSION ORALE 2 (10 pts)

TRANSCRIPTION

Aujourd'hui, nous allons passer quelques instants en compagnie d'Alex Prévôt, compositeur.

Journaliste : Alex Prévôt, comment avez-vous débuté dans la musique et quelle est votre formation ?

Alex : J'ai débuté très tôt. On était une famille de musiciens amateurs, jouant de la musique de danse. Je suis donc entré tout naturellement dans un milieu où on aimait la musique. C'était une fantastique prédisposition à la composition ! J'ai eu le meilleur prof qu'on puisse imaginer. Il m'a très bien guidé sans jamais me contraindre. Et j'ai appris comme ça, sans vraiment me soucier des manuels d'harmonie. J'ai continué à perfectionner mon instrument de prédilection, le piano. J'ai joué mon premier concert à l'âge de treize ans et demi, si bien que j'ai pu entrer, à Paris, au Conservatoire national supérieur de musique. J'y ai suivi pendant sept ans divers cours et j'ai obtenu cinq premiers prix. Les écritures étaient mon domaine préféré.

Journaliste : Quel est votre parcours professionnel ?

Alex : Après mes études à Paris on m'a proposé une classe de piano au Conservatoire. J'ai donc enseigné tout en suivant ma carrière de concertiste jusqu'à l'âge de 26 ans.
Et puis, il a fallu que je fasse autre chose de ma vie parce que... en tant que compositeur j'étais encore semi-amateur... J'ai commencé au milieu des années 1960 : on m'a proposé un compromis : je pourrais jouer une pièce à moi si j'acceptais de jouer le concert en entier. J'ai accepté et un nouveau chapitre s'est ouvert.

Journaliste : Quel est selon vous le rôle du compositeur dans le monde de la musique ?

Alex : Je pense que quand le compositeur dit bien les choses, le public le ressent et comprend. Son rôle est aussi de réveiller, de déranger. La musique n'est pas un monde isolé, mais c'est un reflet de la vie culturelle sociale. Je crois que c'est le devoir du compositeur d'avoir un œil critique sur la société.

Journaliste : Sur quoi travaillez-vous en ce moment ?

Alex : En ce moment, je suis sur les derniers soufflements, les dernières mesures d'un grand opéra. Il sera donné le 5 novembre.

Journaliste : Quels conseils donneriez-vous aux jeunes intéressés par la composition ?

Alex : Je conseille à tous d'écouter TOUT ce qui leur tombe sous les mains, tout ce qui semble intéressant, même étrange parce que ça aide à comprendre comment la musique est faite. Il ne faut pas se laisser décourager par les critiques d'un public car les critiques font forcément avancer. Il est indispensable aussi d'aller voir à l'étranger et de garder autant de contacts possibles avec des personnes intéressantes, pour se créer un réseau.

Réponses :
Nom : Alex Prévôt
Profession : compositeur
Instrument de prédilection : le piano
Apprentissage de la musique dans son enfance grâce à sa famille *et à son professeur* (0,5 pt)
Premier concert à l'âge de *13 ans et demi* (0,5 pt)

Études au... *Conservatoire national supérieur de musique* pendant *7 ans* (1 pt)
Carrière : professeur au Conservatoire et débuts comme compositeur dans les années 1960
Rôle du compositeur : dire bien les choses et *déranger (ou) réveiller* (1 pt)
Œuvre en cours : *un grand opéra* (1 pt)
Date prévue : le 5 novembre
Trois conseils donnés aux jeunes : (6 pts)
1. Je conseille à tous *d'écouter tout* parce que *ça aide à comprendre.*
2. Il ne faut pas se *laisser décourager par les critiques* car *elles aident à avancer.*
3. Il est indispensable *d'aller à l'étranger* pour *avoir des contacts ou se créer un réseau.*

COMPRÉHENSION ÉCRITE 1 (10 pts)

1. Culture ou cinéma ou critique de films (1 pt)
2. Réponse a (0,5 pt)
3. Réponse b (0,5pt)
4. Réponse a (1 pt)
5. de ne pas avoir été l'auteur de toutes ses œuvres (2 pts)
6. « le petit chat est mort » (1 pt)
7. a) très mal dirigée, totalement à côté de la plaque, cabots (2 pts)
b) peu crédible et manquant d'authenticité (2 pts)

COMPRÉHENSION ÉCRITE 2 (10 pts)

1. Réponse b (1 pt)
2. Réponse a (1 pt)
3. Réponse b (1 pt)
4. le tribunal n'a pas reconnu la qualité artistique de son geste (2 pts)
5. Il se défend de tout vandalisme (2 pts)
6. a) Réponse c (1 pt)
b) Il a voulu rendre hommage (2 pts)

GRILLE D'ÉVALUATION DE L'EXPRESSION ORALE (SUJET 1) SUR 10 POINTS	
Capacité à communiquer dans la situation proposée	**4 points**
Capacité à présenter de manière simple et directe le sujet à développer	1
Capacité à présenter un spectacle	1,5
Capacité à faire des suggestions et donner des conseils	1,5
Capacité à interagir	**2 points**
Aisance et efficacité dans l'échange	2
Compétence linguistique	**4 points**
Correction syntaxique	2
Richesse du lexique	1
Correction phonétique	1

GRILLE D'ÉVALUATION DE L'EXPRESSION ORALE (SUJET 2) SUR 10 POINTS

Capacité à communiquer dans la situation proposée	**4 points**
Capacité à présenter de manière simple et directe le sujet à développer	1
Capacité à exprimer son opinion	1
Capacité à donner des arguments	2
Capacité à interagir	**2 points**
Aisance et efficacité dans l'échange	2
Compétence linguistique	**4 points**
Correction syntaxique	2
Richesse du lexique	1
Correction phonétique	1

GRILLE D'ÉVALUATION DE L'EXPRESSION ÉCRITE 1 (SUJET 1) SUR 10 POINTS

Adéquation au sujet	**5 points**
Capacité à présenter des manifestions culturelles	1
Capacité à faire une critique	2
Capacité à raconter son expérience	1
Lisibilité de la production (cohérence et enchaînements)	1
Compétence linguistique	**5 points**
Exactitude de la syntaxe	2,5
Degré d'élaboration des phrases	0,5
Richesse et adaptation du lexique	2

GRILLE D'ÉVALUATION DE L'EXPRESSION ÉCRITE 2 (SUJET 2) SUR 10 POINTS

Adéquation au sujet	**5 points**
Capacité à relater des événements	1
Capacité à faire un commentaire personnel	1
Capacité à exprimer ses sentiments	2
Lisibilité de la production (cohérence et enchaînements)	1
Compétence linguistique	**5 points**
Exactitude de la syntaxe	2,5
Degré d'élaboration des phrases	0,5
Richesse et adaptation du lexique	2

TEST 3

COMPRÉHENSION ORALE 1   (10 pts)

Message 1 (3,5 pts)

TRANSCRIPTION

Mesdames et Messieurs, vous venez de prendre place à bord du TGV n° 3319 à destination de Rennes. Nous vous rappelons que le compostage des billets ainsi que l'étiquetage des bagages sont obligatoires. Nous vous rappelons également que notre espace est entièrement non-fumeur et qu'il est totalement interdit de fumer non seulement dans les voitures mais aussi sur les plate-formes et dans les toilettes, sous peine d'une amende de 45 euros. Nous vous souhaitons un bon voyage en notre compagnie.

1. dans un train, un TGV (1 pt)
2. le compostage des billets et l'étiquetage des bagages (1 pt)
3. b (0,5 pt) *sous peine d'une amende de 45 euros* (1 pt)

Message 2 (3,5 pts)

TRANSCRIPTION

Bienvenue au château de Blamont. Vous allez découvrir les beautés naturelles du jardin du château et profiter de l'immense parc qui l'entoure. Avant d'entamer votre promenade, nous vous rappelons quelques règles élémentaires : il est formellement interdit de laisser des détritus d'aucune sorte sur place, de cueillir des plantes ou de s'éloigner des chemins balisés. Cet espace est mis gratuitement à votre disposition par les propriétaires, prenez-en soin, s'il vous plaît. Bonne promenade !

1. Réponse b (0,5 pt)
2. le jardin du château et le parc (1 pt)
3. On ne peut pas *laisser des détritus (ordures)*, cueillir des plantes, *s'éloigner des chemins balisés* (2 pts)

Message 3 (3 pts)

TRANSCRIPTION

Votre attention s'il vous plaît... des pickpockets ayant été repérés dans la station, nous vous prions d'être attentifs à vos objets personnels. Fermez soigneusement vos sacs et évitez de laisser des objets tentants exposés à la vue d'éventuels malfaiteurs. Pour la sécurité de tous, soyez vigilants ! Un poste de communication avec le chef de station est situé sur le quai, nous vous recommandons d'en faire usage pour reporter tout comportement suspect. Merci de votre attention et de votre collaboration.

1. des pickpockets (voleurs) sont dans la station de métro (1 pt)
2. Le chef de la station (1 pt)
3. fermez les sacs ou évitez d'avoir quelque chose en vue (1 pt)

COMPRÉHENSION ORALE 2   (10 pts)

TRANSCRIPTION

– Allô Mélissa ? C'est Bertrand...
– Ah ! Bonjour mon petit Bertrand...
– Écoute, je vais partir deux semaines en Martinique pour les vacances de Noël et j'aurais besoin d'infos de la part d'une spécialiste...
– Oh, tu sais, j'y suis pas retournée depuis deux ans ! Mais enfin, je peux te donner quelques tuyaux...
– Merci, c'est gentil. Attends, je prends un stylo pour tout noter...
– Bon voilà alors, je t'écoute.
– Tu vas loger où ?

– J'ai réservé un hôtel à Fort-de-France pour une semaine et après je louerai une voiture et je me déplacerai dans l'île.

– Bon, ben alors, pas de problème. Tu peux visiter Fort-de-France tranquillement, mais avant tout pense à te protéger du soleil, hein, on est sous les Tropiques et à cette époque, ton corps n'est pas habitué ! Prends des crèmes solaires, et emporte un chapeau ! À Fort-de-France, je te recommande tout simplement de te promener au hasard de ton inspiration dans la ville coloniale. Tu peux prendre toutes les infos sur le site du Comité martiniquais du tourisme. Et n'oublie pas de goûter toutes les spécialités de chez nous, les beignets de poisson, les crabes de terre farcis... c'est bien meilleur sur place.

– Et pour la semaine de balade en voiture, tu as des suggestions ?

– Ben oui, fais le tour de l'île, c'est pas très grand. Tu n'auras pas de problème pour loger chez l'habitant. Commence par le sud, les lagons et les îlots de la mer des Antilles sont très pittoresques ; emporte un masque de plongée, tu verras, les fonds marins sont magnifiques ! Puis remonte vers le nord, c'est un peu plus sauvage sur la côte Atlantique. Prévois une excursion au volcan de la montagne Pelée... je crois que ça occupera largement ta semaine...

– Super ! Tu as des conseils pour avoir des rapports sympas avec les gens ?

– Les Martiniquais sont très accueillants... Mais si tu fais ton « homme pressé » de la métropole, tu ne seras pas le bienvenu ! Prends le temps, arrête-toi souvent et parle avec eux, et surtout écoute-les : tu entendras des belles histoires.

– Merci Mélissa... Je t'enverrai des cartes postales !

- -

Martinique, infos Mélissa

Fort-de-France : promenade dans *la ville coloniale* (1 pt)

Hébergement : hôtel

Périple en voiture : *du sud vers le nord* (1 pt)

Hébergement : *chez l'habitant* (1 pt)

Dans le sud, ne pas manquer d'observer *les lagons et les îles* (1 pt)

Dans le nord, aller voir *le volcan, la montagne Pelée* (1 pt)

Conseil pour communiquer avec les habitants : *écouter leurs histoires* (2 pts)

Objets à ne pas oublier *crème solaire*, chapeau de soleil, *masque de plongée* (1 pt)

Spécialités gastronomiques : *beignets de poisson,* crabes de terre farcis (1 pt)

Site pour infos : *Comité martiniquais du tourisme* (1 pt)

COMPRÉHENSION ÉCRITE 1 (10 pts)

1. Réponse b (1 pt)

2. Réponse c (1 pt)

3. Le 25 octobre : constat de dégradations sur le mur (1 pt)

Le *26 octobre* (0,5 pt) : conversation avec les propriétaires et *envoi d'une lettre recommandée* (1 pt)

Le *29 octobre* (0,5 pt) : *apport de matériel et aucune réponse écrite à la lettre* (1 pt)

4. a. *ils n'étaient pas en droit de faire une construction* (1 pt*)*

b. *Pourriez-vous m'informer sur les textes juridiques* (1 pt)

5. a. *j'affirme que des travaux sont en train de se réaliser* (1 pt)

b. *ils prétendent que leur projet est en attente* (1 pt)

COMPRÉHENSION ÉCRITE 2 (10 pts)

1. Réponse c (1 pt)

2. Réponses b, d, e (3 pts)

3. *dans les années 1960, l'État a multiplié les stations balnéaires* (2 pts)

4. *il y avait pourtant une vie très active avant les « marinas » touristiques* (1 pt)

5. Hypothèse positive : Les 26 espaces protégés auraient disparu si ce Conservatoire n'avait pas été mis en place. (1,5 pt)

Hypothèse négative : c'est ce qui se profile pour les années à venir si les autorités de la R égion ne réagissent pas. (1,5 pt)

GRILLE D'ÉVALUATION DE L'EXPRESSION ORALE SUR 10 POINTS	
Capacité à communiquer dans la situation proposée	**4 points**
Capacité à présenter de manière simple et directe	1
Capacité à accuser ou défendre	1,5
Capacité à donner des arguments	1,5
Capacité à interagir	**2 points**
Aisance et efficacité dans l'échange	2
Compétence linguistique	**4 points**
Correction syntaxique	2
Richesse du lexique	1
Correction phonétique	1

GRILLE D'ÉVALUATION DE L'EXPRESSION ÉCRITE 1 SUR 10 POINTS	
Adéquation au sujet	**5 points**
Capacité à respecter le rituel d'un mél	1
Capacité à relater un voyage	1
Capacité à se plaindre et demander réparation	2
Lisibilité de la production (cohérence et enchaînements)	1
Compétence linguistique	**5 points**
Exactitude de la syntaxe	2,5
Degré d'élaboration des phrases	0,5
Richesse et adaptation du lexique	2

GRILLE D'ÉVALUATION DE L'EXPRESSION ÉCRITE 2 SUR 10 POINTS	
Adéquation au sujet	**5 points**
Capacité à relater des événements	2
Capacité à susciter l'intérêt du lecteur	1
Capacité à articuler un récit	1
Lisibilité de la production (cohérence et enchaînements)	1
Compétence linguistique	**5 points**
Exactitude de la syntaxe	2,5
Degré d'élaboration des phrases	0,5
Richesse et adaptation du lexique	2

Achevé d' imprimer en Italie par Rotolito Lombarda
Dèpôt legal : 10/2010 - Collection n° 05 - Edition n° 04
15/5514/3